松下幸之助 経営の神様とよばれた男

北 康利

PHP文庫

○本表紙図柄＝ロゼッタ・ストーン（大英博物館蔵）
○本表紙デザイン＋紋章＝上田晃郷

松下幸之助　経営の神様とよばれた男　目次

序章　同行二人

平成元年（一九八九）四月二十七日午前十時六分、九十四歳になる一人の老人が、大阪府守口市内の病院で静かに息を引き取った。

その死が普通の老人のそれと違ったのは、それからほとんど時間をおかず、病院の上空に新聞社やテレビ局のヘリコプターが何機も現れ、周囲が騒然とした雰囲気に包まれたことである。

老人の名は松下幸之助。世界有数の経済大国であるこの国で、ただ一人〝経営の神様〟と呼ばれた男だ。

彼が友人二人とともに独立したのは大正六年（一九一七）、まだ二十二歳だった時のこと。二畳と四畳半二間だけの借家に住んでいた彼が、四畳半の半分の床を落として土間にしたのが最初の〝工場〟であった。

その翌年、松下電気器具製作所（後の松下電器産業、現在のパナソニック）を創業するが、彼が死んだ時、同社は売上高四兆円を超え、従業員数二十万人、販売拠点は百六十ヵ国に及ぶ、わが国を代表する一大グローバル企業へと成長していた。

だが彼が世の中から尊敬を集めたのは、ただ単に歴史に残る成功者だったからではない。経営に社会性や精神性を見出そうとした、求道者《ぐどうしゃ》のようなその生き方にある。

生前、社員に対し、

「『松下電器ってどんな会社ですか？』と尋ねられたら、『松下は人を作っています。あわせて電気製品も作っています』と答えなさい」

そう教えていたという。

企業は社員を人格的に成長させ、社会の役に立つ製品やサービスを世に送りだし、雇用を確保することで社員と家族を経済的に支え、次世代を担《にな》う子供たちを育てあげるという意味において、社会を支える〝公器〟なのだと彼は考えていた。

それこそわが国の〝経営の神様〟が和魂和才《わこんわさい》でたどり着いた、企業のあるべき姿だった。彼の根底にはいつも、〝企業は社会とともにある〟という共存共栄の思想が流れている。

「お客さまにとって必要不可欠のものを作っている限り、その会社はつぶれようと思ってもつぶれへん。その会社がなくなったら困ると思うお客さんが、倒産しそうになっても支えてくださるからや」

そう語る彼の言葉の、いかに説得力のあることか。

みなさんは同行二人《どうぎようににん》という言葉をご存じだろうか。

四国八十八箇所霊場札所巡りの巡礼者（お遍路《へんろ》さん）がかぶる菅笠《すげがさ》や帷子《かたびら》には、この文字が墨書《ぼくしよ》されている。それは弘法大師（空海）とともに歩む行《ぎよう》であり、巡礼を体験した人は、弘法大師の存在を身近に感じ、魂の平安を得ることができるという。

伝記を通じてすぐれた先人の生きざまに触れることも、その人生を心の糧《かて》とし、目標とし、時に支えとなってもらえるという意味で、これに似ている気がする。

〝経営の神様〟に同行二人してもらえるなら、これほど心強いことはあるまい。

松下幸之助は〝人生も経営である〟という言葉を残している。彼から学べるものは、何も企業経営のノウハウだけではない。生き方そのものなのだ。

彼のとった行動や決断を追体験することで、人生を生きる上での頼もしい杖《つえ》を手に入れていただければ――そう願いながら、彼の歩んだ道をたどっていくことにしたい。

松の下の家に生まれて

松下幸之助の墓所は、紀ノ川沿いを走るJR和歌山線千旦《せんだ》駅の近くの生家跡にある。墓石には〝南無阿弥陀仏〟とあり、〝松下家〟とだけ記されている。盛大な人生を歩んだ人物の墓にしては、驚くほど質素なものだ。

その墓の近くに、朽ちかけた太い松の幹《みき》が、赤茶《あかちゃ》けた鉄骨に支えられながらかろうじて立っている。かつては〝千旦《せんだん》の松〟と呼ばれ、松下家の屋敷にそびえる樹齢《じゅれい》八百年の立派な黒松であった。

それは松下家のみならず集落全体の目印とされてきたが、昭和四十一年（一九六六）夏の落雷で三分の一を焼失し、さらに隣家の火災からの延焼によって、現在は根元から五メートルほどを残すのみ。かろうじて巨木であった記憶を今に留《とど》めているが、それすらも時間の流れの中で静かに朽ち果てようとしている。

落雷以前に撮影された写真が残されている。高さは二十五メートルくらいもあるだろうか、枝を力強く張りだしたその姿は雄渾《ゆうこん》で実に見事なものである。この周辺で松下を名乗る家は彼の家一軒のみ。まさに、この松が一族の象徴だった。

千旦の松がまだ立派な枝ぶりで周囲を睥睨《へいげい》していた明治二十七年（一八九四）十一月二十七日、松下幸之助は和歌山県海草《かいそう》郡和佐《わさ》村字千旦《あざせんだん》ノ木（現在の和歌山市禰《ね》宜《ぎ》）の裕福な農家に生まれた。

日清戦争での勝利が決定的となり、講和条約締結に向かおうとしていたころのことである。父親は政楠《まさくす》、母親はとく枝《え》といい、男三人、女五人の兄弟姉妹の末っ子であった。

和歌山県はそのほとんどが山林に覆《おお》われた文字通り〝木の国〟である。和佐村は紀ノ川を七キロほど上流にさかのぼった南岸にあり、自然豊かで、気候は温暖。田畑の土地も肥えていて、県下有数の穀倉地帯だ。

松下家は古くからこの地に居住しており、過去帳を調べると二百五十年以上前の享保期にまでさかのぼることができる。

江戸幕府は慶長の検地で全国の田地を上々田、上田、中田、下田、下々田の五段階に分類したが、松下家の田地は肥沃《ひよく》な上々田ばかり。〝松下地〟と呼ばれて羨望《せんぼう》

「松下」姓の元になったといわれる大きな松。和歌山県海草郡和佐村（現在の和歌山市禰宜）。

の的《まと》であり、自分の田畑だけを歩いて隣の西和佐村まで行けたというほどの豪農だった。屋敷には立派な長屋門《ながやもん》があった。

門に続く長屋に家来を住まわせていたことからその名が付いた長屋門は本来武家のものであったが、明治以降は富裕な農家でもつくられるようになった。松下家の家格の高さがうかがえる。

松下家の財産の多くは祖父房右衛門《ふさえもん》の築いたものである。関羽《かんう》ひげをはやし立派な体軀の持ち主で、八十歳を超えてなお壮健であったという。

その息子の政楠もまた、村で重きをなしていた。

明治憲法の発布に先立つ市町村制の施行にともなって行われた明治二十二年（一八八九）四月十九日の和佐村第一回村会議員選挙

において、資産家だったこともあって見事当選を果たしている。幸之助の生まれる五年前、政楠三十四歳の時のことであった。

政楠は村会議員のかたわら養蚕《ようさん》に手を出したがうまくいかず、熱中したのが米相場。米の値段が上がるか下がるかを予想し、大きな利益をねらう投機だが、これが不幸のはじまりだった。

負けがこんできて、さらにその負けを挽回しようと大きな相場を張っていくうちに泥沼にはまっていく。持っていた田畑はすべて人手に渡り、ついには食べる米さえなくなってしまうほどに困窮《こんきゅう》した。絵に描いたような没落劇である。

やむなく家屋敷も売り払い、働き口を求めて父祖の地・和佐村を離れ、和歌山市へ出ることを決意する。明治三十二年（一八九九）、幸之助がまだ四歳の時のことであった。

残った家財はわずか荷車二台分。幼い幸之助は近所に住む女性におぶわれ、一家は和歌山市内への六キロほどの道のりを、とぼとぼ重い足取りで歩いていった。

和佐村を離れた松下家の人々は、和歌山市内の繁華街である本町《ほんまち》一丁目の〝裏長屋でも一番小さい家〟へと移り住んだ。政楠はここで、家財を売り払った残りの金を元手に下駄《げた》屋を開くのである。

すでに二十一歳になっていた長男の伊三郎が店を手伝った。彼は幸之助より十七歳年上である。県下唯一の旧制中学（現在の高等学校にあたる）だった和歌山中学に進んだ秀才であり、将来を嘱望《しょくぼう》されていたが、家がこういう事情のためやむなく退学していた。

松下幸之助の一族

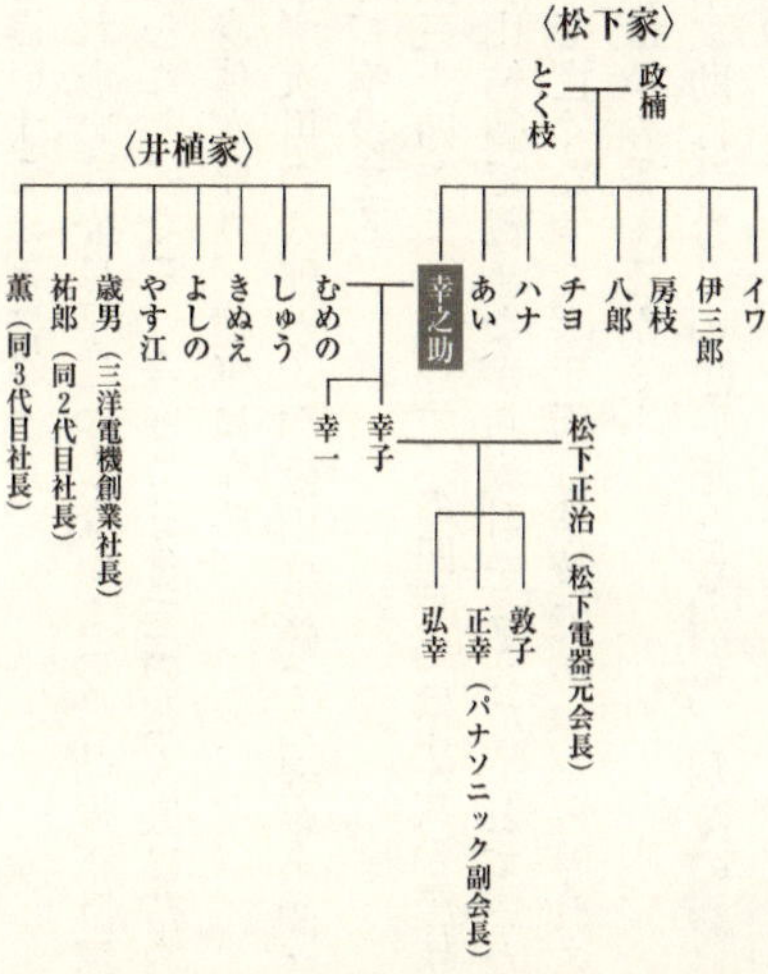

皮肉なことに、下駄屋を開いた場所のすぐ近くに、一家の没落をもたらした米穀取引所があった。取引所に頻繁に通っていたことから、このあたりに土地勘があって、下駄屋を開く場所を選んだのだろう。

和歌山に出てからも少し金が入ると、米相場に手を出し、しばしば夫婦喧嘩《げんか》の種となった。そうした不幸な思い出のせいもあって、後々まで幸之助は投機というものを身震《みぶる》いするほどに嫌った。

慣れない商売は手につかないもの。結局下駄屋もうまくいかず、二年足らずで店を畳《たた》むことになる。今度こそ貧乏のどん底に落ち、食べるものも満足に食べられない。身体が弱り、病気になる。

まず次男の八郎が、和歌山に移った翌年の明治三十三年（一九〇〇）に十七歳の若さで病没する。

翌三十四年（一九〇一）の四月には次女の房枝が二十歳で、その四ヵ月後には、和歌山紡績で働きながら家計を支えてくれていた長男の伊三郎までもが二十三歳の若さで亡くなった。死因は結核であったとされる。

（次は僕の番やろか……）

幸之助はひもじい思いをしながら、病魔の影におびえていた。

紀ノ川駅の別れ

明治三十四年四月、幸之助は和歌山市の雄尋常《おのじんじょう》小学校（現在の雄湊《おのみなと》小学校）に入学する。藩校・学習館の伝統を受け継ぐ名門校で、民俗学者の南方熊楠《みなかたくまぐす》も同校の卒業生である。

当時は四年制の尋常小学校だけが義務教育で、その後、裕福な者は二年制の高等小学校、さらには五年制の旧制中学や高等女学校へと進んだ。学歴は学力以上に貧富の差を反映していたのだ。

松下家は相変わらず貧しかった。朝は米のあまり入っていない、薄いスープのようなお粥《かゆ》だけで、学校に持っていく弁当のおかずはタクアンか梅干し。常に空腹であった。

学校から帰って一厘《りん》ほどのお金（現在の二十円程度）をもらい、飴《あめ》玉を買いに行くのが楽しみだったが、そのわずかな金さえもらえないことがある。

栄養状態が悪かったことから、ついに身体を壊してしまい、二年生の時、一年間の休学を余儀なくされる。

そんな状態で、しっかり勉強できるはずもない。算数は甲乙丙丁の四段階評価で結構甲を取っていたが、時間をかけなければ身につかない読み書きは不得意で丙が多く、平均すると成績は〝中の上〟だった。

それでも四年生になった時に副級長に選ばれた。投票で一番が級長、二番は副級長になるのだが、〝二十四票入った〟と後年まで覚えていたほどだから、よほどうれしかったのだろう。

母のとく枝は〝非常に平凡でおだやかな人〟だったそうで、お前は将来こうなるべきだとか、立身出世しろといったようなことは、一切言われたことがなかったという。

下駄屋を閉めた後の政楠は、家族をこのような状況に陥《おとし》いれた自責の念に苦しみながら生活の糧を求めて東奔西走《とうほんせいそう》し、明治三十五年（一九〇二）七月、単身大阪に出ることを決意する。

そして二年前に創立されたばかりだった私立大阪盲唖《もうあ》院（現在の大阪市立聴覚特別支援学校）に職を得た。

十代で失明しながら按摩《あんま》をして一家を支え、不動産の仲介で財をなした五代五兵《ごだいごへ》衛《え》という人物の創立した盲唖学校である。五代の不屈の精神と社会奉仕の志は、後の幸之助に大きな影響を与えることになる。

政楠が大阪に出て二年ほど経ったころ、家族のもとに手紙が届く。

〈大阪の八幡筋《はちまんすじ》にある宮田という火鉢屋で丁稚《でっち》が必要だと言っている。幸之助を奉公によこしなさい〉

あと四ヵ月、尋常小学校の卒業まで待ってやればいいものを、わざわざ途中退学までさせて丁稚奉公に行かそうとしたのは、単なる口減らしではない。

幸之助は、今や松下家にとってただ一人残された男子である。大事な跡取り息子だからこそ、食生活の保証されているところへ行かせ、手に職をつけさせてやろうとしたのだ。それが親としてできる、せめてもの思いやりだった。

幸之助は、明治三十七年（一九〇四）十一月、雄尋常小学校を中退する。尋常小学校の四年間のうち、彼は二年生の時に一年間全休しているから、実質的には二年半しか通っていないことになる。満足に字も書けなかった。

こうして、わずか九歳の幸之助は一人大阪へと旅立つことになる。

末っ子の特権で、まだ母親の布団《ふとん》に一緒に寝ていたような甘えん坊である。一人で汽車に乗せるのはとく枝も不安だったろう。できればついていってやりたかったはずだが、幸之助だけなら子ども料金一人分の運賃ですむのだ。

見送りの場所は、南海鉄道の紀ノ川駅のホームであった。当時の汽車は本数が少ない分、乗り遅れのないよう停車時間が長い。その時間を利用して、とく枝は幸之助の近くに座っていた中年の婦人に、

「この子、大阪まで行きますので、ひとつ連れて行ってやってください。あっちで父親が迎えに来てますので、どうかよろしゅう頼みます」

と頭を下げた。

彼女も同じ女性である。小さい子どもを遠く離れたところへ奉公にやろうとしている母親の気持ちがわからぬはずはない。胸をたたかんばかりに、

「まかしなはれ！」

と、力強く請《う》け合ってくれた。

まだ見ぬ大阪に対するあこがれ、はじめて汽車に乗る楽しみもあったが、いざその時が来ると、母親と別れる寂しさでべそをかきはじめた。とく枝もたまらなくなって、汽車が出る瞬間まで彼の手を強く握って放さなかったという。

「ポ――ッ」

やがて汽笛が長く尾をひいて鳴り、列車が動きはじめた。

「おかあちゃん！」

車窓から身を乗り出すようにして母を呼んだ。必死に手を振るとく枝の姿がしだいに小さくなっていく。そして、ついに見えなくなった。

これが、松下幸之助の生涯を語る際に欠かせない〝紀ノ川駅の別れ〟である。それから何十年経った後もなお、彼は人と話していてこの時のことに話が及ぶと、

「ほんま涙の別れでしたわ……」

と言って、遠い目をしながら涙ぐんだという。

とく枝からよろしくと頼まれた女性が、車中いろいろ慰めの言葉をかけてくれたが、結局泣き続けのまま終着駅の難波《なんば》に着いた。

駅には父政楠が出迎えに来てくれている。政楠は幸之助の頭をなで、しっかりと手をつないでくれた。父親の手を握りしめると、安心してまた新しい涙がこみあげてきた。

奉公先の宮田火鉢店は、難波駅から四、五百メートルほど北に行った八幡筋にあった。島之内《しまのうち》と呼ばれるにぎやかな場所だ。

火鉢と一口に言ってもいろいろと種類がある。扱っているのは木枠の火鉢。それを近所の高級料亭向けに作って売る。親方を入れても三、四人しかいない小さな

店。商家の風習により幸之助は〝幸吉《こうき》っとん〟と呼ばれ、きびしい丁稚奉公の日々が始まった。

最初は親方の子どもの世話をするのが仕事だったが、手のあいた時にはトクサで火鉢を磨くのを手伝わされる。トクサはシダ植物の一種。表面にこまかい突起があることから、紙やすりがわりに使われていた。

柔らかい子どもの手だ。またたく間に擦《す》りむけてはれあがり、朝のふき掃除の時など、水がしみて飛びあがるほど痛かった。

丁稚奉公の食事は粗末なものと相場が決まっている。おかずに魚がつくのは月に三日ほどしかなかったが、それでも和歌山での食事に比べればずっとよかった。

むしろ困ったのは母から離れた寂しさである。夜ごと布団の中で声を殺してすすり泣いた。まだ寝小便の癖が抜けていなかったこともあり、しくじってしまった時などはことに、情けなさも加わって母親のことを切ないくらいに想った。

火鉢店での奉公はわずか三ヵ月ほどで終わる。

宮田火鉢店は移転して規模を縮小することとなり、今度は、五代《ごだい》自転車商会で奉公することになった。

店主の五代音吉は、父政楠の働いていた大阪盲啞院創設者・五代五兵衛の十七歳年下の弟で、大阪盲唖院の共同設立者でもあった。

彼も兄五兵衛同様の苦労人である。貧しい幼年時代を過ごし、昆布屋、質屋、クギ屋と奉公先を転々とし、四年ほど働いたクギ屋も結局、病気でやめざるをえなくなった。

丁稚から手代、そして番頭になってのれん分けしてもらうというような典型的な丁稚奉公の出世コースを歩める者は、明治大正期に入ると一割にも満たないほどになっていたのだ（『論叢　松下幸之助』二〇〇九年十月号、渡邊祐介「自転車店主・五代音吉と奉公人・松下幸之助」）。

その後、兄五兵衛に出資してもらって油とろうそくの小売をはじめたがうまくいかず、風呂屋、質屋と仕事を替えて、ようやく経済的に安定するところまできた。だが一方で、一人娘を乳飲み子のうちに失い、すぐ妻にも先立たれるという不幸に遇《あ》っている。

そんな音吉は、明治三十八年（一九〇五）、船場淡路町二丁目に五代自転車商会を開業。それを聞いた政楠が、開業と同時に幸之助を入店させたというわけだ。

音吉は三十八歳。再婚して二年目となっていた後妻のふじは二十七歳であった。夫妻には子どもがいなかったことから、丁稚の中でも最年少の幸之助はかわいがってもらった。

当時、自転車は流行の最先端を行く商品であり、ほとんどが舶来《はくらい》もの。一台百円から百五十円くらいした。現在価値にして四、五十万円の高級品である。この店で働けたことは、新製品が市場を開拓していく様子に触れる得がたい経験となった。

そのうち五代自転車商会は顧客ニーズにあわせ、空気入れやハンドルなどを自社で製造するようになり人気を博した。

当時は電動の工作機械などないから、しばしば職人のために旋盤《せんばん》を手で回す役を命じられる。三十分や四十分も回していると腕がだるくなってくる。すると職人が遅いと言って怒鳴る。怒鳴られるのはまだいいほうで、時には小さなカナヅチで頭をたたかれた。

まだ十歳の子どもである。使いに行く途中で大便をしくじってしまい、泣きながら父の勤め先の盲唖院に走っていったこともあった。

「どないしたんや？」

政楠は事情を察すると、黙って汚れた下着とズボンを始末してくれた。口に出さずとも、

（幸之助頑張れ……）

と心の中で励ましていたに違いない。そして幼い子どもにこんな苦労をさせている自分を責めていたに違いないのだ。何とも切ない情景である。

一方、五代自転車商会は時代の流れに乗り、順調に商売を拡大していった。そしてある日、写真屋に来てもらって記念写真を撮ろうということになる。ところがこの時、運悪く幸之助は使いに出されてしまい、帰ってくると撮影は終わっていた。それを知った泣き虫の幸之助は、とたんにワーッと泣きだした。可哀そうに思った奥さんは、特別に二人だけで写真屋へ出向き、写真を撮ってくれた。今その写真を見ると、ついさっきまでしゃくりあげていたというような情けない顔をしている。

明治38年、五代自転車商会のお家はんと2人で撮った記念写真。幸之助はこの写真を終生大切にしていた。

だがおそらくこれが、彼のふだんの顔だったのだろう。子どもは正直だ。幸せでもないのに、明るい顔などできるはずもなかった。

さて郷里に残っていた母と姉たちについてである。没落した名家ほどみじめなものはない。口さがない人々の好奇の目から逃げるようにして、彼らも大阪へと移ってきた。

だが貧乏神と死神は、なおも松下家に取りついて離れようとはしなかったのだ。幸之助が五代自転車商会に入った翌年の明治三十九年（一九〇六）四月十七日には四女のハナが十七歳で亡くなり、五月二十八日には三女のチヨが二十一歳で病没している。

子どもたちをこれほど次々に失っていく悲哀を想像することは難しい。幸之助の両親はもう、涙が枯れ果てていたのではあるまいか。

だが彼らには嘆いている余裕すらなかった。残された者は食べていかねばならない。読み書きのできた五女のあいは大阪貯金局計算事務雇として勤務することとなった。

気がかりなのは末弟の幸之助のことである。あいは勤務先で給仕（正社員ではない雑用係）の募集があることを知り、幸之助にどうだろうかととく枝に相談した。そうすれば一緒に住める。とく枝も賛成し、給仕をしながら夜学に通わせようと考えた。

学校というのは、通っている間はありがたみを感じないが、行けなくなると無《む》性《しょう》に勉強したくなるものである。奉公先の近所に住む同い年くらいの子どもが上の学校に通っているのを見て、幸之助はいつもうらやましいと思っていた。

とく枝から夜学の話を聞き、胸ふくらませた幸之助だったが、肝心の政楠が強く反対する。

「お父さんは仕事に失敗し、先祖に申し訳ないと思うてんのや。お前はわしのかわりに商売で身を立ててくれ」

そう語って、目先の楽そうな話にまどわされるなと諭《さと》した（『道は明日に』）。

がっくり落胆したものの、もしこの助言がなければ後の松下幸之助はなかっただろう。政楠にしても一緒に暮らしたかったはずだ。すべては父親としての愛情から出た言葉だった。

ところがその政楠は、幸之助が大阪に出てわずか二年後、三日ほど床《とこ》についただけで何ものかにせかされるように、この世を去ってしまうのである。

病床でとく枝の手を握り、

「すまない、すまない」

と何度も口にしたという。

自分の失敗で家族を困窮の極みに陥らせ、子どもたちを何人も死なせ、みなを幸せにすることのできないまま、先に逝《い》こうとしている。この時の彼の気持ちを考えると、こちらまで切なくなる。家族がこれからどうやって生きていくのかを考えると、死ぬに死ねない気持ちだったろう。

自らを責めながら、父政楠は明治三十九年（一九〇六）九月二十九日にこの世を去った。五十一歳だった。

幸之助はわずか十一歳にして松下家の家長となったわけだが、幼い幸之助に一家を支えろと言っても、どだい無理な話だ。

絶望の淵《ふち》に沈んだ母とく枝は、五女のあいを連れて再び和歌山へと帰り、その後、再婚する道を選んだ。当時の女性には、今のように自立するすべがない。すでに五十になっていたとく枝だったが、この道しか残されていなかったのだ。

幸之助は多感な年ごろである。母親の再婚を知って、見捨てられたと感じたであろうことは想像にかたくない。何度も枕を涙で濡らしながら、奉公を続けていった。

十三歳になったころ、本町二丁目の鉄川という蚊帳《かや》問屋に頼まれて見本の自転車を持っていったことがあった。見よう見まねで売り込みをしたところ、主人はその熱心さに感心し、

「一割引きやったら買《こ》うてあげよ」

と言ってくれた。

はじめて注文を取った喜びに、飛ぶようにして店に戻り報告したが、案に反して

音吉は喜んでくれない。

「まけても五分（五％）までやな」

と渋い顔である。幸之助の顔がひきつった。

音吉が時として一割引きで売ることもあるのを知っていたので、

「任せといてください！」

と、先方にいい返事をしてしまっていたのだ。

進退きわまった彼は、めそめそ泣きだしてしまった。今でいえば中学二年生くらいなのだから少々情けない。

そうこうするうち、返事が遅いので蚊帳問屋の番頭が様子を見に来た。そして番頭から事情を聞いた主人は、結局五分引きで購入してくれたのみならず、

「ボンが五代におるかぎり、自転車は五代から買うたろ」

と約束してくれたのである。

幸之助は後に次のように述べている。

「ビジネスマンのいちばん大事な務めは愛されることである」（『松下幸之助発言集第5巻』）

愛されることは媚《こ》びることではない。一生懸命お客のために尽くさなければ、愛されはしない。そうしたことを、彼は経験の中から学びとっていったのである。

門真市の松下電器本社構内を自転車で走る幸之助。

このころの取引先の一つに寿屋《ことぶきや》洋酒店があった。後のサントリーである。

十五歳年上の若き社長・鳥井信治郎は、看板商品の「赤玉ポートワイン」が好調で羽振りがよく、五代で自転車レース用の舶来自転車を購入してピアス号と名づけ、颯爽《さっそう》と得意先回りをしていた。

修繕を頼まれていた自転車を持っていった時、

「ご苦労さん」

と言って頭をなでてもらったことを、幸之助は後々まで覚えていた。後に鳥井とは深い友情で結ばれることとなる。

幸之助はこのころ、必死に自転車を練習し、五代の許可を得て年少者の自転車レースに出場している。蒲柳《ほりゅう》の質だった割に力が強く、周囲が驚くような重いものも持ち上げることができたという彼は、運動神経もよかったのだ。

後々まで自転車に愛着を持っていた彼は、後年、写真撮影用に松下電器の構内を自転車で走る機会があった。この時の写真の中の幸之助は実に楽しそうで、この人がこんな顔をするのか、と思えるほど輝いている。


幸之助は五代自転車商会で、お辞儀の仕方をはじめとして商売の基本をたたきこまれた。

彼のお辞儀が、実に心のこもったものであったことはよく知られている。それはただ頭が下がっているという類《たぐい》のものではなく、それこそ顔が膝《ひざ》小僧につくほど深々と頭を下げるのだ。大事なお客には三度お辞儀することもしばしばだった。

一度目は、

(まあ、いつもよくやってあげているから)

とお客は思う。二度目になると、

「いやいやそこまでされずとも」

と思わず口に出す。三度目のお辞儀をされる時には、

「お世話になってるのはむしろこっちのほうですがな」

と、お客のほうが頭を下げてしまうのだ。

そして相手の姿が見えなくなるまで見送り、見えなくなる寸前、もう一度心をこめて深々と礼をする。

彼は晩年近くなっても、前屈をすると両手がべたっと地面についた。それは丁稚時代から頭を下げ続けてきた結果なのだという伝説があるが、あながち的外れではあるまい。

丁稚時代に身につけたこうした習慣を、彼は後々まで当たり前のように実践し続けた。お客様を大切にすること。それこそは商売人の魂である。

電気との出会い

少し前から幸之助の心に、ずっと引っかかっていることがあった。それは、(電車が発達していったら、いずれ自転車の需要は少なくなる。これからは電気の時代なんやないやろうか?)という思いであった。

宮田火鉢店に奉公に入った前年(明治三十六年)、すでに大阪では、築港《ちっこう》線という五キロほどの区間で市電が走りはじめていた。今で言う路面電車である。明治四十一年(一九〇八)には東西線と南北線が開通し、その後も次々に路線が広げられる計画であった。

幸之助は早いうちから見物に行き、大きな感動とともに新時代の到来を感じとっていた。奉公しながらも、電気のことが頭から離れない。そしてそれは次第に確信へと変わっていった。

悩みに悩んだ末、彼は転職を決意する。失うものを持たないせいか、こうしたところは実に大胆だ。

父親や兄・姉が次々に死んでしまい、母親が再婚してしまった今、頼れる身内は二十歳年上の長姉イワと、その夫の亀山長之助しかいない。義兄の亀山に頼んで、大阪電燈に入社できるよう手続きをお願いした。

幸之助が入社しようとした大阪電燈は現在の関西電力の前身である。後の松下電器のような家電メーカーではなく、電力会社だ。しかし広い意味での電気産業への転職を決めたこの決断こそ、松下幸之助の運命を決定づけたと言っていいだろう。

五代自転車商会に暇《ひま》をもらわねばならない。ところが電燈会社への入社を決心したにもかかわらず、「やめさせていただきます」という一言がなかなか言いだせなかった。夜になって目をつぶれば、世話になった五代音吉や優しくしてくれたふじの顔が浮かび、いたずらに日は過ぎていく。

しかたなく一計を案じた。義兄に頼んで、わざと〈ハハビョウキ〉という電報を打ってもらったのだ。

ところが、さすがは人心の機微《きび》に通じた船場の商人である。次のような言葉が返ってきた。

「幸吉っとん、お前、お母さんが病気で心配やろうと思うが、万一、店をやめたいとでも考えているようなことがあったら正直に話すんやで。なんやお前の心に四、五日来落ち着きがないように思えてならん」

すべてお見通しだったのである。

下手《へた》に策を弄《ろう》しても無駄だと知った幸之助は、心の中でわびながら着替え一枚持って五代自転車商会を出た。そして市岡町（現在の大阪市港区）の姉夫婦の家に居候《いそうろう》させてもらうことにして、後からおわびと暇をもらいたい旨《むね》を手紙に書いて出した。

六年間の奉公生活だった。盆暮れの年二回お仕着せの着物をもらい、それが十二枚たまっていた。それを置いてきたことが少し心残りだった。

電燈会社に就職も決まって落ち着いてから、幸之助は五代自転車商会に顔を出して非礼をわびている。

その後、しばらくは休日ごとに仕事を手伝いに行った。罪ほろぼしのつもりだったのだろう。後年、彼が西宮に光雲荘と呼ばれる邸宅を建設した際には、仏間に五代音吉の肖像画をかけてその恩を謝している。

功成り名を遂げた後の幸之助は、ビジネスのためには情をはさまないある種の非情さを身につけていたが、五代自転車商会をやめる際の優柔不断な態度を見てもわかるように、それは決して先天的なものではない。

彼は商売の世界に身を置く中で、優柔不断であることは、会社も社員も取引先も、ひいてはお客をも不幸にするだけだと悟り、時として非情になることを学んでいったのだ。

それは無神経になっていったということではない。相手の気持ちがわかり、厳しい決断をする時に心の痛みを感じる人間でなければ、すぐれた経営者になどなれないのである。

〝決断はゴールではない〟とは幸之助の言葉だが（『決断の経営』）、実際、電気業界に転身すると決断した後が大変だった。すぐには就職できず、欠員待ちになってしまったのだ。

それまで遊んでいるわけにもいかず、亀山が工場係をしていた桜セメントというセメント会社に臨時工として勤務することにした。セメントをトロッコに積んで運ぶ純粋な肉体労働である。毎朝、大阪築港の桟橋《さんばし》から船に乗って現場へと通った。

この時、彼は九死に一生を得る経験をしている。

季節は夏。夕方、仕事が終わり、大阪築港へと戻る船の上でいつものように船べりに腰をかけ、ほてる身体を風で冷ましながら周囲の景色をながめていた時のこと。前を通ろうとした一人の船員が足を滑らせ、あろうことか幸之助に抱きついてきた。不安定な船の上のことである。二人とももんどりうって海へ落ちた。

夢中でもがいて水面へ出てみると、船はずっと先に行ってしまっていたが、すぐに気づいて戻ってきてくれた。

幸之助はこの時、こう思ったという。

（海に落ちたのが夏でよかった。これが冬なら死んでいたろう。おれは本当に運がいい）

こうした場合、足を滑らした人間に抱きつかれて海に落ちるとは運が悪いな、と思う人がほとんどではないだろうか。だがマイナス思考をしても、いいことなどなにもない。不幸を多く背負ってきた彼は、物事をいい方向に考えて力に変えることを自然と身につけていた。

明治四十三年（一九一〇）十月、幸之助は晴れて大阪電燈に入ることができた。十五歳になっていた。

しばらくすると姉の家を出て、金山という会社の先輩の家へ下宿させてもらうことにした。場所は玉造《たまつくり》（大阪市天王寺区）で、会社からは二キロほどあった。下宿代は三度の食事付きで七円ほど。森田延次郎という男もここに下宿していた。彼は後に幸之助が独立する際、一緒に参加してくれることになる。

最初、現在の浪速《なにわ》区幸町一丁目にあった幸町出張所（後に営業所となる）に内線係見習工として配属された。日給三十七銭。現在価値にして約一万三千円ほどである。当時の雇用形態は、社員、準社員、その他従業員に分かれていたが、幸之助は一番下の、その他従業員であった。

社員は主として旧制大卒者、準社員は旧制中卒者（現在の高卒にあたる）であり、尋常小学校中退である幸之助には、その他従業員の道しか残されていなかったのだ。

内線係は、送電線から家庭や事務所までの配線工事を担当した。そしてその見習工である幸之助は、内線係担当者と一緒に、工具を積んだ丁稚車《でっちぐるま》と呼ばれる手車を引いて回るのだ。

引っぱりにくい上に、ちょっと荷物を積むと非常に重く感じる車であったが、セメント会社で厳しい肉体労働を経験した幸之助にはさして苦にならない。むしろ産業発展の最前線に立っている実感があり、毎日が充実していた。

生来の幸之助はむしろ不器用なほうであったが、船場の奉公時代を経て、人一倍器用で要領のいい人間に生まれ変わっていた。配線の仕事も一、二ヵ月で覚えてしまい、ちょっとした工事なら自分一人でできるようになった。採用後わずか三ヵ月で見習工から担当者に昇格し、南区瓦屋町（現在の中央区高津）に新設された高津営業所勤務となる。

十六歳で内線係担当者となった彼は、いつも二十歳以上の見習工を従えて仕事に出た。自分より年上の人間が丁稚車を引いてついてきてくれるのだから、もう有頂天である。堺市の浜寺海水浴場に毎日新聞（当時は大阪毎日新聞）の宣伝広告イルミネーションを建てる工事や、通天閣（戦前のもの）の照明工事といった大規模な仕事にも携わり、しだいに自信をつけていった。

明治45年7月、大阪電燈に内線係として勤めていた17歳の幸之助。年上の見習工を何人も従えて仕事に出たという（3列目右端）。

仕事人間の彼はあまり娯楽と縁がなかったが、当時大流行していた浪花節《なにわぶし》を聞くのを楽しみにしていた。

大好きな演目が「紺屋高尾《こうやたかお》」である。紺屋の職人の久《きゅう》どんが花魁《おいらん》道中を見て、吉原随一の美《び》妓《ぎ》とその名も高い高尾太夫《たかおだゆう》に惚れてしまう。彼女と一晩を過ごすためには十五両が必要。彼は三年もの間、飲まず食わずで金を貯め、憧れの高尾太夫とようやく一夜をともにすることができた。

別れの朝、「またのお越しを」と言う太夫に「また来るには三年かかる」と事情を打ち明ける。そこまで愛してくれたことに彼女も感激し、年季《ねんき》明けに高尾太夫は久どんとめでたく夫婦となり、二人力を合わせて江戸一番の紺屋をつくりあげるという人情話だ。

彼がこの話に心動かされたのは、主人公である久どんの〝思いの強さ〟である。幸之助は功成り名を遂げてからも、自分を奮い立たせるため「紺屋高尾」のレコードを磨《す》り減るほど聴いて気持ちを奮いたたせた。

さて、内線係担当者となり自信もついてきた幸之助だが、さらに上を目指すためにはどうしても学問と学歴が必要となってくる。

当時、同じ下宿に芦田という同年輩の同僚がいて親しくしていたが、彼はこの時、関西商工学校（現在の関西大倉高等学校）の夜学に通っていた。ある時、芦田が下宿のおかみさんに頼まれ、水道わきに注意書を書いて貼ったことがあった。その字が実に見事なのを見て、

（このままではあかん、わしも勉強せんと）

と痛感した。

幸之助には苦い思い出があった。上司がエリートコースである事務職に推挙してくれたのだが、みみずの這《は》ったような字しか書けない彼は、泣く泣く自ら申し出て職工のままにしてもらったのだ。

商工学校は字を上手に書くための学校ではないが、学歴がないというコンプレックスを抱えていた彼は、とにかく何でもいいから勉強したいと考えたのだ。

大正二年（一九一三）四月、幸之助は関西商工学校夜間部予科に入学する。十八歳の春のことである。約九年ぶりに学校の門をくぐった。

玉造の下宿からだと通学に約一時間かかる。それでも一年間頑張り通し、百七十五番という成績で修了した。入学者は五百人だったが、無事修了した者は三百七十名ほどであったという。

基礎学力の不足する中でよく頑張ったと思うが、さすがに予科から本科である電気科に進むところで授業についていけなくなってしまう。

読み書きが不自由だった彼はノートをとることができなくなってきたのだ。いったん退学したが諦めきれず、結婚してからもう一度頑張ってみようと復学したが、やはりついていけなかった。

彼の机上の勉強はここで終わった。だが、学歴をつけるための飾りの学問をせずにすんだことは、かえって彼にとって幸せだったのかもしれない。有名大学合格といった低次元な目標を課されることもなかったし、学校で習う知識に対する過度の信頼もなかった。

（自分は無学だ）

というコンプレックスは素直に人の言葉に耳を傾けさせ、学び吸収することに強い執着を抱き続ける原動力となった。そして社会で生きていく上で必要な理《ことわり》を徹底して考え続ける人となった。彼が求めたのは知識ではなく知恵であった。

その結果、いつのまにかエリートと世間で言われている人間を追い越していることに気づき、晩年ともなると、

「ぼくは無学だから何でも知っている」

と胸を張れる境地にたどりついた。

尋常小学校に二年半しか行けず、読み書きができずに関西商工学校の本科を卒業できなかった幸之助だが、後に早稲田大学、慶應義塾大学、同志社大学といった名門大学から、学士、修士を飛び越えて名誉博士号を授与されている。

内線係担当者をしながら関西商工学校夜間部予科に通いだしていた大正二年（一九一三）八月、幸之助のもとに悲報がもたらされた。母とく枝が病没したというの

である。享年五十七。

思えば薄幸な女性であった。何不自由ない生活を夢見て豪農の家に嫁《とつ》いだであろうに、夫の破産で思いもよらぬ方向に運命が転がりだし、貧窮《ひんきゅう》の中で、手塩にかけた子どもたちが次々と夭折《ようせつ》していくのを見送るというこの世の地獄を味わった。

再婚先での彼女の生活の様子など今となっては知るよしもないが、松下家が取りつかれた貧乏神から逃れるため、不幸な過去を忘れようと努力したであろうことは容易に知れる。前夫との子どもに会うことはおろか、手紙さえ出さなかったのではないか。もし書いていたならば、後年、幸之助がそのことについて触れなかったはずはない。

幸之助は自分が親になってから、母親もさぞつらかっただろうと同情の言葉を寄せているが、思春期の年ごろにそんな分別などあろうはずがない。切なくもあり、怒りたくもなっただろう。あるいは必死に忘れようとしたのかもしれない。

PHP研究所では松下幸之助が残した文章や講演録をあまねく収集しており、研究者向けにそのインデックス作りを進めている。筆者はその資料室で〝母〟という項目を引いてみたことがある。

そして出てきた資料のあまりの少なさに、彼の深い心の闇を覗《のぞ》きこんだような思いがした。

母親の死に対する複雑な思いをふり切るように一層仕事に精を出していこうとした矢先、幸之助は浜寺海水浴場からの帰りに激しくせきこんだ。そして吐いた痰《たん》の中に血が混じっているのを見た瞬間、顔から血の気がうせた。

(ついに来たか……)

肺病は、親や兄、姉の命を奪った憎むべき病《やまい》である。抗生物質などというもののない当時のこと、この病気は家族間で感染しやすく、一人死ぬと立て続けに死んでいくことが多かった。以前から、次は自分か、という思いを持っていたのだ。

医者のところへ行くと肺尖《はいせん》カタルだと告げられた。肺の最上部(肺尖)に炎症が起こる結核の初期症状だ。思ったとおりである。

大阪の医者は物言いが率直だ。

「あきまへんでこら。会社を休んで半年ほどくにに帰って静養するこっちゃな。今のままやってたら、あんた死にまっせ」

医者の言葉を聞きながら、

(わしには帰るべき〝くに〟なんてあらへん……)

そう思った。だが同時に、

(働ける間は大いに働こう!)

と心に決めた。

若くして死んでいった兄や姉たちの分まで一生懸命生きていかねば、彼らに顔向けができない。

翌大正三年（一九一四）の冬、幸之助は千日前《せんにちまえ》の芦辺《あしべ》劇場を映画館に改装するという大規模な工事を任された。ところが、やむをえない事情で試点灯の期日に遅れてしまう。

「年末に開業する予定なんやで、わかってるか？　何が何でも間に合わしてもらわな！」

気が気でない施主《せしゅ》は必死にせかしてくる。幸之助も部下も疲労の極みにあったが事情が事情のため、三日三晩ぶっ続けで作業に没頭し、なんとか開業に間に合わせた。

寒風吹きすさぶ野外での作業。おまけに三日徹夜である。これはさすがに無茶だった。身体に変調をきたし、仕事を休まねばならなくなる。

だが彼には運があったのだろう。しだいに体調は回復していく。しかし完治したわけではなかった。その後も血を吐いたりしており、大正十二、三年ごろには結核の専門病院に三ヵ月ほど入院を余儀なくされた。結局、彼はこの後二十五年ほどもの間、身体の不調を抱え、死の恐怖と闘いながら人生を歩んでいくのである。

〈お互い、人間としていずれは必ず死ぬ。だけど、死ぬ瞬間までは、永遠に生きるようなつもりでベストを尽くす〉（『道は明日に』）
そのことは幸之助の生き方の基本であり続けた。

身体がいったん回復したところで、漠然とだが、大阪電燈を退社して独立することを考えはじめた。

商工学校を退学したことが一つの転機となっていた。もしも商工学校を卒業していたなら、幹部候補として経営に参画する道も開かれていたかもしれない。だが昇進の限界が見えた時、幸之助の中の向上心が大阪電燈という枠から出ることを求めはじめたのだ。

独立を考えはじめると同時に、

（そろそろ嫁さんももらおかな……）

という考えが浮かんできた。

これまで松下家の位牌《いはい》を預かってきた姉のイワは、戸主である幸之助が一日も早く先祖供養できるよう所帯を持ってほしいと願い、

「嫁さんをもらうと身体の養生ができるさかい」

と、うまいことを言って、口うるさいほど結婚を勧めていた。大阪・九条の平岡

という炭屋から見合いの話がもたらされたのは、ちょうどそんな時のことである。（確かに嫁さんをもらえば、独立をした際、仕事の手助けになってくれるかもしれん）

いささか動機は不純ながら、大正四年（一九一五）五月、幸之助は見合いをすることにした。その時の相手が後のむめの夫人（旧姓・井植《いうえ》）である。

見合いの場所は、松島（現在の西区本田一丁目）の八千代座の入口前ということになった。芝居小屋で見合いというのは、このころよくある話であった。ただ、さすがに芝居を一緒に観ることはあっても、その前で待ち合わせるだけというのは珍しい。

後年、どうして芝居小屋に入らず入口で見合いしたのかと聞かれたむめのは、

「堅苦しゅうなりますやろ」

とうまく答えているが、幸之助はあっけらかんと、

「だってあなた、入ったら金が要りまっしゃろ」

と答えている。こうなるとミもフタもない。

芝居小屋の前には、たくさんののぼりが風にはためいて興行に花を添えていた。ちょうど黄昏《たそがれ》時でもあったから、家路に急ぐ人や一杯ひっかけようという人々で街

頭はあふれ、呼びこみの声もにぎやかに大変な混雑を見せている。

みな、おのおのの目的に向かって急ぐ中、幸之助と姉夫婦だけが芝居小屋の前に立ちながら入ろうともせず、周囲をきょろきょろと落ち着きなく見回していた。

幸之助はおろしたての羽織《はおり》を着ている。この日のため、下宿のおばさんに大枚五円二十銭（現在価値にして二万円ほど）を払って銘仙《めいせん》の羽織を仕立ててもらったのだ。入口の上部にかかっている歌舞伎絵の額をながめながら平静を装ってはいても、心臓は早鐘のように鳴っていた。

「えらい遅いな……」

じれてぶつぶつ文句を言いはじめていた義兄が、急に大きな声をあげた。

「来た、来た！」

時ならぬ大声に往来の人は一斉に振り返った。若い男に仲人らしき中年の男女。ちょっと勘のいい人間ならすぐそれと気づく。

「見合いやで！」

視線はすぐ好奇の目に変わって幸之助へと注がれた。

（兄やん、かなんな……）

じろじろ見られ、耳たぶまで真っ赤になった。彼がもじもじしている間に、もうむめのは足早に芝居小屋の看板の前を通り過ぎようとしている。

「幸之助、はよ見てみ！」

　義兄の声にわれに返ったが、時すでに遅し。後ろ姿しか見えない。向こうもはにかんで少しうつむいているからなおさらだ。あれよあれよという間に、彼女はすーっと行ってしまった。後で聞くと、むめのも幸之助の顔をしっかり見たわけではなかったようだ。なんとも牧歌的な時代であった。

　むめのは身長が百六十センチと当時としては高く、百六十七センチの幸之助とはつりあいもいい。後年、中年太りしていくが、若いころの彼女はなかなかの器量であった。

　義兄はむめのを一目で気に入り、

「決めとけ、決めとけ、悪くないぞ」

と盛んにけしかけてくる。幸之助は腹を決めた。

　当時は見合いを承諾した時点で、よほどのことがないかぎり結婚を決めたも同然だった。それにおそらく先方には内証《ないしょ》にしていたであろうが、肺尖カタルと宣告された幸之助には正直、〝どんな娘でも、来てくれれば御《おん》の字〟と内心思っていたところがあった。

　こうして二人は結婚を決めた。幸之助二十歳、むめの十九歳という若さであった。

結婚式は見合いから四ヵ月後の大正四年九月四日、亀山夫妻の家で質素に行われた。結婚までそんなにかかったのはほかでもない。結婚資金が足りなかったからだ。

豪華な結婚式でなくても、人並みな式を挙げるには六十円ほどかかる。現在価値にして二十万円ほどであろうか。

当時の幸之助の給料は、皆勤手当を含めて二十円ほど。巡査の初任給が十七円程度だったというから、決して高給取りではなかったが、六十円くらいの蓄えはあって当然である。

ところが、同僚とのつきあいや月に一度の悪所通いですっかり散財してしまい、蓄えがなかったのだ。後に〝経営の神様〟と呼ばれるようになる人物とは思えない計画性のなさである。

〈縁談は方々から言ってくださったのですが、その中で主人がいちばん条件が悪かったと思います〉（『難儀もまた楽し』）

と、むめのは後に記している。お姑《しゅうとめ》さんがいない、気楽なところを選んだのだ、とも言っているが、良妻賢母の鑑《かがみ》のような女性であり、当時の幸之助にはできすぎた嫁であった。

井植むめのは、明治二十九年（一八九六）、兵庫県淡路島の浦村（津名郡東浦町浦

むめのとともに南紀白浜(和歌山県)に旅行した際のスナップ。むめのは「良妻賢母」の鑑のようなしっかりした女性だった。

一一七二番地)に生まれている。松下家同様、三男五女の兄弟姉妹の二女であった。父清太郎は清光丸という千石船を持ち、海運事業を手がけていた。裕福な家であったが、清太郎はむめのが結婚した一年後に死去している。

浦高等小学校卒業後、裁縫《さいほう》学校に通い、見合いをした時点では船場の旧家に奉公に出ていた。このころは貧しいから奉公に出るとは限らず、花嫁修業でもあったのだ。算盤《そろばん》を使って計算したり、売り上げを帳面に付ける作業もお手のもの。そのことが後々、大いに役に立つのである。

むめのとの結婚で一気に親戚が増えた。身寄りと言っては姉夫婦しかいない幸之助にとって、これほど心強いことはなかった。

結婚後の新居として、高津営業所近くの家の二階の一間（三畳と四畳半）を借りて住むことにした。むめのの嫁入り道具である簞笥《たんす》と長持《ながもち》のほかは、幸之助が持っていた長火鉢、皿が五枚、鍋二つ、茶碗に七輪があるだけ。食事をするためのちゃぶ台もなく、部品が入っていた木箱を代わりにした。

部屋の隅には大きな風呂敷包みが置かれ、これまでイワが保管していた四十七柱の位牌が入っていた。まだ仏壇を買う余裕などないから、やむなく風呂敷包みにしまっておいたのだが、結局幸之助が親からもらったものは、和歌山から出てきた折に着せてもらった着物とこの位牌だけであった。

爪に火をともすような家計で、新婚旅行になど行けるはずもない。結婚式当日からむめのの主婦業がはじまった。幸之助は出勤前に温かいご飯とみそ汁を食べながら、しみじみ結婚してよかったと喜びをかみしめた。

そのうち彼女は生活の足しにと内職をはじめる。女を働かせないのが男の甲斐《かい》性《しょう》だとされていた時代だけに、幸之助には内証だった。

彼の帰宅までの時間、針仕事に精を出し、日に浴衣を三枚も縫った。仕事は家から四キロほど離れた亀山家の近くの市岡町に住んでいる人がくれたが、届けに行く際など電車賃がもったいないので歩いて往復した。

「私が本気でお針仕事したら、そりゃ主人の日給の二、三倍のお金を稼げましたやろ。それとは別に、算盤を教えようかと思ったこともあります」

何も知らない幸之助は後に新婚当時を振り返って、

「なんだかんだ言って、けっこう肉も食べられましたし、暮らしていけましたな」

と暢気《のんき》なことを言っているが、本当はむめのの内職代が入っていたからやっていけたのだ。まことにできた嫁であった。

無謀な賭け

わが国で最高の成功を収めた起業家の一人が松下幸之助であることに異論をはさむ者はいないだろう。だが彼にしても、決して生まれつき〝経営の神様〟だったわけではない。そのことを雄弁に物語っているのが、独立のいきさつである。

彼が独立の意思をはっきり固めたのは、結婚して一年半ほどがたった大正六年（一九一七）四月、内線係担当者から検査員に昇格したことがきっかけだった。

検査員は他の工員が行った電気配線を点検する仕事であり、現場の最高職位である。客もそれがわかっているから丁重に扱ってくれ、映画館などはただで入れてくれた。仕事はすぐに終わるので、あとは同僚と雑談したりで勤務時間の半ばを過ごす。検査員はそうしたことからも工員仲間の憧れの的《まと》であった。

だが、暇であることは勤勉な幸之助には耐えがたいことであり、ついには体調を崩してしまう。彼は後に経営者となった時、社員に物足りなさを感じさせる職場に

大阪電燈の検査員時代（後列中央が幸之助）。

だけはしてはいけないと心に誓った。

幸之助がむめのに漏《も》らした最初の独立話は、意外にも、

「会社をやめてぜんざい屋でもしたい」

というものであった。

決して冗談で言ったのではない。彼は甘党で、近所のカニドンというぜんざい屋によく通っていた。大好きなぜんざいを商《あきな》ってみたいと思ったのだ。

しかし、むめのはやんわりと、

「あなたに水商売は向きませんよ」

と言ってやめさせた。

もし彼女がこのとき乗り気になっていたら、〝経営の神様〟は〝ぜんざい屋のおやじ〟になっていたかもしれなかったのだ。人生なんて意外とそんなものかもしれない。

ぜんざい屋をあきらめた幸之助が次に取り組んだのが、ソケットの改良だった。彼は終生こうした工夫が好きで、出願した発明としては、特許が八件、実用新案が九十二件もあった。

試作品を作って大阪電燈の主任に見てもらい、その長所を説明した。自信はあった。ところが主任の口からは意外な言葉が返ってくる。

「松下君、こらあかんで。この程度のもんやったら課長に話もできへんな」

悔しくてその晩は一睡もできなかった。ここでひっこめるのもしゃくである。布団の中であれこれ考え、もうひと工夫して再び見せに行ってやろうと心に決めた。日を改めて今度はどうだ、と気合を入れて持っていったが、

「まだあかんな。もっと工夫せな」

と、にべもない。情けなくて泣きたくなった。

〈実はずっと後ではあるが、このソケットは一利一害でまったく失敗であったことがわかった〉

と彼は後に述懐しているが、その時は、

〈主任はわかってへん。見る目がないんや〉

と、悔しさに身を震わせた。そしていつとはなしに、

〈主任はだめやと言うたが、それは見誤りや！　独立してソケットの製造をし、そ

れを会社に買ってもらおう〉

と、勝手に楽観的な夢を抱きはじめる。

〈忘れもしない。独立しようという決心は大正六年六月十五日のことだった〉

そう彼は、その日のことをはっきりと記憶している。

辞表を受け取った例の主任は、心配そうな顔でこう言った。

「無理に止めへんが、検査員に出世したばかりで惜《お》しいやないか。ソケットに未練があるんやったらよほど考えたほうがええ。物になるしろもんやあれへんから」

それは悪意のない、心からの忠告であった。

だが幸之助の気持ちは決まっていた。この五日後、彼は大阪電燈を正式に依願退職するのである。これをもって彼はサラリーマン生活と決別し、その後一貫して経営者として一生を過ごすことになる。


ところがこの時、彼の手元には退職金を入れても九十五円強の金しかなかった。型押しの機械一台買っても百円は要る。現在価値に換算すれば百五十万円ほどのものだが、それを買う金がないのだ。これで独立とは、彼の上司でなくても心配したに違いなかった。

幸之助が大阪電燈をやめたのは二十二歳。今で言えば大学を卒業したくらいの年齢だ。今はこれくらいで起業している若者はいくらでもいる。

情報量の多い現代と手探りで人生を歩んでいかざるを得なかった当時を比べるのが酷《こく》なのはわかっているが、それでも幸之助の起業は無謀すぎた。彼は決して早熟の天才ではなく、努力で成長していく典型的な大器晩成型だったのだ。

幸いなことに、大阪電燈でのかつての同僚で、電気関係の商会に転職していた林伊三郎が参加してくれることになった。下宿仲間の森田延次郎も一緒にやりたいと会社をやめて加わってくれた。不足していた事業資金は林の友人から借りることができ、幸之助の夢がようやく動きだした。

この当時、幸之助夫婦は、防水布を製造していた吉村安次郎所有の借家に移っていた。

二畳と四畳半二間だけの平屋である。住所は東成郡鶴橋町大字《おおあざ》猪飼野《いかいの》字《あざ》針求《はりもとめ》(現在の東成区玉津二丁目一番地)。猪飼野というのは鶴橋と今里の中間あたりにあった旧地名で、当時は田畑が広がり人家もまばらな場所であった。

作業場が必要だというので、四畳半の半分の床を落として土間にした。

米国のヒューレット・パッカードやアップルの創業者はガレージで起業したことで知られる。それに対し我らが松下幸之助にとって、猪飼野のこの二畳少々という猫の額《ひたい》のような土間こそが、最初の〝工場〟であり、伝説の出発点だった。

彼は独立して早々、またも壁にぶち当たる。

改良ソケットを看板商品にしようとしたはいいが、肝心のソケット本体をなす絶縁体（煉物《ねりもの》）を作る技術を持たずに独立していたのだ。アスファルトと石綿（別名アスベスト）、石粉《いしこ》（石灰石をくだいた粉）を混ぜればいいのだろうくらいに考えていたのだが、やってみるとうまくいかない。

当時、その製法は秘中の秘とされ、どこの会社も公開していなかった。万事休すかと思われたが、大阪電燈の同僚で煉物の技術を持っていた〝T君〟（『私の行き方考え方』）が救いの手を差し伸べてくれ、何とか作れるようになった。

幸之助は前掲書の中で、

〈自分らが研究していたことと大体は似通っていたが、ちょっとのコツが相違していたのであった〉

と暢気なコメントをしている。〝無茶苦茶だった〟と自分でも反省しているが、まさにそのとおりであった。

嫁に来たばかりのむめのは、収入がないため質屋通いするほかない。質屋というのは、何らかの品物（これを質草《しちぐさ》という）を預け、その価値に応じてお金を貸してくれる金融業である。返済期限までにお金を返せないと、質草は返ってこない。

今はあまり見かけなくなったが、当時は質屋がそこかしこにあり、庶民の生活を支えていた。この時に限らず、かなり長い間、松下家の着物や帯などは、何度も家と質屋との間を往復し、あるいは一方通行していった。

そのうちどうにも窮《きゅう》してしまい、大家に家賃の支払いを待ってもらうよう頼みに行かざるをえなくなった。恐る恐る申し出ると、

「若いのに、きちんとしてて感心や」

と逆に褒められたという。

船場商人の間に〝お家《え》はん（奥さん）見てみ〟という格言があったように、奥さんのしっかりしていない商人は信用されなかった。その点、むめのは商人の妻としては理想的な女性だった。

ある時、米がすっかりなくなってしまったことがあった。夕餉《ゆうげ》の支度ができないと途方に暮れたが、ふと亡父の位牌の前に米と餅を供えていたことを思いだし、それをお粥にして、

「今日は寒いから餅粥《もちがゆ》にしました」

と何事もなかったようにふるまった。工夫という点でも、むめのは幸之助に負けていなかったのだ。

仕事で汗だらけの幸之助が手ぬぐいを持って、

「風呂行くから、風呂代おくれ」

と言ってきても、わずか二銭という銭湯代がないことさえあった。

すると、むめのは何だかだとほかの用事を頼み、夜も更《ふ》けたところで、

「今日は遅くなりましたし、お風呂へ行くのをやめて、行水《ぎょうずい》でもされたらどうですか。ちょうどお湯も沸いていますし、捨てるのももったいないし……」

と言って、風呂屋に行かせず行水をさせた。


家計の心配はさせず、仕事に集中してもらおうとする彼女の献身は見事である。三十八度程度の熱が出たくらいでは床につかなかったという。

一方の幸之助は、新事業の立ち上げに全身全霊を注いでいた。身なりを気にする余裕などない。いつも同じズボンで膝のところをてかてかさせていた。このほうが経済的だからと頭はずっと坊主刈りである。とにかく改良ソケットを何とか完成させようと睡眠時間わずか二、三時間で頑張った。

彼らが最初からおしどり夫婦だったかと言うとそうではない。夫婦というものは、相手の性格や性癖を知り尽くすまでに時間を必要とする。最初はお互いの違う部分ばかりが目についてしまう。むめのは冬でも部屋を開け放す

ほうが好きなのだが、風邪をひきやすい幸之助はすぐ「寒いさかい閉めえ」と言いだすし、夏はすだれを下《お》ろしてしまう。

血液型は同じA型。几帳面なところはそっくりだが、正反対なところも多かった。幸之助は結構おっちょこちょいで瑣事《さじ》に無頓着なところがある。お茶を飲むにも湯加減を見ない。湯呑《ゆのみ》に入れて出せば何も考えず口にするため、

「熱っ！」

と飛びあがることもあった。

むめのはしっかりしている一方、あけっぴろげで男性的な性格である。こんな時、すんませんでしたぐらい言ってあやまっておけばいいものを、ある時、思わず笑ってしまったからたまらない。

幸之助はかっと頭に血をのぼらせ、手にしていた象牙《ぞうげ》の箸《はし》を握り締めると、バシッと大きな音を立ててちゃぶ台にたたきつけた。すると運悪く、その拍子に箸の先が欠けてしまった。象牙の箸は高価なものだから大損害だ。

夫婦喧嘩というのは後が大変。幸之助は怒ると一切口をきかなくなる。むめのが嫌みたっぷりに、翌日もその先の欠けた箸を膳《ぜん》に出したところ、幸之助は無言のまま、食事の途中で仕事場におりて砥石《といし》で箸を削りはじめた。なんともしまらない姿だが、夫婦喧嘩で格好悪いのは夫の側と相場は決まっている。

創業して数年後に撮影された家族写真。後列左から幸之助、まだ「ガキ大将」の面影をとどめている井植歳男、むめの夫人。前列はむめのの姉妹。

独立してすぐ、むめのの弟の井植歳男《いうえとしお》が加わってくれることになった。まだ十四歳の少年である。

子どもの時からガキ大将で、小学校の休み時間、クラスのみんなの硯《すずり》に水を入れておくよう命じられたところ、何と小便を入れて回るといういたずらをやり大目玉を食った。

井植歳男記念室で小学校の時の成績表を見させてもらったが、学校の勉強はあまり得意ではなかったようだ。

「学校へ行きたかったら行かしてやれ」

と父清太郎が遺言してくれていたにもかかわらず、旧制中学や師範学校へは行かず、叔父の船に見習い船員として乗りこんだ。ところが仕事がきつい上、安治川倉庫

の爆発事故に巻きこまれ、九死に一生を得るという体験をしたため、

「やっぱり陸の上がええわ」

と思い直し、郷里の淡路島へ帰っていた。それを聞いた幸之助が、

「大阪に出てきて、わしの仕事を手伝《てつど》うてくれへんか」

と手紙で誘ったのだ。井植の母も賛成し、手伝ってくれることとなった。

大都会だと思って胸ふくらませて大阪にやってきた井植は、猪飼野が淡路島とさほど変わらぬ田舎であることや、幸之助夫婦が住んでいるところが〝馬小屋に毛の生えたような家〟であることに唖然《あぜん》とした。どんな苦境でも逃げることをしない我慢強い性格の彼だったからこそ耐えることができたのだ。

成功者には例外なく優秀な右腕がいるものだが、井植歳男は松下電器草創期の大番頭として獅子奮迅《ししふんじん》の活躍を見せる。その後、歳男の弟の祐郎《ゆうろう》、薫《かおる》も入社し、井植三兄弟は松下電器発展の原動力となっていくのだ。

後年、彼らが独立し、三洋電機（平成二十三年、パナソニックと統合）という一大家電メーカーを立ちあげたことからも、いかに非凡な才能の持ち主であったかがわかるだろう。

むめのとの結婚は、彼女自身の内助の功のみならず、幸之助に大いなる幸運をもたらしたのである。

大正六年も十月に入って、ようやく改良ソケット（松下式ソケット）が完成した。従来のものは、ソケットのネジに配線コードを巻き、ハンダづけして固定しなければならなかったが、松下式はコードと金属板の間に高下駄《たかげた》のような形をした押し具を押し込めば接触するようになっており、ハンダづけ不要の簡便なものだった（実用新案第四二二二九号）。

松下式ソケット図

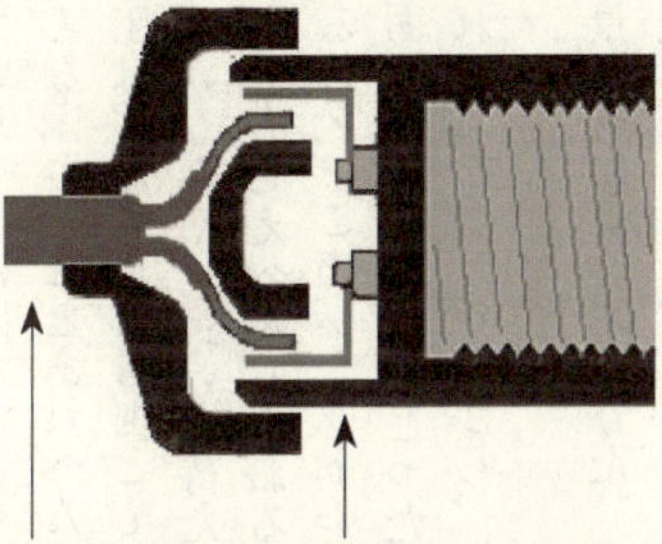

コードと、ソケットに付けられた金属板で、
簡単に圧着できる工夫がなされている。

ところが、いくらで売ったらいいかがわからない。ここで彼は奇想天外な行動に出る。売ろうとしている相手の問屋に改良ソケットを持っていき、どれくらいで売るのが適当か教えを請うたのである。

販売価格が決まったところで、森田の出番だ。彼が営業マンとして大阪中の問屋を回ってくれた。

販売開始初日、祈るような思いで吉報を待っていたが、待てど暮らせど帰ってこない。ようやく戻ってきた時には、すでに陽《ひ》がとっぷりと落ちていた。口に出さずとも、顔を見れば売れたかどうかは一目でわかる。

「こんな困ったことあれへんわ……」

森田は、ため息とも何ともつかぬ前置きをしてから結果報告をしてくれた。

「ひどいもんや。長い間待たしよったあげく、『また今度来てんか』やで。品物を見ようともせえへん奴もおる。そう思たら、『あんたんところはいつから電器屋してはるの？ このソケットのほかに何売ってはるの？』と矢継ぎ早に尋ねられたとこもあった。口ごもっとったら、『君とこ、まだ新前《しんまえ》やね。こんなソケット売れるか売れへんかわからんから、注文でけへんわ』て言うてきよる。ほんまにまいったわ」

情景が目に浮かぶようだ。森田の暗い気持ちが、幸之助にも伝染してきた。

電気は怖いもの、というのが当時の庶民感覚である。ただでさえ怖いのに、信用できない無名メーカーの新製品にすぐ手を出すような人間はいない。値段がいくらなら売れるという問題ではなかったのだ。

しかし泣き言を言ってはいられない。後戻りはできないのだ。次の日から十日間、森田は歯を食いしばって大阪中を走り回ってくれた。

それでも改良ソケットは百個ほどしか売れない。売上金にしてわずか十円ほど。小学校の教員の初任給でも二十円あったころのことである。

三人の若者が人生を賭けて会社をやめ、約四ヵ月の間苦闘を重ねた結果が、小学校教員初任給の半分の売り上げとは。やめておけと忠告してくれた主任の顔が目に浮かんだ。これから改良を加えようにも資金がない。

この絶望的な様子を見て、井植歳男もさすがに声に出しては言えなかったが、

（えらいとこに来てしもた……）

と内心後悔していた。

森田も林もそれぞれ家庭を持っている。無理は限界に来ていた。

「松下君、僕らは心安い間柄やから給料がどうのこうのとは言わんが、僕らも不安や。もうこれは見切りをつけて、各自が自活の道を求めたほうがええんとちがうか」

何一つ将来への明るい展望を持たないこの時の幸之助に、二人を引き留めることなどできようはずもない。森田は他に職を求め、林はもといた職場へと戻っていった。

このまま何も起こらなければさすがに干上がってしまっただろうが、ここで干天《かんてん》の慈《じ》雨《う》が降る。

年も押し迫った十二月のこと。改良ソケットの販売で取引のできた問屋を通じ、

川北電気企業社という会社から扇風機の碍盤《がいばん》の注文が来た。

川北電気企業社は、当時の代表的な電気機器メーカーの一つである。扇風機のスイッチを取り付ける絶縁体である碍盤は、従来陶器製だったが壊れやすく、丈夫な煉物に変えようということになり、発注先を探していた。そして出入りの問屋の紹介で、幸之助のところへお鉢《はち》が回ってきたというわけだ。

改良ソケットを必死にセールスしても一向に売れなかったが、広く声をかけたことが結果として幸之助を救ったのだ。

扇風機の碍盤を作るのは、金具をつける必要がなかったので改良ソケットよりむしろ簡単なくらいだった。すぐに五、六個の見本を作って先方に見せたところ、一千個もの注文がまとまってきた。

元気百倍である。型押しは幸之助がやり、井植には仕上げをやらせ、むめのも加わってそれこそ一家をあげて頑張った。

碍盤一千個を納入し、初めて百六十円というまとまった金が手にはいった。原価は一個八銭くらいだから、差し引き八十円ほどの利益になる。今のお金にすれば百二十万円ほどになろうか。この収入で、当面の運転資金ができただけでなく、しばらくすると、林の友人から借りていた借金も返すことができた。

幸之助は恩を忘れない人である。彼は創業期の窮地を救ってくれた川北電気との関係を終生大切にした。同社はその後、ナショナルブランドの扇風機も販売するようになり、戦後は松下グループの傘下に入って松下精工と改称する。現在のパナソニック エコシステムズ株式会社である。

十分な準備をせずに独立したのは褒められた話ではないが、ともかくがむしゃらにやってみなければ道は開けないというのもまた、この時に得た教訓であった。

〈塩の辛さといったものは、いくら頭で考えたり、目で見たりしてもわかるものではないでしょう。まず、自分でひと口なめてみる。頭で考えるのではなく、みずから味わってみてはじめて塩というものがわかる〉（『人生心得帖』）

彼は後年、

「私は失敗したことがない」

としばしば口にした。

何を馬鹿な、改良ソケットでも失敗しているではないか、と思われるだろうが、彼はこう語っている。

「成功するためには、成功するまで続けることである。途中であきらめて、やめてしまえば、それで失敗である」（『人を活かす経営』）

川北電気からの碍盤の注文はその後も続き、安定した収入源となっていった。そうなると猪飼野の二間しかない借家はいかにも手狭である。

かくして大正七年（一九一八）三月七日、幸之助はむめの、井植歳男とともに現在の阪神電鉄野田駅から六百メートルほど西に行ったところにある北区西野田大《おお》開《ひらき》町八四四番地（現在の福島区大開二丁目）の二階建ての借家に移った。〝大開〟といういかにも運の開けそうな町の名前が気に入ったのだ。家賃は十六円五十銭と奮発した。現在価値にして二十万円といったところだろう。

そして「松下電気器具製作所」と社名を定めた。まだ個人経営であったが、これこそが松下電器（現在のパナソニック）の創業であった。

大阪の習慣で、幸之助は〝大将〟と呼ばれていたが、正式文書には製作所の長だということで所主と書くようにしていた。その後、昭和十年（一九三五）に株式会社組織になると社主となり、戦後はほかの会社同様に社長となる。社員のことは、戦前は店員と呼んでいた。

大開町の借家は二階が二部屋、一階が三部屋であったが、その一階の一部屋を土間にして工場とした。五坪ばかりの土間の隅にレンガで炉を築き、その上に鍋をかけて煉物を作る。傍《かたわ》らに大きな鉄のハンドルの付いた型押機を二台置いた。

仕入れ係である井植歳男が薬品や化学メーカーの多い道修《どしょうまち》町で煉物の材料を買

ってくると、まずそれを釜で煮た。次に足踏み機で力をこめて煉りあげる。冷えると固まってしまうので煉ったものを恒温《こうおん》機の上で温めておき、それを順番に型押し機でプレスして成型すると完成である。

結構な量の炭が必要だ。急に大量の発注が来ると、買い置きしている炭だけでは足らなくなる。そうすると近所の人にむめのが炭を借りて回った。

町の人たちは夫妻に大変良くしてくれ、嫌な顔ひとつせずに貸してくれた。大阪は商売の町である前に人情の町でもある。そのことを幸之助夫婦はかみしめていた。

猪飼野の借家にくらべれば随分広くなったとはいえ、手狭なことに変わりはない。限られたスペースを有効活用するべく、階段を改造して半分の幅にし、押入れに棚を取り付けて上と下で作業できるようにするなど工夫を凝《こ》らした。借家なのに、まことに理解のある大家である。

取引先はこの様子を見て、

家賃16円50銭のこの２階建ての借家で松下電器を創業する（現在の大阪市福島区大開二丁目）。

「これなら安いもんができるはずや」

と感心して帰ったという。

ただし労働環境は劣悪である。夏などは臭気と熱気で耐え難い状況となった。だが幸之助は一向構わず、生き生きと仕事をしていた。自分の工夫でものを作れる。こんな楽しいことはない。大開町に移ってから、幸之助の快進撃がはじまった。

改良ソケットに代わる新製品として幸之助が売りはじめたのが「アタッチメントプラグ」（略してアタチン）である。これが思わぬヒット商品となった。

アタッチメントプラグとは、電灯を差込む配線口に取り付けて家電が使えるようにできる器具のことである。一般家庭や小規模な事業所では配電は電灯用だけだったが、一方で扇風機やアイロンといった電化製品が普及しつつあり、アタッチメントプラグの需要はかなり広範に存在した。当時の電気代は電灯一個あたりの定額制だから、いろいろなものに使ったほうが得なのである。

古電球の口金を再利用することにより、価格を市価より三割も安くできたため大いに売れた。配達が遅れると、得意先のほうから取りに来るほどだった。三人で毎晩十二時ごろまで働きづめに働いても注文に応じきれない。そこで人を雇うことにした。

当時は第一次世界大戦の真っただ中。戦争特需で景気がいいから仕事はいくらでもある。続けて来てくれるか心配でならない。毎朝七時になると家の外に立ち、彼らが向こうから歩いてくる姿を見つけるとほっとした。

独立当初苦労したように、煉物ひとつとっても技術を隠すのが当時の商慣習だったが、幸之助は新入りの職工にも躊躇《ちゆうちよ》することなくそれを教えた。

「そら松下君、危険なんちゃうか？」

そう言って同業者は忠告してくれたが、耳を貸さなかった。社員を信用せずして彼らの信頼を得ることなどできるはずがない。信頼あるところ裏切りなし。それが彼の信念であった。

改良ソケットに代わる新商品「アタッチメントプラグ」。電灯を差込む配線口から家電用の電気をとることができた。

彼は隠すことに興味を持たなかった。むしろ積極的に開示した。彼はこの頃からすでに月次決算を行っていたが、社員が十人ほどしかいなかった時から決算書を彼らに見せ、経営の実態を明らかにしている。この時代、そんな経営者など日本中どこを探してもいなかったはずだ。彼はそれを従業員に対する礼儀だと思ってやった。そしてそのことが結果として、一体感の醸成につながったのだ。

社員を思う気持ちは人一倍である。

ある問屋がしつこく値切ってきたことがあり、根負けしてしまいそうになった時、工場で汗みどろになりながら必死に働いてくれている社員の姿がふと脳裏に浮かんだ。彼は折れそうな気持ちをぐっと抑え、こう言った。

「私んとこの社員はほんまによう働いてくれまんねん。彼らが汗水流して作ってくれた商品やと思うと、とても安く売る気になりまへん。彼らに申し訳が立たんのです。ひとつこの値段で買ってもらえまへんやろか」

すると、それまでかたくなだった主人も情にほだされ、譲歩してくれたという。

同様のエピソードは数多い。町でたまたま出会った知人に誘われてレストランに入り、豪勢な食事が運ばれてきた時も、

「今、一生懸命働いてくれている社員のことを思うと、申し訳なくて手がつけられませんわ」

と言って、なかなか食べようとしなかったという。

生活に少し余裕ができてくると、これまで苦労をかけた穴埋めにと、時折むめの

と連れ立って大阪ミナミへ無声映画を観に行くようになった。

社員を羨《うらや》ましがらせてはいけない、という気遣いから、家を別々に出て戎橋《えびすばし》のたもとで時間を決めて落ちあうのである。実は映画などそれほど好きではなかったのだが、むめのを喜ばすために無理してつきあっていたのだ。

ある時、むめのが約束どおり待っていると、いつまでたっても幸之助が来ない。結局二時間ほど待った末、カッカしながら帰宅したところ、彼は家にいて一心にプレスの型を修理していた。

そして、むめのの顔を見るなり、

「あ……」

と少々間の抜けた声を漏らした後、

「お前が出てすぐ、型が壊れよったんや……」

と申し訳なさそうに言った。長々と言い訳せず、口にしたのはそれだけで、そのまま修理を続けた。その日のうちに直しておかないと、翌日の作業にさしつかえる。

（お前やったらわかってくれるやろ）

そう背中が無言で語っている。むめのは何も言えなくなった。二人の信頼関係があればこそであった。

〈うちの社長はもう一所懸命にやっている、〝もう気の毒や〟という感じが社員のあいだに起これば、全部が一致団結して働くでしょう。けど、そうでないかぎりは、あなたの活動の程度にみな働くでしょう〉(『社長になる人に知っておいてほしいこと』)

そう語った彼は、一貫して誰よりも働き続けた。

余談だが、彼の持病には、結核と並んで不眠症があった。

彼は独立してからずっと、三時間半ほどしか寝られなかったのだ。戦後は睡眠薬を服用するようになったが、それでも四時間ほどしか寝なかったという(『社員稼業』)。

いつも枕元にペンとノートを置き、夜中にアイデアが浮かぶと電気をつけて必死に書きとめた。こういう生活が睡眠には一番悪いのだが、社長としての責任の重圧が彼を不眠症にしていたのである。

大正七年、幸之助はアタッチメントプラグに続く商品として「二灯用差込みプラグ」を発売した。

当時は今のように、部屋にいくつもコンセントがあるわけではない。天井に電灯用の配線があるだけだから、それを家電用に用いると照明が使えなくなるという不便があった。

ちなみに電気アイロンなどは歴史が古く、すでに大正四年（一九一五）に国産化されており、徐々にこうした家電製品が世に出はじめていた。

幸之助があるとき町を歩いていると、近所の家の中から姉妹の言い争う声が聞こえてきた。妹は本でも読むためか、暗くなったから早く電気をつけたいと言い、姉はアイロンがけが終わっていないから少し待てと言う。彼女たちの口論を聞くうち、二人同時に電気が使えるプラグはできないかと考えた。そして発明したのが二灯用差込みプラグだった。

「二灯用差込みプラグ」。差込み口を２つ設けることで、家電製品の電気をとると電灯が使えない不便さを解消した。

売り出してすぐ、

「この差込みプラグはおもろいでんなあ。私んとこで一手に引き受けさせてもらえまへんやろか」

と、大阪の吉田商店という問屋の主人から話があった。大阪では自分の店で売り、東京方面は別の親しい先に販売させるという。幸之助は反射的にいい話だと思ったが、そこはしたたかである。

「吉田はんとこで一手に引き受けてくれるんでしたら売れるに決まってます。そうすると増産できるように設備を増強せなあきまへん。ついては三千円ほど保証金として提供してもらって、その設備資金にさせてもらういうのはどないでっしゃろ」

と持ちかけた。

吉田も納得して話が決まり、幸之助は手にした三千円で機械を購入して直ちに増産体制を整えた。

内閣総理大臣の月給が千円だった時代。三千円といえば大金である。前年の独立に際してかき集めた資金が百円にも満たなかったことを考えると夢のようだ。まもなくプラグは月産五千個に急伸し、社員も大正七年末には二十名を超えるまでになった。

もっとも、後に松下のライバル会社となる重電メーカーの芝浦製作所と弱電メーカーの東京電気（両社は昭和十四年に合併し、現在の東芝となる）は同じ時期、両社ともそれぞれ三千名を優に超える社員を抱えていた。彼らはおそらく松下という会社の存在にすら気づいていなかったに違いない。まだまだ松下電器は弱小メーカーであった。

吉田商店との提携が軌道に乗ったころ、思わぬ障害が待ち受けていた。東京のメーカーが、松下製同様の差込みプラグに関し、思い切った値下げをしてきたのだ。契約書には責任販売数が書き込んであったのだが、心配になった吉田商店は期日前であるにもかかわらず契約の解除を申し込んできた。

「ほかのメーカーが値下げするとは思わへんかったわ。これは見込み違いや、悪《あ》しからず」

こうして半年もたたぬうちに販売計画は頓挫《とんざ》してしまった。これでは契約などないようなものである。今なら到底考えられない。ひどい話があったものだ。

困ったのは保証金の返還である。全部工場の設備増強につぎ込んでしまっているから返しようがない。さすがにこれは月賦《げっぷ》返済ということになった。

工場は月五千個の生産が可能なまでに増強されていたから、このままではせっかくの投資が無駄になる。幸之助は大阪の問屋をかけずり回って、二灯用差込みプラグを販売してくれるよう頼み込んだ。するとやってみるもので、吉田商店の手を借りずとも、何とか販売の目途《めど》が立った。

このことは幸之助にとって、思いがけない有利な展開であった。

普通なら手にできない多額の保証金を、一時的とはいえ吉田商店に差し入れてもらって工場の生産設備が増強できた。月賦の返済になったわけだが、これも考えてみれば銀行から融資を受けて月次返済しているのと同じである。そして結果として、販路を吉田商店に握られることなく松下電器が確保できた。彼は努力によって、不運を幸運に変えてしまったのだ。

事業が拡大するにつれ、東京へ商談に行く機会も増えた。

夜行列車で一晩かけて行き、一日問屋を回ってまた夜行で帰るのだが、病弱な彼にはかなりこたえた。だが得意先を拡大しようとすれば、圧倒的な市場を持つ東京への進出を考えないわけにはいかない。

迷っていたころ、井植歳男が自ら東京行きを志願してきた。こうして大正九年（一九二〇）、東京駐在所を開設することになった。井植は十七歳と若いから、まだ指導が必要である。売り上げや経費も逐一報告させた。

ある時、井植が上等な麻の蚊帳《かや》を買ったことがあった。代金は五円で、現在価値にすると六万円ほどになる。

するとすぐに、

「まだ若いのに、五円もする蚊帳を買うとは何事か！」

と、厳しい叱責《しっせき》の手紙を送りつけた。

堅実な商売を忘れないのが船場仕込みの松下流だ。工場内で釘《くぎ》が落ちていると必ず拾い、曲がったものは叩いて伸ばした。一回使った縄でも継ぎ足して何回も使った。

自転車ランプ

結核によって低下した体力はその後も戻らず、身体を壊して寝込んでしまうこともしばしばだった。何か滋養《じよう》をつけるものはないかと悩んでいたところ、新聞でニンジンブドウ酒なるものの広告を見つけ、試しに買ってみた。飲むとなんとなく元気が出た感じがする。ところがある日、急に激しい腹痛がしてトイレへ行ってみると、便が酒の色で真っ赤になっていた。仰天してニンジンブドウ酒はやめにした。

業績は、第一次世界大戦後の不況にもかかわらず好調だった。電気製品が黎明期《れいめいき》であったため、景気の浮沈と関係なく需要が伸びていたこともあった。

会社の成長とともに、次第に求人に苦労することもなくなっていったが、松下幸之助という人物は、けっして現状に満足しない。治にいて乱を忘れず、常に危機に備えようとする。

大正９年、従業員の親睦団体「歩一会」の結成記念写真。25歳だった幸之助（前列左から５人目）がデザインした制服は残念ながら不評だった。

彼は社員の結束を固めるための親睦《しんぼく》団体を作ることを考えた。歩みを一つにして前進していこうという願いを込め、歩《ほ》一会《いちかい》という名が付けられた。

大正九年三月の発足当時の社員は二七名。全員が歩一会の会員となった。役員の半分は会社が指名し、残りの半分は彼らの間で選挙させた。敗戦後に組合が結成されるまで、歩一会は松下電器の社員組織として存続し続ける。

張り切って自らデザインして制服を作ったが、帽子と上着がおそろいの紺《こん》色に霜《しも》降《ふ》り木綿というボーイスカウトそっくりなものであったため、社員の不評を買った。日ごろからおしゃれとは無縁だっただけに、こうしたセンスは今一つだったようだ。

大正９年、会社のシンボルとして制定された「M矢マーク」。

歩一会結成の前月には、会社のシンボルとして、石清水《いわしみず》八幡宮の破魔矢《はまや》と松下電器の頭文字のMを組み合わせた〝M矢マーク〟が制定された。昭和十八年（一九四三）には、松下の松にちなみ、松葉が三本組み合わされた三松葉《みつまつば》の社章が制定される。

大正十年（一九二一）四月、松下家に春が来た。待望の子宝に恵まれたのだ。幸之助の名をとって幸子と名付けられた。結婚七年目のことである。

これより前に生まれていても、経済的に育てるのはきつかったはずだ。精神的にもギリギリの状態が続いていた。幸之助たちの婚姻届が幸子の出生届と同時に出されていることでもそれがわかる。結婚以来、忙しさにかまけてむめのはずっと未入籍のままだったのだ。

幾度か淡路島から戸籍を取りよせ幸之助に入籍を促《うなが》したのだが、幸之助は、

「わかった、わかった」

と生返事《なま》ばかりで、ばたばたと日をすごすうちに有効期限が切れてしまった。二度送ってもらって同じことになったため、淡路島の実家から、

「そんなに戸籍謄本《とうほん》を粗末にするんやったら、もう送ってやらん」

と言われ、そのままになってしまっていた。ひどい話である。

幸子の出生届とともに婚姻届遅滞の罰金五十銭を納め、幸之助はようやくむめのを入籍した。

大正八年（一九一九）、幸之助の五番目の姉あいが二十八歳で死去していたが、この大正十年、あの世話になった長姉のイワまでもが四十六歳で没してしまい、両親と七人いた兄姉はついに一人残らずこの世を去ってしまった。

彼は自分ひとりの肩にかかっている松下家の繁栄を、ことさら意識するようになっていった。

このころ、後藤清一という十七歳の青年が入社してきた。幸之助と井植歳男に仕え、豪放磊落《ごうほうらいらく》な人柄で多くの人から慕われた、後の三洋電機副社長である。

ガキ大将で気の強かった後藤は、小学校を中退して職を転々とした後、知人に勧められて松下の入社試験を受けに来たのだが、人手が足らなくて困っていた時期だけに元気がいいというだけで履歴書も出さずに採用が決まり、入社後、二、三日して初めて幸之助に会った。

「えらいかいらしい子が来てるやないか。君いつから来たんや、わし大将や」

このとき、幸之助は膝《ひざ》まであるはっぴを着ていたというが、後藤の第一印象は、

(これがおやっさんか、えらい男前やなあ)

というものだったという。

いつも泣きそうな顔をしていた幸之助も、このころになると自信をつけ、いい顔になっていた。宴席でも芸者や仲居さんたちに大変もてた。

後藤は最初、配達の仕事を担当した。自転車やリヤカーを引いて回り、疲れて会社に戻ってくると、幸之助は労をねぎらってキツネうどんをとってくれた。

「あのキツネうどんがなかったら、私は松下にいなかったかもしれません」

後藤は後年、池田政次郎とのインタビューの中でそう語っている（『商魂　石田退三、土光敏夫、松下幸之助に学ぶ』）。

幸之助の話す言葉は、大阪の商家の品のいい大阪弁である。低音でなかなか味の

ある声をしていた。後年のスピーチは堂々たるものだが、若いころはむしろ口べただった。

工場で訓示をする際も、唇をなめながらとつとつと話す。から咳《ぜき》が多いため聞きとりにくい。熱くなると思いがから回りし、何度も同じことを話してしまう。彼の場合、スピーチもまた努力でうまくなっていったのである。

取引先から商品を褒めた手紙が来た時などは社員を集めて読み聞かせることにしていたが、読んでいくうち感動がこみあげてきて涙声になり、そのうち読むのをやめてオイオイ泣きだしてしまうこともあった。相変わらず泣き虫は直っていなかったのだ。

〝歳《とし》やん〟と呼ばれていた井植は、いろいろな意味で社内を牛耳《ぎゅうじ》っていた。職工の中に仕事をさぼったり、言いつけを守らない者がいると、昼休みに、

「ちょっと表で相撲《すもう》でも取ろうか」

と呼びだして投げ飛ばした。腕力で井植にかなうものはいない。食べるのも豪快で、意外にも酒を飲まず甘党の彼は、氷屋で二杯もかき氷をたいらげ、店をかえてさらに二杯食べるほどの豪傑（?）だった。

松下電器はその後も順調に業績を伸ばし続け、もともと手狭だった作業場は限界

に達していた。隣の空き家を借りてそちらも作業場にしたものの、そんな応急措置では間に合わない。本格的な工場の建設を検討しはじめた。

そして大正十一年（一九二二）、創業の地から百メートルほど南にあたる西野田大開町八九六番地（当時）に百坪ほどの貸地があるのを見つけ、そこに四十五坪ほどの工場と二十五坪の事務所兼住居を建設することにした。後に第一次本店工場と呼ばれ、幸之助が生涯ここに本籍を置いていたほど懐かしい思い出の地となる。

このころ住み込み店員制度がはじまった。当時の社員は三等店員、二等店員、一等店員と序列が設けられていたが、三等店員にもなれない少年たちはボンさん（小僧）と呼ばれていた。大正十一年末には社員も約五十名になっていたが、そのうちのボンさん十人ほどを自宅の二階に住み込ませることにしたのだ。

自分の経験から、船場の商家のような丁稚奉公の経験がすぐれた商売人をつくりあげると信じて疑わない幸之助は、いつか余裕ができたら、ぜひ彼らを住み込みで教育してみたいと思っていた。それがようやく実現したのだ。

起床は朝五時。めいめい朝の掃除の場所が決められている。通勤の店員たちが来る前にインク壺《つぼ》の手入れなどをし、すぐ仕事に取りかかれるよう準備をする。

工場の朝は早い。当時は七時始業である。「オッス」という挨拶が飛び交い、工員たちは下駄履きにトンビ姿あり、着物あり、マントありであった。

ボンさんたちは無断外出禁止だから、ややもすれば夜の銭湯への往復だけが自由な外出ということになる。寝る前には、幸之助夫妻の寝室前の廊下に正座して、

「お先に休ませていただきます」

と挨拶して就寝するのだ。しつけも厳しく指導され、この生活に慣れた人は軍隊に入っても楽に感じられたという。

だが月二回の休日には牛肉のすき焼きを腹いっぱい食べさせてやるなど、楽しみをつくってやることも忘れなかった。

大正11年、大開町の「創業の地」近くに建設した第一次本店工場。幸之助は死ぬまでここに自分の本籍を置いた。

むめのは彼らの母親代わりである。今でいう〝相撲部屋のおかみさん〟に近い存在かもしれない。

社員数が年々多くなっていったことから、この住み込み店員制度は大開町から本社を門真《かどま》村に移した昭和八年（一九三三）をもって廃止とな

る。その代わり、昭和十二年（一九三七）からは、ボンさんが三等店員に昇格する際、元服式をすることにした。その日のために背広を作ってやる。一人前になったという自覚を持たせるためであった。

むめのはボンさんたちの面倒を見ただけでなく、店員の妻たちを連れて毎月、松下の工場を案内して回り、夫の職場への理解と協力を求めたというから頭が下がる。

極めつけは彼女の猛烈な仕事ぶりである。算盤が上手で字もきれいなむめのは、伝票付けや給与計算や月次決算を一手に引き受けていた。このころは給料袋もむめのが店員に直接手渡していたという。山内一豊《かずとよ》の妻も顔負けの内助の功である。

第一次本店工場完成の翌年（大正十二年）、松下電器は大きな飛躍を遂げる。それが自転車ランプの製造販売であった。

幸之助は自転車店に長くいたこともあり、自転車に乗る人の不満に気づいていた。その最たるものが夜間の不便さである。当時、「ニコニコランプ」というローソク・ランプが一個八銭と安かったため普及していたが、風が吹けばすぐに消え、その都度マッチで火をつけねばならなかった。

ローソク・ランプのほかに、アセチレンガスを使った輸入もののガス・ランプも高級自転車には使われていたが、高価で一般大衆の手の届くものではない。そこで「万歳ランプ」という電池式のランプが登場したが、電池が二、三時間しかもたず、それこそ〝万歳〟になってしまい、あまりにも不経済であった。

（何とか、長時間もつ電池ランプを作れんもんやろか……）

毎晩深更《しんこう》まで工夫を重ねた。

身体が弱いのはあいかわらずである。娘の幸子によれば、大開町時代の幸之助は、冬になるとだいたい床に伏せっていたそうだ。それでも彼は、布団に寝ながら枕元に豆球を並べ、耐久検査をしていたという（『PHPビジネスレビュー　松下幸之助塾』二〇一二年九・十月号、松下幸子「父・松下幸之助の素顔」）。いくつもの豆球と電池を組み合わせ、試作品は山をなした。

半年ほどがたった大正十二年（一九二三）三月、ついに自信作が完成する。特殊な組み立て式の電池に、石塚利助という人が開発した五倍球（従来の五分の一の電圧で点灯する豆球）を組み合わせてみたところ、なんと三十時間から五十時間も点灯したのだ。

従来の製品の約十倍の耐久時間である。しかも安価に製作できた。自転車店の丁稚として見聞きしてきた顧客ニーズと大阪電燈の職工として身につけた電気の知識が見事に実を結んだのだ。

（これは売れる。きっと売れる！）

確信を持った。形も格好の良い砲弾型にした。

だが松下幸之助がえらかったのは、早く売りたい気持ちをぐっとこらえ、慎重に耐久テストを繰り返したことである。

商売は一時の儲けが大事なのではない。儲け続けることが大切なのだ。よさそうだと思って買ってみたお客が、やっぱり松下のような小さい会社の製品はダメだと思ってしまっては、二度と製品は売れなくなる。

（実際に使われる環境で試してみんと……）

そう考えた彼は後藤清一たち若い者に命じ、二ヵ月ほど毎晩終業後に電池ランプを自転車につけて淀川の堤防を走らせた。しかも、ことさらにでこぼこ道を走れと命じた。

そして彼らの帰りを待ち、帰ってくるなり、

「どうやった？」

と尋ねた。

「大丈夫です。もちました」

「そうか、ご苦労さん。奥にキツネうどん用意してあるから食べて帰って」

後藤たちがうどんを食べ終わった帰りに工場をのぞくと、いつも決まって幸之助は一人残り、電池ランプをはずしてあちこち点検していた。それが毎晩繰り返されたのだ。

三洋電機に勤めるようになってからも後藤は、幸之助の耐久試験をゆるがせにしない姿勢を思いだし、自分への戒《いまし》めにしたという。

大正12年に開発、商品化した「砲弾型電池式自転車ランプ」。生産が追いつかないほどの注文が集まった。

ようやく自信を持って市場に出せると判断した幸之助は、その形状から「砲弾型電池式自転車ランプ」と命名した。

大正十二年六月末、当時最も親しかった販売店に自ら持っていって見せ、その長所を説明した。

「こらええなぁ、結構売れる思うで」

という返事を期待していたのだが、主人はあまり感心した顔をしない。

「電池ランプは故障が多くて評判を落としとるからなぁ」

そう言われてがっくりきた。

ランプの部品は引き取り数が決まっているから、毎月二千個が納品される。電池も続々と入ってくる。在庫がどんどん溜まっていくのに、売ってくれる店が一向に見つからない。進退に窮《きゅう》した幸之助は、のちに伝説となるある奇策を打つ。それが無料見本の配布であった。

自転車ランプを販売店に二、三個預け、その内の一個を無料見本として点灯させて置いてくるのだ。ランプが実際に三十時間以上点灯することを確かめてもらおうというわけだ。確かめてもらった上で、点灯させたもの以外のランプを販売してもらい、売れた分だけ代金を回収していこうと考えたのだ。

どの店でもランプは三十時間以上点灯してくれた。実績ほど強いものはない。一ヵ月ほどすると目に見えて売れ行きが伸びてきた。最初に置かせてもらった四千個はすべて売れ、やがて直接電話や郵便で注文が来るようになり、ついには一度取り扱いを断られた店からも注文が入ってきた。

大きな賭けに彼は勝利したのだ。瞬《またた》く間に松下電気器具製作所の「砲弾型電池式自転車ランプ」は世に知られるようになり、生産が追いつかないほどの注文が集まった。

彼は著書『社員稼業』の中でこう語っている。

〈この二階に上がってみたいなあ、というくらいの人ではハシゴは考えられません。おれの唯一の目的は二階に上がることだ、というぐらいの熱意のある人であればハシゴを考えると思います〉

大正十二年九月一日、わが国が近代国家となって以来、経験したことのない強烈な地震が首都圏を襲った。関東大震災である。

激しい揺れが二分近くも続いた。昼時で、どの家でも火を使っている上、風速十五メートルを越える強い南風が吹いている。紅蓮《ぐれん》の炎が各所からあがり、東京市街を焼き尽くした。空を焦がす真っ赤な色は、はるか群馬県高崎市からも遠望されたという。鎮火が確認されたのは、何と二日後の午前八時ごろであった。

この時、のちに幸之助の強力なライバルとなる早川徳次（シャープ創業者）は、本所《ほんじょ》にあった家と工場、家族全員（妻と子ども二人）の命、そしてシャープペンシルの特許まで失っている。

幸之助たちは何より、東京に駐在させている井植歳男のことを思った。消息は途絶え、幸之助もむめのも心配で食事がのどを通らない日々が続いた。そして震災から一週間がたったある日のこと、井植は元気な姿で戻ってきてくれた。

震災発生直後、彼は自分の身も危ういというのに、得意先に見舞金を届けて回っていたのである。こうしたところ、日ごろの薫陶《くんとう》が生きている。

ところが、幸之助たちに無事を連絡したくても伝えるすべがない。そこで一段落すると、とりあえず大阪へ帰ることにした。小田原市にあった根府川《ねぶかわ》駅は震災による土砂崩れで駅が崩落して海中に沈んだほどで、東海道線は当然不通だった。そこで北陸回りをとって何とか大阪にたどりついたのである。

幸之助もむめのも涙を流し、手を取り合うようにして無事を喜んだが、落ち着いたところで幸之助は、井植に次のように言って頼んだ。

「歳男、悪いけどもういっぺん東京へ戻ってくれへんか。みなさん大変や思うけど、集金せんわけにもいかんからな。せやけどこれまでの売り掛けは半分でええ、そんで松下の商品は値段据え置きや、そう言うたげてくれ」

売掛金を半分でいいというのも大変な温情だが、商品の値段据え置きというのは常識はずれである。震災後の東京では物価が数倍に跳《は》ね上がっている。それこそ商売のチャンスだと思う人間は大勢いたはずだ。それを震災前と同じとは……。

井植は一瞬耳を疑ったが、こんないい話をお客に伝えてあげられるとあって、足取りも軽くとんぼ返りで東京へと戻っていった。震災からわずかな期間で鉄道は復旧し、十月二十八日には東海道本線全線で運転が再開されていた。わが国の鉄道の優秀さは当時から折り紙つきである。

井植から幸之助の言葉を伝え聞いた東京の販売店たちは涙を流さんばかりに喜び、発注は山のように来た。これまでまったく取引のなかった店までが、噂《うわさ》を聞きつけて注文を出してきたのである。結果として、震災を契機に松下の名は高まり、東京にしっかりした地盤を築くことにつながった。

大正十二年、幸之助は販売力強化のため、代理店制度の導入を図った。すでに先行している東京電気などは、強固な代理店網を構築済みである。いよいよ彼らを本格的に追撃しようというわけだ。

都道府県ごとに専属の代理店を募集し、その県内での独占的な販売権を認めると同時に、自らの責任にもとづく徹底した営業に努めてもらうことにした。二百円の保証金納付と引き換えに販売権を委《ゆだ》ねるべく新聞広告を出して募集したところ、このころになると松下電器の名はさすがに知られていたため即座に応募があり、九月には代理店の販売体制が整った。

この時、大阪府下の販売を引き受けてくれたのが、山本商店の山本武信《やまもとたけのぶ》という人物であった。

山本は当時三十六歳。幸之助より八歳年上である。十歳の時から丁稚奉公に出され、その後、石鹸《せっけん》、化粧品の販売・輸出を手がけて成功し、松下電器よりもはるかに大きな商売を展開していた。

まだ若いのに頭が禿《は》げ上がり、はれぼったいが鋭い眼光の目に分厚い唇《くちびる》が意志の強さを示している。幸之助より頭一つ背が低く、身体も華奢《きやしゃ》なのだが、ふてぶてしい面構えをしていたことから誰もが一目置いた。同じ大開町の住人であり、お互いの家は二百五十メートルほどしか離れていない。

電池ランプをひと目見て、山本は代理店契約を決めた。その思い切りのよさに感動した幸之助は、山本に商売の先達《せんだつ》として敬意を抱くようになる。


ところがその山本が、困った事態を引き起こすのである。彼が、大阪の小売店だけでなく問屋に対しても売っていたのが事の発端であった。

問屋に売られた商品は全国の小売店に流れていく。流れた先には、その県の販売権を持つ代理店があるから、代理店にとっては販売権の侵害である。大阪から商品が流れこんできたのでは、何のために府県別に代理店契約しているのかわからない。地方の代理店の怒りの矛先《ほこさき》は、山本に代理店を任せた幸之助へと向かった。

幸之助は山本に、代理店の苦情を伝えた上で善処を願ったが一蹴《いっしゅう》される。

「大阪での専売契約しとんのに、大阪の問屋に売って何が悪いんや。こういう事態は当然予測できるこっちゃ。今ごろそんな苦情言ってくるようでは、松下はんは商売についで何もわかってへんいうに等しいで」

その後も大阪からの商品の流入は止まず、地方の代理店の中には流入が止まるまで商品代金の支払いを拒否する、と言ってくるところさえ出てきた。

窮した幸之助は山本の説得をあきらめ、大正十三年（一九二四）十月、全国の代理店を集めた代理店会議を開催することにした。腹を割って話し合ってもらったら状況が好転するかもしれない、そう期待してのことであった。

「砲弾型電池式自転車ランプ」で代理店契約を結んだ幸之助（右）と山本武信（手前）。山本には真言宗醍醐寺派の僧侶・加藤大観（左）が経営顧問の形でついていた。

会議は梅田の静観楼で行われることになった。

ところが、いざふたを開けてみると〝静観〟などとはとんでもない。山本は全国の代理店を相手にして一歩もひかず、文句を言っている地方代理店を声高に非難したのだ。会場の空気は凍りつき、事態をさらに悪化させてしまった。

この四十年後、幸之助は全国の代理店を集めた〝熱海《あたみ》会談〟と呼ばれる大会議を開き、〝経営の神様〟の称号にふさわしい見事な手腕で、代理店のみならず会社全体を一つにして経営危機を乗り切る。

それは松下幸之助伝説のクライマックスと言っていいものだが、そこにはきっと、静観楼における手痛い失敗の経験が生きていたはずである。無策のまま、ただガス抜きをしようとしても効果は得られないのだ。

静観楼で冷や汗をかいている若き日の幸之助に話を戻そう。

彼はまだ二十九歳。今で言う青年実業家である。熱海会談を開いたときの六十九歳の〝経営の神様〟とは腹の座り方が違う。険悪な空気の充満した会議の場をどうすることもできず、ただおろおろしながらその推移を見守っていた。

会議が煮詰《につ》まった時、山本は驚くべき提案をした。

「こんな体たらくやったら、わしに全国の販売権を譲ったらどないや」

と言いだしたのだ。

「今わしのやっていることを変えろと言うんやったら代理店契約は解除や。そのかわり松下はん、違約金として金二万円、耳そろえて払《はろ》てもらおう。そうしたら潔く手を引く。そやなかったら、全国の販売権をわしに譲りなはれ。そうしたら地方代理店はわしの大事な得意先や。その立場を尊重し、円満協調して販売拡充に邁進《まいしん》することができる。代理店も安心して販売ができるし、松下電器も製造に専念できる。山本商店も総販売元として徹底的に努力するから、三者協調できるやないか」

さんざん地方代理店をこきおろしておいて、いい気なものである。

代理店はもとより幸之助もあきれてしまったが、ひとまず山本の提案を検討することを約し、閉会を宣言した。寿命の縮む思いのする会議だった。

しかし考えれば考えるほど、今の状況を打開するには山本の提案をのむしかないと思えてきた。山本の提案は、彼の商売人としての長年の経験に裏打ちされた迫力あるものだ。悔しいが、とてもかなう相手ではない。

大正13年、記念写真の撮影のため着飾った長女幸子とともに。29歳の幸之助。

かくして大正十四年（一九二五）五月、山本商店との間で、商標の譲渡も含む、電池ランプの全国販売権譲渡の契約を結んだ。山本の前に兜《かぶと》を脱いだのである。販売権をすべて与えてしまうということは、松下電器が山本商店の下請けになることにほかならない。苦渋の選択であった。

山本に販売権を譲渡するにあたって、幸之助は毎月一万個以上の販売という条件を出していたが、山本はそれを確約すると同時に、三年間の仕入れ金額分全額（四十五万円）の手形を切ってきた。幸之助は、その豪胆さに舌を巻いた。

この当時の四十五万円がどれくらいの金額であったかは、大正三年（一九一四）に完成した東京駅の総工費が二百八十万円だったといえばイメージをつかんでもらいやすいかもしれない。この時期はインフレが激しく、大正三年からの十年間だけでも物価は二倍強になっているため現在価値になおすのは難しいが、四十五万円というのは今の十億円近い金と考えていいだろう。

山本に販売を任せてからも売り上げは順調に伸び続けた。山本商店を総販売元としたことは見事成功したかに見えたが、売り上げが伸びれば伸びるほど、幸之助の心の中に割り切れない思いが首をもたげてくる。

山本さんに任せてよかった、と思うには、幸之助の自尊心が強すぎたのだ。

（わしやったらもっと売ったるのに……）

考えまいとしても、

という思いを抑えられない。販売を任せると契約しているのだから口を出す筋合いではないのだが、ついに辛抱できなくなり、「こうしたらもっと売れるんちゃいますか」と口を出してしまった。ルール違反である。当然のことながら、山本は一顧だに与えなかった。

しかしこりない幸之助は、当時影響を受けていた米国の自動車王ヘンリー・フォードがT型フォードで実践してみせた、安価な商品を大量販売することで高収益を上げる販売手法を例に挙げ、もっと価格を引き下げて一気にシェアを拡大する戦略をとるべきだと進言した。

すると山本は、まるで頭の上のハエでも追うような調子でこう答えた。

「松下さん、それはあかんて。こういうもんには流行がある。三年以上売れると考えたらあかんのや。三年間売ったらなんぼ儲かるか、というふうに考えな。わしは、これは三年しか売らん。そのかわり三年間できっちり儲けてみせるから、その間は文句言わんといてくれ」

もともと山本に任せた話である。幸之助は引き下がるしかなかった。

一方、事業の成功によって町の名士となった幸之助のもとには、公的な仕事がいろいろ持ち込まれてきた。

町内会の会長や衛生組合の評議員などはやむをえず引き受けたが、大阪市の連合区会議員の声がかかった時には、さすがに片手間でできる仕事ではないので、病弱であることを理由に断った。

大正十四年春、連合区会議員選挙の季節がまためぐってきた。幸之助のところに再び出ないかと話がきたが、ちょうど京都で静養しようかと考えていたくらいなので、その場で無理だと伝えた。

結核からくる体調不良がまたぶり返してきたのだ。むめのにまで伝染し、一時、彼女を香櫨園《こうろえん》(兵庫県西宮市)に転地療養させ、幼い幸子を淡路島のむめのの実家に一年ほど預けるという騒ぎにもなった。

ところが町内では、幸之助を候補に立てることで衆議が決したとしつこく勧誘してくる。

「運動はわれわれでやるから、あんたは静養してくれてたらええ」

とまで言ってくれた。

そもそも幸之助は熱心な勧誘に弱い。代理店会議や山本商店との駆け引きなどで鬱屈《うっくつ》していた思いを、政治の世界にぶつけてみる気になってきて、ついに立候補を決意した。

あにはからんや、定員二十人に対し二十八人も立候補したため、当選するには相

大正14年春、激戦だった連合区会議員に当選し、黒紋付姿で祝賀会に臨んだ幸之助（最前列中央）。事業の成功に伴って公的な仕事も次々に舞い込んできた。

当頑張らねばならないことがわかり、こんなはずでは、と思った時には選挙運動の渦中に巻き込まれてしまっていた。

　幸之助の選挙区は人口こそ六万五千人であったが、戦前のこととて選挙権は限られており、有権者はわずか二千人しかいない。だからよけいに熾烈《しれつ》な選挙戦だったとも言える。

　町内の人が一生懸命運動してくれているのに、自分だけ静養することなどできようはずもない。幸之助も全力で選挙運動を戦い、二十人中二位で見事当選を果たした。

　だが、これで一気に政治に関心が向かったかというとそうでもなかった。当選の二年後に区会制が廃止されると、記念品の金杯をもらって議員生活に別れを告げた。

（今は商売の道を極めるべきだ）

そう冷静に判断したのだ。

ただ、その後も大開町の人々を大事にした。引っ越していった後も、大開町内で冠婚葬祭があると、いの一番にかけつけた。門真《かどま》工場の竣工《しゅんこう》式の際には町内の人たちを大勢招き、昼食を御馳走《ごちそう》した上、電気コタツをお土産として渡している。


大正十四年三月、第二工場（後の第二次本店工場とは別）が竣工してしばらくすると、電熱器具に進出することを考えはじめた。昭和二年（一九二七）一月には電熱部門を設置し、後に「スーパー・アイロン」と名付けられることになる電気アイロンの製造販売を計画する。この時の開発責任者が中尾哲二郎であった。

中尾は、幸之助がいなければ世に出なかったであろう逸材《いつざい》である。もともと裕福な家の生まれだが、六歳で母を亡くし、十二歳で父親が破産して丁稚奉公に出され、その父も十七歳の時に他界している。その後、妹と二人で親戚を転々とする辛酸《しんさん》を味わった。

大正十二年の関東大震災で彼の勤めていた東京の会社が灰燼《かいじん》に帰してしまい、しかたなく大阪に出てきて、桧山《ひやま》工場という松下電器の下請け工場で働いていた。

幸之助はある時、松下の工場の旋盤を借りて仕事をしている中尾に出くわした。当時では珍しいオールバックで、職人というより画学生とでもいうべきその風貌《ふうぼう》に興味を持った。動作はきびきびして堂に入っている。

「いい職人が入ったね」

と工場主に声をかけると、意外にも顔をくもらせ、

「あいつには困ってまんねん。文句ばかり多くて。大将んとこでひきとってもらえまへんか？」

と言ってきた。

才能あふれる中尾は次々に新提案を考えつく。おまけに職人肌で頑固である。工場主はそれを〝うるさい奴〟だと感じたのだ。江戸っ子言葉を話すのも、大阪の人間には抵抗感があった。

そこで中尾を、松下電気器具製作所で採用することにした。中尾はこのとき二十二歳。働いてもらうと、すぐれた技術者であることはすぐにわかった。

松下電器は会社全体の意思統一が図られているところから、ときとして金太郎飴軍団と揶揄《やゆ》されたが、一人ひとりを見れば実に個性的だ。それは中尾のような規格外の人材を生かして使った幸之助の度量によるものだろう。「千里の馬常にありしかれども伯楽《はくらく》常にはあらず」（韓愈《かんゆ》『雑説』）（名馬はいつでもいるのだが、それを使

いこなす者がいつもいるとはかぎらない）という思いを強くする。

ところが、である。ばりばりと働きはじめてくれたころ、中尾が何やら思いつめた顔をしてやってきた。

「まことに申し訳ありませんが、会社をやめさせていただきたいのです」

驚いて事情を聴いてみると、父親の代から世話になっていた東京の小さな工場がつぶれそうで、そこの社長から手伝ってくれないか、と手紙が来たのだという。お世話になった人だけに、手を貸してあげたいということだった。

（これは引きとめたらあかん。人間として立派なことをしようとしとんのやさかい）

そう考えた幸之助は快く了承し、盛大な送別会を開いてやった。その上で、

「もし事業が思うようにいかんかったら、よそへなど行かんと必ず松下に帰ってくるんやで」

という言葉をはなむけとした。

ところが中尾が加わっても、その会社はうまくいかなかったのだ。そのことを風の便りで知った幸之助は、

「それやったら、うちから仕事を発注したろ」

と言って、その会社の経営を軌道に乗せてやった。自分の会社をやめた人間のために、普通そこまでするだろうか。中尾は幸之助に深く感謝した。

大正十五年初冬、東京にいる中尾を突然訪ねてきた幸之助は、挨拶もそこそこに、電気アイロンの製作に挑戦しようとしていることを話しはじめた。

「だいたい師範学校出の新卒の先生は、二階に間借りして独身生活してはる。彼らが買える二円五十銭くらいのアイロンを作りたいんや」

幸之助は熱くその夢を語った。だが、当時のアイロン大手の日本電熱や三菱は七円から八円、いいものは十円で売り出している。それを二円五十銭にするというのは無茶な話だ。

担当する人間はさぞ苦労することだろうと同情しながら、

「誰にやらせるんですか？」

とたずねると、思いがけない答えが返ってきた。

「君にやってもらいたいと思ってるんや」

「えっ？」

二の句が継げずにいる中尾にかまわず、幸之助は畳みかけてきた。

「会社のほうはどうや？」

中尾は、自分の胸の内を見透かされているような気持ちがした。そろそろ経営が安定してきたので、松下に戻りたいと思っていたところだった。

「こっちは大丈夫ですが、僕はアイロンなんか作ったことないですよ」

心配顔の中尾に、幸之助は笑顔を浮かべ、とっておきの言葉を投げかけた。

「君ならできるよ！」

その言葉を聞いた瞬間、中尾の身体に電流のようなものが走った。

（ここまで言ってくれるんだ。やってやろうじゃないか！）

後年まで中尾は、この時の感動を繰り返し周囲に語り続けた。

こうして彼は昭和二年（一九二七）一月、再び松下電気器具製作所へと戻ってくる。

「優秀な部下が欲しいと思ったら、強く求めることだ」

幸之助は日ごろそう口にしていたが、それはこの中尾の時のように、人を見る目を養い、真心を尽くし、夢を語り合い、

（この人のためなら……）

という熱い思いを、自然と相手に抱かせるということなのだろう。

幸之助は戻ってきた中尾に、存分に腕をふるえる場を与えた。新たに電熱部を設

け、彼を技術責任者に任命したのだ。

技術者というのは、挑戦する山が高ければ高いほど燃えてくるものである。市場に出ている電気アイロンを全部買い集め、それらを分解して研究する一方、不良事故の事例を集めさせた。

不良事故を最初に調べたという行動こそ、中尾が幸之助の〝お客様第一〟という経営理念（当時はまだ文章で制定されていなかったが）を理解し、わがものとしていたことの証左《しょうさ》であろう。確かに安いアイロンを作れと命じられたが、それが安かろう悪かろうではお客に喜んでもらえないということは、松下の技術者ならまず最初に考えることだったのである。

調査の結果、ニクロム線が切れてしまう故障が最も多いことを突き止め、ニクロム線を従来品以上に丈夫なものとするべく品質改良に取り組んだ。

中尾は幸之助の期待に応え、わずか三ヵ月で試作品を作りあげたが、どうしても幸之助の言うような価格にはならない。中尾の試算では、月に一万台ぐらい販売しなければ採算割れになる計算だった。そもそも当時の電気アイロンは、国内販売総数自体まだ一万台に達していなかったのだから、それは夢物語としか思えない。

怒られることを覚悟で所主室に向かった。

報告を受けた幸之助は、しばらく黙って考えていたが、

「とにかく売ってみようやないか」

と言いだした。中尾はわが耳を疑った。いつも幸之助が口癖のように、

「失敗しながら成功を模索していくというやり方は間違ってる」

と周囲に語っているのを知っていたからだ。

結果として失敗することもある。しかし最初から〝失敗してもいいや〟という甘えを、彼は厳しく戒めていた。

（心変わりされたのか？）

中尾は思わず、幸之助の顔を穴のあくほど見つめてしまった。

実はこの時、幸之助には勝算があったのだ。彼には電気アイロンという商品の持っている潜在的な市場規模が見えていた。問題は価格だけだということも。

それであれば、安いことが新たな需要を喚起し、飛躍的に販売数を伸ばすことが期待できる。彼の信奉していた自動車王フォードが、T型フォードで成功した手法である。

「スーパー・アイロン」と名づけられたその新製品は、まさに価格破壊であった。

そして幸之助の思惑は見事に当たるのである。

「成功の鍵は『不可能』という文字を消すことから始まる」

と語った〝経営の神様〟の面目躍如《めんもくやくじょ》である。

品質も高く評価され、商工省（現在の経済産業省）から国産優良品の指定を受けた。市場を見ながら製造を考えることこそ、まさに幸之助言うところの製販一致であった。

中尾は、幸之助の大胆な経営判断と鮮やかな勝利に心から敬服した。やがて中尾はむめの妹やす江と結婚し、幸之助と親戚関係となる。そして〝松下電器の知恵袋〟と呼ばれ、幸之助が敬意をこめて〝稀有《けう》の人〟と評するほどの存在となっていくのである。

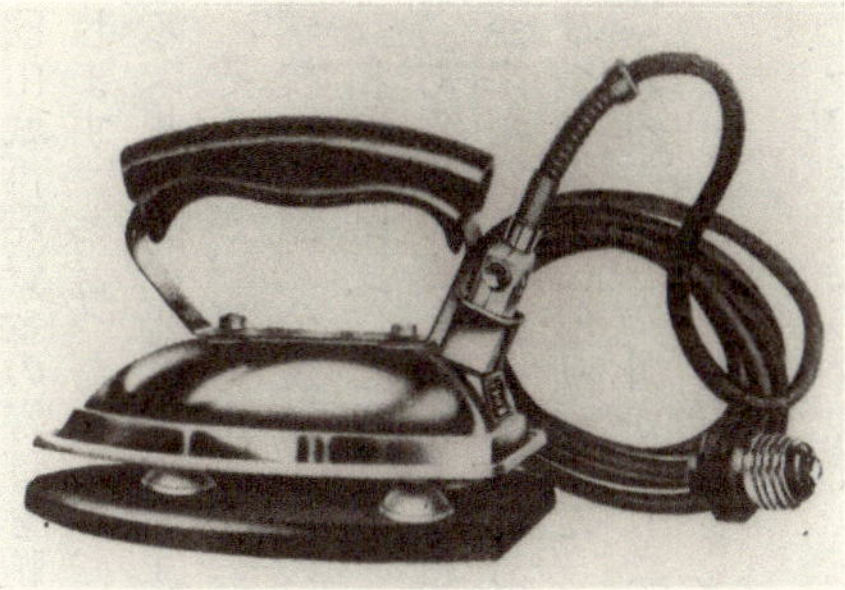

大量生産によるコスト低減で大幅値下げを実現した「スーパー・アイロン」。

成功者の仲間入りができた幸之助は、幼い幸子を連れて故郷・和佐村にある松下家の墓参りに行った。零落《れいらく》してこの地を去っていった松下家を知る人たちに、自分の晴れ姿を見せることが、死んでいった父母兄姉への何よりの供養だと思ったのだ。

故郷和歌山への思いは人一倍深かった。

昭和三十年（一九五五）ごろ、戦災で焼けた和歌山城再建資金の寄付を頼みに来た県庁職員が五十万円のつもりで「五ほどお願いします」と言ったところ、五百万円の小切手を切って驚かせたという話が残っている（現在の貨幣価値に換算すると一億円近い）。

そのほか、高野山大学の松下講堂や西浜の松下体育館、和佐地区の幼稚園舎、小学校体育館、公民館などの建設に対しても多額の寄付を行っている。

和歌山県民にとっても、松下幸之助は郷土の誇りである。

ある日のこと、和歌山市立高積《たかつみ》中学校から、校歌の作詞をしてほしいという依頼が来た。さすがの幸之助もこれには頭を抱えたが、是非にと言われ、和歌山をしのびつつ真剣に取り組んだ。そして、

「作るのに二ヵ月かかりました。気に入らなければどうぞボツにしてください」

という謙虚な断り書きをつけた上で、次のような歌詞を送った。

一、高積山の峰青く　布施屋にそびゆ学び舎《や》に
　素直な心感謝にみちて　共に学ばん　われら高積中学校
二、宮井のほとり水清く　歴史の流れとこしえに
　日本の心正しく直く　共に励まん　われら高積中学校
三、紀州の里は世界につづく　たちばな香る外国に

積極果敢勇気にみちて　共に進まん　われら高積中学校

昭和五十六年（一九八一）五月、校歌の碑の除幕式が行われた。幸之助が呻吟《しんぎん》して作った同校の校歌は、今も変わらず歌い継がれている。

長男幸一の死

関東大震災の傷跡もまだ癒《い》えぬ昭和二年（一九二七）三月、片岡直温《かたおかなおはる》蔵相の失言に端を発した銀行の取り付け騒ぎが広がり、昭和恐慌（金融恐慌）と呼ばれる大不況に陥った。

この時、松下電器のメインバンクだった十五銀行が破綻してしまう。

十五銀行は別名〝華族銀行〟と呼ばれるほど華族の出資が多く、資本金が厚かったために世間では最も信用できる銀行と信じられていた。当時の頭取は元首相である松方正義公爵の長男巌《いわお》。ところが、川崎造船など松方一族支配下の会社への融資がことごとく焦げつき、経営状態は急速に悪化していくのである。

当時の松下電器では、十五銀行以外には六十五銀行と付き合い程度に取引があるくらいで、山本商店もまた十五銀行をメインバンクとしていた。

恐慌当時の十五銀行との取引は、受取手形を割り引いたものが当座預金として七万～八万円と、定期預金が三万五千円余（当時の一万円は現在価値にして六百万円強）。手形割引はほとんどが山本商店の手形である。その十五銀行が破綻し、突如預金が引き出せなくなったのだ。

この時に助け舟を出してくれたのがほかでもない、取引をはじめたばかりの住友銀行だった。

話は大正十四年（一九二五）にさかのぼる。この年の九月三日、西野田に住友銀行の支店ができ、そこの伊藤節二という若い行員がしきりと訪ねてくるようになっていた。断っても、断っても顔を出す。あまり熱心なので気の毒になり、十五銀行がメインバンクである事情を縷々《るる》説明してやった。ところがわかったのかわからなかったのか、忠告などお構いなしにまたやってくる。そのことが幸之助の心を動かし、取引してやろうということになった。

といっても一筋縄でいく相手ではない。まずは二万円まで、必要に応じて借り入れができる当座貸し越し枠を無担保で設定してくれと申し入れた。

「いくらなんでも、少しお取引をいただいてからでないと……」

伊藤は面食らっている。まずは預金の預け入れや手形割引といったベースとなる取引の実績を積み重ね、経営内容について十分な情報を入手してから本格的な融資をするというのが常道だからだ。

「とにかく三ヵ月ほど取引させてください。そうしたら融資の検討も可能になります」

伊藤は必死に頼んだが、

「取引などせんでも、貸し付けて大丈夫かどうかは決算資料を調べればわかることやないか」

と、幸之助はつっぱねた。

十五銀行との取引で間に合っているにもかかわらず、是非にというから付き合ってやるのだ。何かメリットがなければ意味がない。それに、住友銀行が自分たちをどの程度評価しているか試したいという思いもあった。

ここで竹田淳《たけだすなお》という支店長が登場する。彼自身はこのころの松下電器について、場末《ばすえ》の町工場という印象しか持っていなかったそうだが、会社訪問を行ったところ、幸之助や井植兄弟といった幹部の人柄に加え、社員の士気の高さに強い感銘を受け、一度にほれ込んでしまった。

「松下さん、私も長く銀行に勤務しておりますが、まだ取引もせぬ前から貸し出しを要求されたのは初めてです。だが、あなたの経営に対する姿勢には感銘を受けました。私の一存では決められませんが、本店と相談して一度よく調査させていただきましょう」

彼はこう言うと、幸之助の意向に沿うよう検討してみることを約束してくれた。

そしてしばらくして、融資枠を設定してもいいという回答が返ってきた。

予想どおり、最初のうち本店融資部は門前払いにしそうだったが、竹田支店長自らが本店に出向いて直談判に及び、何とか認めさせたのだ。ちなみに竹田は後に、この時の融資枠は一万円であって、二万円というのは幸之助の記憶違いではないかと述べている。

そしてこの二ヵ月後に起こったのが、先述の金融恐慌だった。

（ほんまに貸してくれるんやろか？）

これまで強気なことばかり言ってきたことを少し後悔していた。ところが住友銀行は約束を守ったのである。

「もちろん結構です。いつでもお使いください」

こちらが拍子《ひようし》抜けするほどあっさりと、そう言ってきた。住友銀行元頭取の堀田庄三によれば、幸之助はいつでも借りられることを確認しただけで実際には使わなかったそうだが、彼は心から感謝した。

〈多少なりとも不安に思った自分が恥ずかしかった〉

後にそう書いている。

「人に借りをつくってはいかん。『ギブ・アンド・テイク』ではなく『ギブ・ギブ・ギブ』でいかな」

と日ごろよく口にしていた幸之助が、珍しく〝借り〟をつくった一件だった。

竹田支店長に恩義を感じた幸之助は、彼が住友銀行を定年退職すると「松下電器の終身顧問として迎えたい」と申し出た。しかし竹田は、

「私は住友の人間としてすることをしたまでで、住友以外の禄《ろく》を食《は》む気はありません」

と言って断ったという。住友マンの面目躍如《めんもくやくじょ》たるものがある。

世に〝ケチ友〟と称された住友銀行は厳しい融資姿勢で知られたが、それでもかつてわが国最強の銀行たりえた背景には、住友家の〝浮利《ふり》を追わず〟という家訓と企業を見る目の確かさがあった。浮利を追わないとする経営理念には、長期的視点に立って将来の優良企業を見いだし、ともに歩んでいこうとする銀行の本来あるべき姿がある。

ただ、松下電器との取引のきっかけをさかのぼって考えれば、結局のところ〝伊藤君〟が何度も足繁く通ってきたということに尽きる。どの銀行の預金金利も横並びで、金融商品も同じ品ぞろえだった当時、彼が高度な経営改善提案をしたとは考

えにくい。〝伊藤君〟のやり方は、誠意だけが武器だったころの銀行員の営業スタイルである。

　今時こんなレベルの低い営業をする銀行員もあるまいが、昔に比べサービスが高度になった分、最近は顧客に対する愛情が薄れているという指摘もある。取引が利害関係だけになって情がなくなってしまっては、銀行員という職業など面白いこともなんともない。〝伊藤君〟のひたむきさを、これからの若い銀行員もなくしてほしくないものだ。

〝経営の神様〟の信頼を勝ちえたことは、住友銀行の長い歴史の中にあって最高の美談と言えるだろう。

　だが逆もまた真で、困った時に手助けせず融資を引き揚げた銀行は二度と敷居をまたがせてもらえない。実は別の会社において、住友銀行もその轍《てつ》を踏んでしまうのだが、それは後に述べる。

　大正十五年（一九二六）六月九日、幸子につぐ第二子として、長男幸一が誕生した。

　事業が急拡大し、日の出の勢いであることに加え、跡取り息子の誕生という慶事《けいじ》が重なり、松下家はまさにこの世の春という幸福感に包まれた。

六ヵ月になった時、幸一は大阪の三越で開かれていた〝赤ん坊の健康審査会〟という催《もよお》しに参加し、健康優良児のメダルをもらったほどで、幸之助自慢の息子であった。

ところが年が明けて昭和二年（一九二七）一月二十日、東京への出張から夜行列車で帰ってくる途中の車中、一通の電報が届けられた。

〈コウイチビョウキ　オシラセス〉

車内にまで電報を打ってくるというのは余程のことである。しきりに胸騒ぎがする。汽車が止まるのを待つのももどかしくホームに飛び降りると、そこには険《けわ》しい顔をした井植歳男が待っていた。

井植はその足で、幸之助を大開町の隣町である茶園町《ちゃえんちょう》（現在の福島区大開一丁目）の開業医・木庭永助《こばえいすけ》の診療所へと連れていった。そこに寝かされているわが子の顔からはいつもの愛らしい表情は消え、焦点の定まらない目を見開いている。ひと目で命の危険が迫っていると知れた。

「幸一！　幸一！」

大声で叫んだが、反応は返ってこない。

「先生！　なんとかならんのですか！」

むしゃぶりつくようにして木庭に迫った。

「わしかて、なんとかしてあげたいけど、この病気は難しいんや。こうなるともう打つ手があらへん」

幸之助の両の目から滂沱《ぼうだ》の涙があふれて頬《ほお》を濡《ぬ》らした。かたわらにいるむめのも、目を真っ赤に泣きはらして憔悴《しょうすい》しきった様子である。

幸之助は〝脳症〟と記しているが、髄膜炎《ずいまくえん》だったようだ。何らかの要因で脊髄から脳にかけて細菌が入り込んで発症する、現代医学でも命にかかわる危険な病気である。高名な医師の来診を頼んだりもしたが、打つ手がないという返事に変わりはない。

むめのは効験《こうけん》のあるという祈禱師《きとうし》まで呼んだ。木庭医師は幸之助夫婦の思いがわかるだけに、彼らの好きなようにさせてやった。

そして万策尽きた時、幸之助とむめのはどちらが言うともなしに、

「せめて家で死なしてやろう……」

と、中空をにらんだままの幸一を家に連れて帰ることにした。

幸一はそんな幸之助たちの思いを知ってか、幼いなりに頑張った。さすが健康優良児に選ばれただけあって体力があったのだろう、十日を越えてなお彼の心臓は拍《はく》動《どう》を止めなかったのである。しかし十四日がたった昭和二年二月四日、ついに力尽きて天に召された。わずか八ヵ月の命であった。

（わしが何か悪いことしたか！　殺すならわしを殺してくれ！）

幸之助は天を仰いで慟哭《どうこく》した。彼の両親は、手塩にかけて育て上げた子どもたちを相次いで亡くす不幸に見舞われたが、幸之助までもが逆縁《ぎゃくえん》の悲運に痛憤《つうふん》の涙を流すこととなった。

幸之助は木庭医師に、

「私、事業をするの嫌《いや》になったですわ」

と悲痛な言葉を口にした。

だが、ここで自暴自棄《じぼうじき》になりかけていた彼を踏みとどまらせたのは、経営者としての責任感だった。

松下電気器具製作所はまだ大きな会社ではないし、彼の代わりになる人間はいない。社員とその家族の生活を支えていく責任がある。幸一を失った幸之助は、わが子の分までしっかり生きることを誓い、これまで以上に仕事に情熱を傾けていくのである。

恩を忘れないことは、松下幸之助という人物の美徳の一つである。

献身的に治療にあたってくれた木庭医師への感謝を込めて、昭和十五年（一九四〇）、松下病院（松下記念病院の前身）が建設された際、是非病院長にと懇願している。

一生を町医者で過ごしたいとする木庭は結局受けなかったが、幸之助は、名前だけでよいから、とまで言ったそうだ。

そして昭和四十三年（一九六八）に木庭医師が亡くなった際、幸之助は大きな供《きょう》花《か》を届けるとともに、むめのと通夜、葬儀に参列した。この時に包んだ香典の金額が破格に高額であったことが後々まで語り草になった。

幸一の死の直後、松下電器に姉イワの夫の亀山長之助と、姉あいの夫の有本昇三、長之助・イワ夫妻の子である亀山武雄が入社してくれた。

（幸一の霊が呼び寄せてくれたんやな……おおきに）

幸之助は心の中で、亡き息子にそっと手を合わせた。

幸一の死の前年（大正十五年）、幸之助は角型《かくがた》ランプ（四角い形をしていた）を考案していた。自転車にとりつけるだけではなく、はずせば懐中電灯になる便利な製品だ。

売れるという確信があったが、山本商店との契約からすれば角型ランプの販売も山本に任せるのが筋だ。

しかし砲弾型よりも広範な需要を見込める角型は、山本がやっているような自転車店中心の販売方法ではなく、むしろ電気店などへの販売に力を入れるべきだ。そう考えた幸之助は無理を承知で、電気店だけでも松下に販売させてくれないかと申し入れた。

案の定、山本は首を縦に振らなかった。三年間の独占販売契約がある。契約が終了してから好きなように売ればよいというのだ。正論である。だが、どうしてもあきらめられない幸之助は、なおも説得を続けた。何を小癪《こしゃく》なと頭にきたのだろう。山本は幸之助を黙らせにかかった。

「そこまで言うんやったら譲歩してもええ。そのかわり、代償として一万円払《はろ》てんか」

これには、さすがの幸之助もたじろいだ。自信があるといっても需要は読みにくい。あと一年すれば契約が期間満了になるわけだから、今すぐ代償金を払わなくても一年待っていればいいだけのことである。

そもそも製造発売するにしても、準備に時間がかかる。一万円という大金の条件提示は、幸之助を黙らせるために山本が巧妙に計算したものだった。

普通の商売人なら、

「いやわかりました。それでしたら、これまでどおりでお願いします」

大正13年頃、「砲弾型電池式自転車ランプ」の大ヒットで増産に明け暮れた第一次本店工場の内部。右奥の３人は左から山本武信、加藤大観、幸之助。

と頭をかきながら頭を下げるところである。ところが幸之助は何と、

「わかりました。ほな一万円払いまひょ」

と啖呵《たんか》を切ったのである。売られたケンカを買った形である。

「商品が声を出すのを知ってるか？　商品ちゅうもんは、抱いて寝ると話をするもんや」

と語ったという幸之助は、この角型ランプから〝売れるで！〟という声を聞いたのかもしれない。

今度は山本が驚く番である。

（本気かいな？）

山本には、加藤大観という、四柱推《しちゅうすい》命《めい》にも通じた真言宗醍醐寺派の僧侶が経営顧問のような形でついており、幸之助

が一万円を払いたいと言ってきた時も、山本はまず加藤に相談してみた。

「これまでお互いに儲けたのやし、この契約は成功やったんと違いますか。お互いに満足して別れたらよろしい」

というのが、この時の山本への助言であった。

それに、そもそもこれは山本が自分から出した条件だ。何となく後ろ髪引かれる思いをしながらも、一万円で契約解除に応じることにした。大正十五年（一九二六）十月のことである。

これまで幸之助のことを軽く見ていたが、この時はじめて後生畏《こうせいおそ》るべき相手だと見る目を変えた。その後、関係はやや疎遠《そえん》になるが、縁が切れたわけではなく、山本が亡くなった時には幸之助が葬儀委員長になっている。

幸之助は〝素直な心〟を大切にした。〝素直な心〟に従えばおのずと道は開ける。山本との契約を途中で解除したのは大きな賭けであったが、結果として彼の前に道は開けるのである。

砲弾型ランプの時は自転車店の店頭で試しに点灯させてもらい、その品質をわかってもらったが、今度は〝持ち運びができる〟という利便性が売りの商品である。手にしてくれないことには良さをわかってもらえない。

（よし、タダで配ったろ！）

前回の点灯して置いてくるという作戦以上の奇策を思いついた。
やるなら中途半端では意味がない。一万個を用意した。一個一円二十五銭の販売価格を予定していたから、一万二千五百円を広告宣伝費に充《あ》てようというわけだ。当時の首相の年収に近い金額である。しかし彼の偉いところは、そうは言ってもリスクを可能なかぎり減らそうとしたことだ。

電池を仕入れていた東京の岡田乾電池に出向き、ある交渉を試みた。
岡田乾電池の岡田悌蔵《ていぞう》はわが国の乾電池製造の先駆者の一人である。岡田乾電池を創業して十数年。改良に改良を重ね、妻のスエとともに苦心惨憺《くしんさんたん》した末、大きな工場を経営するまでになっていた。

　少し風変わりな社長で、日中でもちびりちびり酒を飲んでいる。幸之助が東京に岡田を訪ねた時も、いつものように酒臭いまま出てきた。角型ランプへの乾電池供給の件はすぐに快諾してもらったが、ここからが本題であった。

「一万個の電池を無料でご提供いただけませんやろか？」

　幸之助はいきなり途方もないことを言いだした。岡田はちらっと彼の顔を見ただけで無言のままである。

「何を考えてるんだ！」

と頓狂《とんきょう》な声を出すほど彼も若くはない。どうせ何か魂胆《こんたん》があるに違いないと踏んだのだ。だが、横で聞いていた岡田の妻のスエが黙っていない。

「どういうことです？　話がちょっとわかりません」

「一個一個売るよりも、一万個を見本としてばらまいたほうがええと思たんです」

もう少しましな答えが聞けると思っていた岡田は、ここではじめて口を開いた。

「松下さん、いくらなんでも、そりゃ少し乱暴じゃないか？」

その言葉が聞きたかった幸之助は、待ってましたとばかりにようやく腹の内を明かした。

「岡田さん、一万個もゆえなくタダでもらおうなんてがめついことは思てまへん。年内に電池が二十万個売れたら、その時は一万個まけてほしいんです」

「もし二十万個売れなかったらどうするんだね？」

「二十万個が一個でも欠けたら、まけていただかなくて結構です」

すると岡田は破顔《はがん》し、

「わかった。しっかりおやんなさい」

と激励してくれた。だが内心、

（威勢のいい話だが、二十万個なんて売れるわけないだろう……）

と思っていたのは言うまでもない。

昭和二年（一九二七）四月、幸之助は角型ランプに「ナショナル・ランプ」という名をつけて発売を開始する。

ロシアで共産主義革命が起こり、ソビエト政府が樹立されてからというもの、世界中で労働組合活動が活発になり、その組織をあらわすインターナショナルという言葉をしばしば新聞でみかけるようになっていた。

ある日、辞書を引いてみて、インターナショナルには、〝国際的〟という意味もあることに気がついた。そして同時に、その横にあるナショナルという言葉が目に飛び込んできた。そこには〝国民の〟、〝全国的な〟という意味が書いてある。その瞬間、

（これや！）

とひらめいたのだ。

（商品にナショナルという名をつけたろ。この言葉のとおり、国民の求める電気製品を作っていくんや！）

私たちの世代には懐かしいナショナルブランドの誕生である。

そして同時に、販売促進のための新聞広告を打つことを思いついた。当時、松下電器のような中小企業が新聞広告を出すのはきわめて稀《まれ》なことだった。

三日三晩寝食を忘れて考えた結果、「買って安心、使って徳用、ナショナルランプ」というコピーができあがった。字体、文字の配置にいたるまですべて自分で決めた。

この広告は、昭和二年（一九二七）四月九日付の『大阪朝日新聞』に掲載される。今のパナソニックの広告を想像してはいけない。このとき幸之助が思いを込めた広告は、わずか三行にすぎなかった。松下の広告の隣にある大丸や高島屋の広告は、その四倍ほどの大きさである。

だが幸之助の思いは天に通じ、ナショナル・ランプは爆発的に売れた。広告を打ってから、ものの一年ほどで月間三万個を出荷するまでになり、自転車販売店で〝ナショ〟と言ったらナショナル・ランプのことだったという。

さて岡田との約束である。

年末に締めてみると、二十万個どころか、四十七万個も売れていた。年が明けた昭和三年（一九二八）の正月二日、来客だというので幸之助が玄関に出てみると、そこに立っていたのは紋付羽織袴《はかま》姿の岡田社長であった。

外出などめったにすることのなかった彼が、わざわざ東京から大阪の松下家を訪れ、電池一万個分の代金千五百円の入った水引《みずひき》のついたのし袋に感謝状まで添えて届けてくれたのである。

　彼直々の訪問には、よくぞここまで頑張ったと、この若い経営者を褒めてやりたいという親心が込められていた。

「感動で胸が打ちふるえる、という言葉があるが、岡田さんの来訪でぼくは、まさにそのとおりの感動を味わった」

　と幸之助は後に述懐している。

　人間は一人で成長するものではない。必ず人生の要所要所に、

（あの人のおかげで自分は大きく成長できた）

　と思える恩人がいるものだ。

　岡田社長はこの後すぐ亡くなったが、この人もまた、幸之助を成長させてくれた恩人の一人だった。

「ナショナル・ランプ」と名付けられた角型ランプ。砲弾型ランプを越える爆発的なヒット商品となった。

　太平洋戦争前までの約二十年間、ナショナル・ランプは会社の屋台骨を支える主力商品であり続けたが、幸之助は現状に満足することはなか

った。

〈たとえ自分の会社でヒット商品を出したとしても、それに安心するのではなく、その商品をライバルとして、すぐつぎのよりお客様に喜ばれる商品を考えていく、そういう日に新たな姿を生み出していくことこそ大事だと思うのです〉(『人生談義』)

電気アイロンやナショナル・ランプの成功に続き、電気コタツ、ストーブ、コンロと次々に新製品を世に送った。中でも電気コタツは発売後四、五年にして市場の七、八割を占める大ヒット商品となる。

立て続けの成功で生産ラインはフル回転となり、第一次本店工場から北へ二百メートルほどの場所に本店工場の建設が計画された。いわゆる第二次本店工場である。その際、不足資金の十五万円を銀行から借り入れることになった。

メインバンクの住友銀行は十分採算に乗ると判断して融資を承諾してくれたが、幸之助はこれに満足しなかった。

「新工場を担保《たんぽ》に入れんと貸してもらえまへんか?」

と、無担保での融資を申し入れたのだ。

住友銀行は検討した結果、松下にはその価値があると踏み、彼の申し入れを了承した。企業と銀行の、いい意味での緊張関係がそこにあった。

幸之助は日ごろから、

「銀行からは工場の建設資金などを一時的に融通してもらうもので、本来業務は自己資金で行うもんや」

と周囲に語っていた。

原則を無借金経営に置いておけば、新しい事業を起こすにもおのずと限度が出てくる。分限をわきまえた経営になるというわけだ。磐石の横綱相撲が松下電器の経営の基本であった。

好況よし、不況なおよし

起業して十一年目の昭和四年（一九二九）三月、社名をそれまでの松下電気器具製作所から松下電器製作所と改め、同時に「綱領と信条」を制定した。後に少し表現が変わっていくが、当初は次のようなものだった。

（綱領）営利《えいり》ト社会正義ノ調和ニ念慮《ねんりょ》シ、国家産業ノ発達ヲ図《はか》リ、社会生活ノ改善ト向上ヲ期ス。

（信条）向上発展ハ各員ノ和親協力ヲ得ルニアラザレバ難《かた》シ、各員自我ヲ捨テ互《ご》譲《じょう》ノ精神ヲ以テ一致協力店務《てんむ》ニ服スルコト。

最近でこそ、経営理念とか企業理念と呼ばれて一般的になっているが、こういうものを制定するのは当時としては画期的なことであった。

この「綱領と信条」の制定は、数年前のある事件が遠因になっていた。

幸之助は便所掃除を精神修養として大切に考えていたが、ある時、あれほどうるさく言っているにもかかわらず汚れていた。誰かに命じようかとも思ったが、自分が掃除していれば、みな飛んできて手伝い反省してくれるだろうと考え、自ら掃除を始めたのだが、工員たちは遠巻きに見守っているだけで誰ひとり手伝おうとしない。

彼はひどく落ち込んだ。これまで、自分の〝思い〟は会社のすみずみにまでいきわたり、全社員が共有しているという自負があった。しかし、社員が四百人に膨れ上がった今、規模的にもそれは不可能になりつつある。

では〝思い〟を共有することをあきらめるかというと、そんな気はさらさらない。多数でも共有できる方法を考えた。それが経営理念を文書にして徹底することであった。

戦後、松下電器を視察に来たGHQの将校は、この会社が欧米の最先端の企業が導入しはじめていた経営理念をすでに備えていることに目を瞠《みは》ったという。幸之助は、価値観が多様化する現代だからこそ、一方で共有するものが必要だと考えた。このことが、彼の死後も松下電器に、そしてパナソニックに力を与えたのだ。

彼は社員に対し、

「当社の経営理念を批判したり、旧式やと言う人間は、潔《いさぎよ》く松下を去るべきやと思います」

と言いきった。

（そこをゆるがせにするんやったら、会社を経営してる意味なんてあらへん）

それほどの熱い思いを、彼は経営理念に込めていたのである。

今、社員と〝思い〟を共有できないくらいなら、会社をやっている意味がないとまで考えている経営者がどれだけいるだろう。経営理念を制定している企業も、〝どの会社も制定しているから〟といった、消極的理由からなのが実態ではあるまいか。

会社は何のためにあるのかという出発点がはっきりしていて、経営者が日ごろの行動の中で明確に社員に対してメッセージを発信し続けていれば、おのずと経営理念は会社のすみずみにまでいきわたっていくものである。

彼は『実践経営哲学』の中でこう書いている。

〈経営理念というものは、単に紙に書かれた文章であってはなんにもならないのであって、それが一人ひとりの血肉となって、はじめて生かされてくるのである〉

最近、ＣＳＲ（Corporate Social Responsibility）という言葉で企業の社会的責任が

叫ばれているが、この「綱領と信条」を読めば、すでに幸之助は社会的責任を意識しながら企業経営をしていたことがわかる。

当時の松下電器は町工場の域を脱していない。そんな会社が、国家や社会を意識した経営理念を制定していたという事実は驚くに値する。

だが、そもそも日本の商人は昔から、社会性なくして事業の継続はありえないことを自覚していた。

近江商人に〝三方よし〟という言葉がある。〝買い手よし、売り手よし、世間よし〟の三つをそろえることが商売の基本だという教えである。船場商人の中には近江商人の流れをくむものが多かった。幸之助は丁稚奉公をしている時、すでにこのことを教わっていたに違いないのだ。

企業の社会的責任を自覚していても、多額の納税をすることには抵抗を感じるというのが人情だ。このことに関し、ある時、幸之助の中にこんな考えが浮かんだという。

〈収益を自分のお金やと思うから、税金を払うのがばかばかしくなるんや。企業が儲けたお金は、社会からいったんおあずかりしたものやと思えば、納税義務は当たり前のことやないか〉

そう達観した彼は節税対策には興味を示さず、しっかり利益をあげて応分の税金を納めることに専念し続けた。

昭和四年（一九二九）五月、新しい本社ビル（第二次本店工場）が完成する。銀行から借りたローンを早く返済しようと、新工場を早速フル回転させていこうとした矢先、海の向こうから思いもよらない大不況がやってくる。

昭和四年十月二十四日（木曜日）、世界一の金融センターであるニューヨークのウォール街で株式市場の大暴落が起こったのだ。それは〝暗黒の木曜日〟と呼ばれ、歴史に残る世界恐慌の引き金となった。

大衆の必要とするものは景気に左右されないという信念の下、松下電器はこれまで不況知らずの快進撃を続けてきたが、さすがに今回の世界恐慌は深刻で、業績に急ブレーキがかかってしまう。

このころ幸之助は、例によって身体を壊して床についていた。代わりに井植歳男が会社の経営を見ていたが、これだけ景気が悪いと打つ手がない。

ボーナスが出て家電製品が売れるはずの年末になっても、例年の半分も売れない。売れ残りが倉庫に入りきらないほどになり、銀行に借りたローンを返すのも四《し》苦八苦《くはっく》だ。

いつもは強気な井植も、〝倒産〟の二文字が脳裏をよぎった。

昭和４年５月、大開町に完成した第二次本店工場。電気アイロン、コタツ、ストーブと、新商品のヒット続きで増産に追われ、第一次本店工場から200メートルほどの場所に建設された。

困り果てた彼は、病床の幸之助を訪れ、

「こうなったら何人かやめてもらって、給料の支払いを減らす以外に手はあれへんと思います」

と沈痛な面持ちで切り出した。

幸之助はじっと黙って腕を組みながら聞いていたが、やがて口を開くと、

「そうか……。しかし、もう一度考えてくれへんか。わしも知恵を出してみるさかいに」

と告げた。

（大将の気持ちはわかるけど、考えてどうなるっちゅう話やないんやけどな……）

井植は不満顔であった。

数日後、再び幸之助を訪ね、やはりク

ビを切るしかないと思うと言うと、幸之助は失望の色を浮かべながらこう話した。

「景気が悪い、物が売れん、言うたかて一時《いっとき》のことやろう。そのつど日本中の会社が生産をやめてしもうたら、この国はどうなってしまうんや」

あれからずっと考えを巡らせていたらしく、いつになく饒舌《じょうぜつ》である。

「こうしようやないか。明日から全員半日出勤や。その上で午後は店員みんなで力を合わせ、一つでもええから在庫を必死になって売っていく。そのかわり、臨時雇いも含めて一人も解雇せえへん。これであかんかったら、その時はいさぎようあきらめよ」

社員をクビにすれば、彼らの家族まで苦しめることになる。彼は危険を承知で、もう一度歯を食いしばって頑張ってみることにしたのだ。

井植は一瞬、昼間に幽霊を見たような顔をしたが、すぐに晴れ晴れとした表情になると、

「大将がその決意なら、わしたちも必死になって頑張ります！」

そう力強く誓って部屋を出ていった。

前回からまったく新しい考えの浮かばなかった自分たちに対し、幸之助は病床の身でありながら社員をやめさせたくない一心で必死に思い巡らし、今回の結論をひねり出した。井植は経営を考える真剣度に彼我《ひが》の差があることを痛感した。

井植はこの朗報を部下たちに早く知らせようと、急ぎ幸之助のもとを辞した。そして工場に着くやいなや、引き戸を蹴《け》破るような勢いで入っていくと、大声で叫んだ。

「おーい、みなよう聞けよ！　大将は泣いてはったで！」

工員たちがわっと周囲に集まる。

「大将はなあ、お前らみんなクビにせんと言うてくれたぞ！」

「うぉーっ！」

男たちの野太い歓声が工場の天井にこだまして建物全体が震えるようだ。幸之助の言葉を伝えながら、井植の顔は涙でぐしゃぐしゃになっていた。

後藤清一は当時第三工場長の任にあったが、内心人員削減を覚悟していた。ひそかにつくりはじめていた解雇者リストを工場長室に戻ってびりびり破りながら、

（大将、よう言うてくれはりました。売りまっせ、やりまっせ）

こみあげる感動に、彼もまたむせび泣いていた。

社内に垂れこめていた暗雲は吹き飛び、戦々恐々としていた社員たちは恩返しのつもりで必死になって働いた。力が、そして思いが一つになり、それからわずか三ヵ月ほどで、倉庫一杯あった在庫品があとかたもなく売れてしまったのである。

工場はフル生産に戻り、ナショナル・ランプの売り上げが伸びてくれたおかげで業績は急回復し、銀行へのローン返済も進んでいった。幸之助は大きな賭けに勝ったのである。

谷沢永一関西大学名誉教授はかつて、幸之助のことを〝シンカー（考える人）〟と評したが、事実彼は考えて考えて考え続ける人であり、

「五つや六つの手を打ったくらいで万策《ばんさく》尽きたとは言うな」

というのが口癖であった。

西宮重和ナショナル住宅建材（現在のパナホーム）元社長は、こんな言葉も聞いている。

「知恵っちゅうのはなあ、泉みたいなもんやで。ポンプつけてなあ、かい出さんとあかん。かい出すとまた湧《わ》いてきよんねん」

考えに考えて、脳髄を絞りつくした時に道は開ける。今回のことは、ただ単に経営危機を乗り切ったというのみならず、幸之助に対する赤々とした忠誠心の灯を一人ひとりの胸にともす結果となった。単に金をばら撒《ま》くだけでは、社員の気持ちなど一つにならない。逆境をともに乗り越えたという共通体験こそが重要なのだ。

〝好況よし、不況なおよし〟という彼の言葉がある。〝不景気はいやなことだ〟と

いうのが世間の常識だが、彼は〝不景気はむしろチャンス〟だということに気づいたのだ。

　不景気な時には問題点を発見しやすく、社員と危機感を共有しやすい。だから痛みをともなう不採算部門の撤退や給与削減などにも耐えてもらいやすい。そうした改革をしっかりやって筋肉質な組織を作っておけば、次の好景気に大きく羽ばたくことができる。〝好況よし、不況なおよし〟という言葉は単なる精神論ではない。実に理にかなった言葉なのである。

　衆知を集めた上で心を鎮《しず》め、一般大衆の声に耳を澄ませてみる。するとおのずから進むべき道が見えてくる。世の中の動きをありのままに受け止められる。好調な時には気を引き締め、うまくいかない時も悲観することなく、問題点が明らかになってよかったと考え、着実に努力しながら状況の好転を待つ。それはまさに〝素直な心〟そのものである。

　だが実は井植も知らなかったのだが、幸之助の決断には感情論だけでなく、合理的な裏づけがあったのだ。彼はそのことを後年そっと告白している。

社員を解雇すれば賃金の支払い分はコストカットできるかもしれない。しかし、労働力が減って販売力が落ちる分、在庫を安売り処分せねばならなくなり大きな損が出る。同時にそれは商品相場を崩してしまうことをも意味するから、トータルで見た場合、損失は賃金カット分をほぼ相殺《そうさい》してしまうほど大きい。

それなら、雇用を確保して士気を高め、在庫を定価処分することに集中させたほうが合理的だ。半日勤務といっても、実際には土日も含め全員営業をやって在庫処分するわけで、賃金損とはいえない。

こうした冷静な計算があった上での決断だったのだ。よしんば彼の計算どおりにならなかったにせよ、心が一つになった社員たちは従来以上の力を発揮してくれたに違いない。

計算がなければ単なる蛮勇《ばんゆう》である。自分が合理的に出した決断を、いかにも情けから出てきたかのように見せてやる気を引き出す松下幸之助という人は、実に恐ろしい経営者だ。

だが、これを〝いやらしい〟と考える人はビジネスの本質を知らない人である。ビジネスの世界で本当に〝いやらしい〟人とは、冷徹な判断ができずに会社をつぶし、社員を路頭に迷わせてしまう人をいうのだから。

前述した一件は、わが国の終身雇用制の美談として世に喧伝《けんでん》されているが、この時は結果として解雇なしに乗りきれただけのことである。

幸之助は終身雇用至上主義だったわけではない。これが会社にとってベストの選択だと考えたからであって、たとえば終戦直後にはやむをえず人員整理も行っている。

「終身雇用制とは社内に失業者を抱え込むことや。政府の失業対策の代わりをわれわれがやっているんや」

と、終身雇用がきれいごとばかりではないことを冷静に把握していた。ただ一方で、人が資本であることを誰よりも熟知していた経営者でもあった。

「社長というものは、従業員が一万人いれば一万人の心配を背負っていくものです。ですから、心配で夜も眠れないというときもあります。眠れないからつらい、苦しい。しかしそのつらいところが社長の生きがいである」（『経営のコツここなりと気づいた価値は百万両』）

彼は金儲けのために仕事をすることの愚を説いた。

「しょせんカネは潤滑油や。潤滑油のために仕事をしたらあかん」

成功した後も堅実な生活を続け、ぜいたくを戒めた。それは、むめの夫人もまた同様であった。

井植歳男の息子の敏《さとし》は、親戚中でむめののくれるお年玉がいつも一番少なかったと述懐している。

「伯母《おば》ちゃんとこ、どこよりも大きな家やのに、ここが一番少ないで」

子どもらしい率直さで、そんな不平をこぼすと、

「いっぱいあげてもええで。けど、あんたのためになりません。おカネいうもんはな、たくさん持ったらつい気軽に使ってしまう。子どものうちからそんなくせつけてみ、伯母ちゃんの責任や言われるわ」

と諭されたという。

幸之助とむめのは似たもの夫婦である。おそらく夫婦になってから、さらに似ていったのだろう。

幸之助は、既存の宗教にのめりこむことはなかったが、神秘的なものに強く引かれるところがあった。八人兄弟姉妹の中で自分だけが生きながらえ、かくも盛大な成功を収めたという、彼の人生自体が一種の神秘体験であったためであろう。

事業が軌道に乗りかけていたころ、幸之助は、以前松下家に奉公に来ていた女性と話をする機会があった。その時、彼女が不思議なことを口にしたのだ。

「ある日、屋敷の蔵の下から蛇が出てきて大騒ぎとなり、一家総出で打ち殺したことがございました。一家に不幸が続いたのはその蛇の祟《たた》りのように思えてなりません。幸《こう》さんはまだ赤ん坊でらっしゃいましたから、子守の背中におぶわれていて祟

りを受けずにすんだのでしょう」

彼の両親兄姉は、多くが若くして貧窮のうちに死んでいった。その悲惨を思うと、彼女の話との間に不思議な符合《ふごう》を感じずにはいられなかった。

梅田の阪神デパートの脇の道を歩いていた時、珍しい白い蛇が道のまん中を横切っていくのに遭遇し、いよいよ自分と蛇との不思議な関係を思った。と同時に縁起のいい白い蛇に出会ったことで、事業の成功を確信するのである。

門真のパナソニック本社の入口近くに今も小さな鳥居が見えるが、これはその白い蛇を祀《まつ》った白龍神社である。この社《やしろ》を幸之助は守護神として、出勤するたびに礼拝した。

山本商店の山本武信が、加藤大観という僧侶を経営顧問にしていたことについてはすでに述べた。

実は例の電池ランプの販売契約を解除したあたりから、山本と加藤師との仲が疎遠になっていくのである。幸之助が山本に違約金の一万円を払って契約を解除して以降、松下電気器具製作所は目を瞠《みは》るような快進撃をはじめた。すると山本は、どうしてあの時、契約を継続するよう助言しなかったのだと言いだし、加藤を顧問から外してしまったのだ。

困った加藤は幸之助に泣きついてきた。かわいそうに思った幸之助は、彼を今度は自分の相談役にするのである。その恩を多とし、加藤は朝夕、幸之助の健康と社業の発展を祈って勤行《ごんぎょう》を続けた。幸之助もまた、加藤の言葉に素直に耳を傾けた。

あるメーカーが執拗に安売りを仕掛けて松下の得意先を奪おうとした時、頭に来た幸之助が何か報復する方法はないかと策を練りはじめたところ、

「あんた一人なら喧嘩をやってもよろしい。しかしそれは大将のすることやない。社員のことも考えなあかん」

と言って諫《いさ》めた。不眠を相談した際には、

「今のままでは、あんたの不眠は死ぬまで治らんやろう。あんたは少し欲が深すぎる。全部捨てなくてもいいが、大概《たいがい》にしなされ」

などとやられ、そのたび深く考えさせられた。

宗教家に経営がわかるはずのないことは十分わきまえている。

だが、静かに自らを日々観照《かんしょう》している宗教家からは、しばしば滋味《じみ》深い叡智を聞くことができる。仕事にどっぷりつかっていると、かえって見えてこないこともある。加藤大観師に悩みを聞いてもらうと、不思議と心を落ち着かせることができた。

加藤師は八十四歳で天寿を全うしたが、その死後、幸之助は松下本社構内に大観

堂というお堂を建てて感謝の気持ちを表している。

ナショナル・ランプのおかげで、大開町に立派な屋敷を建てることができた。白壁の蔵と離れがあり、母屋の部屋数は十四、五あり、女中も二人ほど使っていた。

このころ正月三が日と、年二回のボーナス支給日の合計年三回、少なくとも主任以上の社員は幸之助の家に〝本宅《ほんたく》参り〟と称して挨拶に行くことになっていた。大阪の商家の風習をそのまま受け継いでいたのである。

ここからが面白いのだが、たとえば年賀をする際、主任は玄関で挨拶して帰るだけなのだが、役職が上がるにつれ、座敷に上がらせてもらえ、幹部になると夫妻からおとそをいただくことができる。

すると、玄関で挨拶して帰る社員はいつか座敷に上がりたいと思い、座敷に上がった社員は、いつか直接おとそをいただきたいものだと夢見る。幸之助はこうしたささいなことにもわざと差をつけ、社員の向上心をあおったのだ。

彼がいかに人心収攬《しゅうらん》術に長《た》けていたかは、

〈嫉妬は狐色《きつねいろ》に妬《や》くと、かえって人間の情は高まり、人間生活は非常に和《やわ》らいでくる〉（『ＰＨＰのことば』）

という言葉がいみじくも示している。

嫉妬心は人間の一番醜《みにく》い感情である。ところが幸之助は、これを人間の本能だと割り切り、〝狐色に妬く〟ことで向上心に変えればいいのだと喝破《かっぱ》したのだ。

〝狐色に妬く〟とは、何ともすごい言葉である。谷沢永一は著書『松下幸之助の智恵』の中でこの言葉を紹介しながら、最大級の名言だと賛辞を贈っている。

経営者にしても政治家にしても、経営学や政治学をよく勉強した人がすぐれた経営者や政治家になれるわけではない。むしろ、人間の持つ弱さや強さについて知りつくすことこそ大切なのだ。それは人間学といってもいいだろう。

幸之助はまさにこの人間学の大家だった。それは教わって学ぶ〝知識〟の通用しない世界である。考えて身につける〝知恵〟の積み重ねこそが、彼のような人生の達人になる道なのである。

幸子がまだ十三歳ぐらいの時のこと、たまたま年賀の挨拶に来ていた井植薫（むめのの弟）は、幸子が正月なのにどこにも行けないと、幸之助に文句を言っているところへ出くわした。

（大将、何て言い訳しはるんかな……）

興味津々《きょうみしんしん》である。この時、幸之助は幸子に噛んで含めるようにこう言って聞かせた。

「お正月は、みなさんがこうして年賀の挨拶に来てくださる。お父さんもお前を遊びに連れて行ってやりたいとは思うが、家を留守にすると、来てくださる人たちに失礼になるやろ」

薫は、まあそのとおりやなと静かに聞いていたが、

「どうや幸子。お前はお年賀の挨拶に行かなあかん立場と、挨拶をしてもらう立場と、どっちがええと思う？　お父さんが出かけていく立場になったほうがええと思うか？」

と続けたのには恐れ入った。

この説得の仕方は、彼がいつも社員に対してするそれにそっくりである。いささか強引な話の持っていき方でも、うまく畳みかけて、なるほどそうだと思わせる話術を彼は身につけていたのだ。

幸之助は、頭の中に無数の引き出しを持っていた。どんなことを聞かれても答えるのに間を置かない。〝ああ言われればこう言える〟ことは、大阪という生存競争の激しい地域で生きていく上での基礎的能力の一つだが、彼はその中でも名人クラスだった。

昭和三年（一九二八）に三百人だった全社員（店員・工員）が昭和六年（一九三

二）には八百八十余名に膨れ上がり、松下電器の快進撃は続いていたが、世の中は沈滞ムードで米価は暴落し、労働争議、小作争議が続いていた。昭和四年にヒットした小津安二郎の映画『大学は出たけれど』というタイトルが、当時の世相を象徴している。

幸之助はぜいたくを嫌い、汽車に乗る時も一等に乗ることなど絶えてなかったが、金を持っている人間が使わないと不況を脱出することなどできないと考え、思いきって自動車を買うことにした。米国のスチュードベーカー製で、当時の大阪に二台しかなかった高級車だ。あくまで社用であって、幸子などは絶対乗せてもらえなかった。

（ほかにも何か景気づけできへんやろか……）

そこで思いついたのが〝初荷《はつに》〟である。

大阪の大きな商家には、年の初めの荷の積みだしを初荷といって祝う習慣があった。幸之助の奉公していた五代自転車商会は、それができるほど大きくはなかったが、同じ町内の大きな染物問屋が毎年派手な初荷をやっていた。

近所の丁稚もかりだされ、幸之助もその店のはっぴを着て、大八車《だいはちぐるま》を押しながらこの店の取引先を回ったものだ。

昭和五年一月、松下電器はまず名古屋支店で初荷を挙行し、翌年からは全国で行

そろいのはっぴ姿で次々と製品をトラックに積み込む「初荷」の風景。

うことにした。

寒風吹きすさび、雪さえ舞う一月三日未明。大阪本社や東京、名古屋の支店にそれぞれ全従業員が集まった。朝の四時集合だから泊まり込みの者も多い。そろいのはっぴに帽子をかぶり、首には白い手ぬぐいを巻いている。用意されたにぎり飯《めし》をほおばって、まずは腹ごしらえだ。目の前には六十台余りのトラックがずらり並んでいる。

合図と同時に元気よい掛け声があがり、積み込み競争が始まる。異様な熱気だ。大阪本社では、その様子をはっぴ姿の幸之助と白い割烹着《かっぽうぎ》姿のむめのが並んで見つめていた。

積み込み作業が終わると幸之助が訓示を行い、それが終わるとトラックに三人ひと組で分乗していく。そのうち一人は車長と呼ばれる責任者で、彼だけがモーニング姿である。どのトラックも荷台の周囲に製品名の書かれた白いのぼりを十本ほど立て、トラックのフロント部分には小旗が飾りつけられている。

午前六時、まだ夜明けまでには時間があるが、真っ暗な中、第一陣が出発し、それぞれ各地の代理店に向けて走り出した。迎える代理店の側も勝手知ったるもので、初荷のトラックが到着すると、店主の家族から店員まで総出で出迎えてくれた。

車長は彼らの前で額《がく》入りの感謝状を読みあげ、三三七拍子で締めて引き揚げてくる。縁起販売だということで、初荷の際には代理店も多めに注文を出してくれた。景気づけと実利の一石二鳥。幸之助のやることには抜かりがない。

午後二時ごろには一番手が戻ってくる。帰社した者は待機していた幸之助の前に出て軍隊式に報告し、終わると酒二合と折詰が渡される。二番手、三番手が続々と帰ってくると、再びあたりに活気が戻り、今年も精いっぱい働こうという気持ちがいやが上にも湧いてきた。最後にみなで万歳三唱し、幸之助を胴上げした。以来、初荷は松下電器の伝統行事となっていく。

昭和六年（一九三一）の春には運動会も行われた。

四月十六日午前八時半、大開町二丁目の本店にいったん集合し、そこから野田阪神駅前に待たせてあるバスまで隊列を組んで歩いて分乗し、会場である天王寺公園グラウンドへと向かうのだ。大勢の行列に、道行く人々はみな何事かと立ち止まった。

運動会の出し物の一つに仮装行列があり、八千代座前で幸之助夫妻がお見合いしている場面を演じたものが秀逸で、幸之助の特徴を示す大きな耳の仮装に、本人たちを含め、みな腹を抱えて笑った。

そのほか、分列行進など統制美を競うものが多く企画されたが、昭和十六年（一九四一）に甲子園球場で運動会を行った時など、来賓《らいひん》として招待されていた陸軍の少将が、軍隊以上だと感嘆したというほど一糸乱れぬものであった。

今このようなことをしたら、若い社員たちの猛烈な反発を買うだろうが、その時代にはその時代なりの士気向上の方策がある。幸之助は自分の時代に合ったそれを見つけ、社員の心を一つにすることに成功したのである。

昭和の終わりには、こうした松下電器の社員を〝社畜《しゃちく》〟と呼んだ評論家もいた。それは日本の企業に変化への対応能力の低さや創造性の乏しさといった欠点が目立ち、世の中に閉塞《へいそく》感が広がっていた時期のことである。

しかし今、企業の求心力はあまりにも低下し、社員の心を一つにすることに四苦八苦する状況に陥っている。そういう意味では若干の揺り戻しが必要な時期に来ているように思えてならない。

昭和九年（一九三四）一月、幸之助は年頭の挨拶の中で、

「みんなにお年玉として、『経営のコツここなりと気づいた価値は百万両』という言葉を贈りまひょ。これは決して誇大な妄語《もうご》なんかやあらへん。ほんまに経営の神髄《しんずい》を悟れたら、十万円、百万円の富を獲得するなんて、さしたる難事ではないはずや」

と語り、社員一人ひとりが仕事の上で経営意識を働かせ、経営のコツをつかもうと努力するよう促した。彼は、命令に従って機械のように従順に働く〝社畜〟を望んでいたわけではなかったのだ。

一方で幸之助は、自分を信じてついてきてくれる社員は、たとえ身体を張ってでも守らなければならないという強い決意を持っていた。

たとえ十の取引先から文句を言われた人間でも、自分が事実を確かめるまでは絶対に味方になりきるという姿勢を崩さなかった。

代理店が、担当者が生意気だとクレームをつけてきても頭ごなしにその社員を怒

ったりせず、双方の話をよく聞き、松下の担当者が正しいと思った時には、相手がどんなに大事な代理店であろうとも、自社の社員を擁護《ようご》した。

こうした幸之助の姿勢が、

（この人にならら全身全霊をささげてついていこう）

という気持ちを抱かせたのだ。

時に厳しく叱りもしたが、それ以上に褒めることを心がけた。そして何より公平だった。

水道哲学と創業命知元年

松下電器製作所を中堅企業に育て上げ、世間からその手腕《しゅわん》を称賛されもしていた幸之助だったが、このころからちょっとぜいたくな悩みを抱きはじめていた。

彼の言葉を借りるならば、

（なんか物足りん。なぜか知らんが心の中を風が吹く。このまま、ただ仕事を広げていくだけでええんやろか）

という思いが、彼を苦しめていたのだ。そんな時、運命的な出来事が起こる。

昭和七年（一九三二）の年初のこと、取引先の〝U氏〟なる人物が幸之助を訪ねてきた（『私の行き方　考え方』）。天理教の熱心な信者だった彼は、幸之助がもし信仰を持てば、事業をさらに力強く発展させられるに違いないと考え、一緒に天理に行こうと熱心に誘ってきたのだ。

幸之助は加藤大観師をはじめとして、宗教家と広く交《まじ》わっているが、特定の宗教にのめりこむことはしなかった。お客様はその宗教の人だけではないという気遣いが、その背景にあったのだろう。

この時のU氏の誘いに対しても、

「そのうちまた寄せてもらいますわ」

という、関西人にありがちな社交辞令でごまかしていた。それでもU氏は熱心に誘ってくる。そのうち根負けしてしまい、まだ肌寒さの残る三月、U氏に連れられて天理へ赴《おもむ》くことになった。

このころは、ちょうど教祖中山みきの没後五十年にあたり、立教百年を記念して〝昭和普請〟を行っている最中であった。

幸之助の訪れた三月は特に全国からの団体参拝が集中する時期にもあたっていたため、一ヵ月の参拝者数は十万人にも及んだ。人また人で、すごい熱気である。

昭和普請は神殿を二倍の広さに増築し、教祖殿も大改築するという大がかりなもの。〝ひのきしん〟と呼ばれる献木運動によって大木が全国から寄進され、集まったのは木だけではなく、一万人単位の奉仕団が続々と天理入りしていた。誰一人物見遊山《みゆさん》という風情の者はいない。みな何かしら作業をしている。

感心しながら歩《ほ》を進めていくと、十五分ほどで教祖殿へ到着した。直径一メートルほどのヒノキの大木でできている柱は堂々たるもの。床は黒光りして塵《ちり》一つ落ちていない。それもそのはず、拭き掃除している信者が山ほどいる。この這《は》うようにして行う拭き掃除は、〝三歳の教え〟(三歳児のような純粋な心に戻れ)という修行の一つだった。

神殿の前に立った幸之助は、決められた〝四拍手〟をして礼拝した。

「まことにありがたいですな」

という言葉が思わず口をついて出た。U氏も満足そうだった。

宗教の力は偉大である。このような大事業が、奉仕の人々によって、しかも全国からの献木をもとに進められている。心揺さぶられる思いがした。

U氏と別れて一人帰途《きと》についた後も、興奮が収まらない。運よく電車の座席に座ることができ、頭を窓辺にのせて目をつぶりながらじっと思いをめぐらせた。

(信者さんたちはほんまに一生懸命奉仕活動をしとった。私欲ではなく、大いなる使命感に突き動かされていたような気がした。では松下電器の社員にとっての使命はいったい何なんや……)

考え続けているうち、彼の脳裏に、ある夏の日の記憶がよみがえってきた。

事業をはじめて間もなく、大阪の天王寺界隈《かいわい》を歩いていた時のこと。荷車を引いた一人の男が通りかかった。彼はある家の前で立ち止まると、そこにあった水道の蛇口《じやぐち》をひねり、うまそうに水を飲みはじめたのだ。

行きかう人々は誰一人その男に、

「他人の家の水、勝手に飲んだらあかんやないか！」

などと言うこともなく、無関心に通り過ぎていく。

（あれは水が無茶苦茶安いからやろな……）

そう思った瞬間、脳天から稲妻が走った。この時、彼は松下電器の目指すべき社会的使命を悟ったのだ。

〈生産者の使命は貴重なる生活物資を、水道の水のごとく無尽蔵たらしめることである。いかに貴重なるものでも量を多くして、無代に等しい価格をもって提供することにある。かくしてこそ、貧は除かれていく。貧より生ずるあらゆる悩みは除かれていく。生活の煩悶《はんもん》も極度に縮小されていく。物資を中心とした楽園に、宗教の力による精神的安心が加わって人生は完成する〉

『私の行き方　考え方』の中のこのくだりは、興奮した書きぶりでかなりの長文であり、これはそのごく一部だ。幸之助は大義というものが、人間が生きていく上で物欲を超える力を持つことに気がついたのだ。大義を信仰と置き換えれば、天理の町で見た光景も説明がつく。

封建時代、商人が士農工商の一番下に置かれていたように、金を儲けることは卑《いや》しいこととされてきた。その考え方は、今も日本人の精神の根底に流れている。しかし大義があれば、社員は胸を張って金儲けに邁進《まいしん》できるはずだ。これほど強い心の支えはない。

〝生産者の使命は貴重なる生活物資を、水道の水のごとく無尽蔵たらしめることである〟というこの考え方は、その後誰言うとなく〝水道哲学〟と呼ばれるようになっていった。彼は〝開眼〟という言葉を好んで使ったが、まさにここに開眼したのである。

彼は後に次のように述べている。

〈私は一人がまずめざめることが必要であると思います。一人がめざめることによって、全体が感化され、その団体は立派なものに変わっていき、その成果も非常に偉大なものになると思います〉（『松風』昭和五十三年十月号）

幸之助は自分の到達した境地を、そしてその感動を、一刻も早く分かちあいたいと考え、昭和七年五月五日午前十時、全店員百六十八名を大阪中之島近くの中央電気倶楽部講堂に集めた。松下電器の歴史に残る第一回創業記念式典である。

講堂の正面には、能舞台のような大きな松の木の刺繡《ししゅう》絵が飾られている。それを見上げながら、幸之助はゆっくりと壇上にあがっていった。そして自分が真の使命を感得するに至ったいきさつを、思いを込めて話しはじめたのだ。

「生産をしよう。生産につぐ生産をして、物資を無尽蔵にしよう。無尽蔵の物資によって、貧窮のない楽土を建設しよう。それが、松下電器の使命である。この使命、つまりはあらゆる物資を水道水のように無尽蔵に提供をするという使命を達成するには、自分の考えるところ、二百五十年の年月が必要である。松下電器は二百五十年を十節に分割し、最初の二十五年をさらに三期に分け、第一期の十年は建設時代、次の十年は活動時代、最後の五年は世間に対する貢献時代としたい。そして本年を創業命知《めいち》第一年とする。『命知』とは、真の使命を知ったということである。忘れないでほしい。今ここから、この日から、人類を救済する事業がはじまるのだ、ということを」

　実際の創業は十四年前の大正七年（一九一八）だが、事業に関する使命を店員たちとともに自覚したこの日（昭和七年五月五日）が松下電器の創業記念日と定められた。この時、幸之助はまだ三十七歳という若さであった。

　彼の演説が会場に巻き起こした熱狂はすさまじかったが、幸之助は会場の興奮が冷めやらぬうちに、こう付け加えて興奮をさらに駆りたてた。

「みなわしの『命知』に賛同してくれてありがとう。では一人ずつ壇上にあがって、この命知に対する所信表明を行なってもらいたい！」

店員たちはわれ先にと壇上へ駆けあがり、思い思いにその感動を口にした。進行役の井植歳男が顔一面に汗をかきながらドラを叩き、

「ハイ次っ！」

と話す者を次々に壇上へあげていく。あまり人数が多いので最初三分だった持ち時間が二分となり、しまいには一分となり、話し下手な者は壇上で両手をあげながらバンザイを繰り返した。

この年に入社したばかりだった丹羽正治《にわまさはる》（後の松下電工社長）も、興奮して壇上に駆け上がった一人だった。生意気盛りの年ごろのはずだが、

「この時の松下所主の話には、若い私でも素直に納得できる説得力があった」

と述懐《じゅつかい》している。

〈説得力というものは、自然に生まれてくるものでもなければ、口先だけの技術でもない。やはり、これが正しいのだ、こうしなくてはいけないのだ、という強い信念なり熱意が根底にあってはじめて生まれてくるものであろう〉（『思うまま』）

幸之助はどちらかというと話下手なほうだが、〝思い〟を伝えるのは話し方の巧拙《こうせつ》ではない。社長の感動したことなら自分もそれを共有したいと思える素地があったからこそ、彼は店員たちの心の奥深くに自分の思いを埋め込むことができたのだ。

大阪中之島近くにある中央電気倶楽部で開かれた松下電器の創業記念式典（写真は昭和８年５月５日の第２回創業記念式典）。

その鍵は、社員たちが日ごろから幸之助に対して抱いていた敬意にある。思いは敬意とともに心に沁《し》み入るものである。見事に思いを彼らと共有化できたという一点をもってしても、松下幸之助は現在の経営者たちの師たりえるだろう。

だが幸之助のすごいところは、これだけの成果をあげながら、まだ満足していなかったことである。この時、後藤清一は〝生涯、忘れえぬ光景〟を目撃した。

われもわれもと登壇する状態が一段落しかけた時、幸之助は突然立ちあがると、テーブルを叩きながら語気鋭くこう叫んだのだ。

「わしの命知に、これほど賛同してくれてほんまにうれしい。せやけど、みなが感動しとるのに、素知らぬ顔をしとる者が二人おる。名を呼ぶ。ただちに壇上へあがれ！」

名を呼ばれたのは年配の幹部だった。

（いい年をして、今さら所信表明でもあるまい）

と思っていたに違いない。幸之助はその心のおごりを衝《つ》いたのだ。後藤は思わず背中に冷たいものを感じた。

「一口に言えば、『怖い人』やった、ちゅうのが実感ですわ。場内が興奮し、全員がその渦に巻き込まれている中で、御大《おんたい》は実に冷静な観察眼を持っていた。自分自身、一番エキサイトしているように見せながら、他方ではちゃんと見るべきところは見ている」（後藤清一『叱り叱られの記』）

近くに仕えていたがゆえに、後藤は幸之助の凄みを肌で感じていたに違いない。

人を叱ることは楽しいことではない。できれば仲良くやりたい。しかし、心を鬼にして叱らねば人は育たない。そして叱ることほど難しいこともない。

ある日、上田八郎（後の松下電池工業専務）は営業所で、本木企画課長と幸之助が、初期の自転車ランプを手にしながら昔語りをしているところに出くわした。

「この時は、こうするスイッチやってん。ところで本木君、今のスイッチはどうなってんのや？」

「今もこれを使わせてもらってます」

何気なく返事をしたところ、それまでにこにこしていた幸之助の表情がみるみる鬼の形相に変わっていき、ぱっと立ちあがると片方の手をぐいと本木に向かってつきだし、こう言ったのだ。

「返してくれ！」

それは部屋中に響《ひび》き渡るような声だった。

「これはわしが考えたスイッチや。君は何もやってへんのか？　返してくれ！　君の給料返してくれ！」

現状に満足している罪を問い、日に新たであらねばならないことを、彼は裂帛《れっぱく》の言葉とともに教えたのだ。

これは大変なことになった。当時末席だった上田はもちろん、営業部長から誰から周囲の者はみな、火の粉が飛んでこないよう下を向いてしまっている。

だが怒るだけ怒った後、不動明王のような形相から菩薩のような顔に戻った幸之助は一言、

「本木君、君やったらやってくれると思てたんや……。今でも思てるで」

そう言い残して部屋から出ていった。

その現場を目撃した上田は、幸之助の仕事に対する厳しい姿勢とともに、その叱り方には、部下を委縮させずかえってやる気にさせる見事なフォローがあったことを、繰り返し部下たちに語り継いでいった。

後藤清一を叱ったときのエピソードも伝説的だ。

後藤がある時、幸之助の了解を得ずに独断で商品を値引きして売ってしまったことがあった。

幸之助は安易な値引きを許さなかった。それは五代自転車商会で丁稚をしていた時の教訓でもある。商品には正しい価格というものがあり、値引きして売るということはその商品の価値を自ら否定していることに等しいと、口酸《くちす》っぱく教育していた。それだけに、これを知った時には烈火のごとく怒った。

夜の八時ごろだったが、

「すぐ来いっ！」

と言って呼びだすと、大変な剣幕《けんまく》で怒りはじめた。

「値下げは大将であるわしが決めることや。お前、いつからそない偉《え》らなったんや？　お前は大将か？」

後藤は平身低頭謝ったが、すぐには許してもらえない。椅子に座った幸之助の前で直立不動のまま怒鳴られ続けた。

（若いころからわしのそばで働いてきて、なんでまだわからんのや！）

幸之助は情けなくてならなかったのだ。

部屋の真ん中にある炭ストーブが赤々と燃えている。幸之助はストーブの火かき棒をつかむと、それでストーブの横にあった石炭入れをばんばん叩きながら怒った。叩き方があまりに激しく、しまいにその火かき棒がひん曲がってしまった。

その時だ。後藤の意識がふっと遠のいた。貧血を起こしてしまったのだ。そばにいた社員に別室へと連れて行かれ、気つけにワインを飲ましてもらった。そして再び幸之助のいる部屋に戻ってきた時には、時計の針はすでに十二時を指していた。

すると幸之助はそれまでの激しい口調から一転して穏やかな声に変わり、

「これ曲がってしもたがな」

と火かき棒を目の前に突きだした。後藤はその棒を受け取ると、上手に元どおり直した。

すると幸之助は、

「やっぱりお前は上手やなあ。まっすぐになったわ」

と言って破顔《はがん》した。これで後藤は一気に気が楽になった。

外に秘書課長が待っていて、幸之助から後藤を家まで送っていくよう命じられていた。そして家に帰ると、後藤の妻に彼がこう言っているのが聞こえてきた。

「大将から、『今日はものすごく怒ったんで、自殺でもせえへんかよう見とったってください』とのことです。よろしくお願いします」

そして一夜明けた翌朝早く、後藤の机の上の電話が鳴った。受話器を取ると、電話の主は幸之助である。

「後藤君か、別に用事ないねんけど、気ぃようやってるか？」

驚いた後藤は思わず反射的に立ちあがって、

「あ……はい！」

と、上ずった声で答えた。すると、

「そうか、そりゃ結構や」

電話口の向こうで幸之助の明るい声が聞こえ、電話は切れた。

たったそれだけのことであった。だが後藤は前夜のもやもやした気持ちが吹き飛んで胸が一杯になり、切れた受話器を握り締めたまま、その場に立ちつくした。

気を失うほど叱られてなお、後藤はこう語っている。

「台風一過――大将に叱られると、いつもそんな清新な気持ちになったもんです」

士気を低下させ、恨みを残すような叱り方では叱った意味がない。気づきを与え、反省を促し、もう一度挑戦する気持ちを奮い立たせる。幸之助の叱りの中には必ずそれがあった。

幸之助は決して恐怖政治を敷いていたわけではない。むしろ明るく楽しい職場を目指していた。

彼はよく現場に来て、

「君ら幸せか？　社員を幸せにできん会社の社長はクビやからな」

と話しかけたという。

「どうせ人生一回きりのものやし、縁あって当社に来てくれた人には、わしは社長として楽しい人生を送らせてあげる義務がある。会社といえども、しょせんは家庭と同じようなものですからな」（『商魂　石田退三、土光敏夫、松下幸之助に学ぶ』）

ある時、幸之助がしばらく風邪《かぜ》で休んでいた少年工に優しくいたわりの声をかけ、頭をなでてやると、その少年工は感激して泣きだしてしまったという。彼の社員に対する愛情は限りなく深かった。

先日、松下資料館で竹岡リョウ一（後のナショナル宣伝研究所社長）のビデオインタビューを見る機会があった。

竹岡は戦前、一度松下電器をやめている。だが戦後になって国民全体が食うや食わずの状況に陥った時、家族はもう一度松下に頭を下げて再雇用してもらえと彼に迫った。竹岡にもプライドがあったろうが、そんなことは言っていられない状況だ。彼は意を決し、幸之助にお願いに行った。

戦後は松下も苦しかった。それに彼は、かつて松下を出ていった人間だ。普通だったらにべもなく断るか、考えておこうと口で言うだけでお茶を濁《にご》すのが関の山だったろう。竹岡もそれを覚悟していたはずだ。

実際、幸之助は開口一番、

「君は欠点の多い人間やったなあ」

と厳しい言葉を口にして彼をひやっとさせた。だがこれは、例によって彼の芝居だったのだ。すぐにかたわらの電話を引きよせると、

「電極工場の諏訪君か、今度竹岡君をそっちにまわすから」

と言って受話器を置いた。何とその場で配属先まで決めてくれたのである。

竹岡は感激で胸が一杯になると同時に、こう思ったという。

(この人のためやったら死んでもいい！)

ビデオの中でそう語る竹岡を見て、筆者は不覚にも目頭が熱くなった。こうした話を、最近ではついぞ聞かなくなった。

ナショナル・ランプと並んで松下電器製作所の名を世に知らしめたのがラジオである。

アメリカで世界最初のラジオ放送が始まったのは大正九年（一九二〇）のこと。そのわずか五年後の大正十四年（一九二五）三月二十二日、東京放送局（ＮＨＫの前身）がわが国初のラジオ放送を開始し、年を同じくして早川電機（現在のシャー

プ）が国産第一号のラジオ受信機を発売する。

早川徳次は大阪に本拠を移し、ここで再起していたのである。すべてを失った関東大震災からわずか二年後の快挙だった。

輸入ラジオはべらぼうに高かったが、安価な国産品が出回るようになると徐々にラジオを聴く人の数も増え、昭和三年（一九二八）の昭和天皇御即位の大礼《たいれい》を機に、この年の十一月末には聴取者が五十三万二千人に達した。

百社を超えるラジオ受信機製作会社が乱立して競争が激しくなり、価格を安くするために粗製乱造となった結果、故障が頻繁に起こるようになった。

ここで松下電器の出番となる。笑い話のようだが、ラジオ進出のきっかけは幸之助の使っていたラジオが故障してしまい、楽しみにしていた番組を聴き逃したためだったという。

最初は既存のラジオメーカーと提携したが、故障が多く返品が相次いだため自社開発に切り替えた。やるからには消費者に喜んでもらえるものを作りたい。幸之助は再び中尾哲二郎を呼び、高性能のラジオ受信機を開発するよう命じた。

中尾はまたかという顔である。アイロンの時と同じで、ラジオに関する技術を持つ者など社内に一人もいなかったからである。

だが腹をくくった中尾は、研究部の部員十数名とともに三ヵ月間寝食を忘れて研究に没頭し、ついに従来の欠陥を克服した改良型ラジオ受信機の開発に成功する。

ちょうどこの時（昭和六年）、日本放送協会東京中央放送局がラジオ受信機の懸賞募集をしていたので、完成したばかりの試作品で応募してみることにした。すると全国から百を超える業者が応募してきた中で、松下電器製作所の出品した「三球式ラジオ」が見事一等に選ばれた。中尾の努力が報われた瞬間だった。

一等当選を果たしたラジオは「当選号」と命名されて発売される。幸之助はアイロンの時のように安く売ることをしなかった。なんと今度は一流メーカーの製品より高い価格で売り出したのだ。

消費者の気持ちは自分と同じはずだ。少々高くてもいいから故障せず、聴きたい番組をちゃんと聴けるラジオが欲しいのだ。彼には勝算があった。代理店の猛反対を押し切っての賭けだったが、見事に功を奏する。松下電器は新規参入からわずか三年で、市場占有率四十％という国内最大のラジオ受信機メーカーに成長していくのである。

そして世間をあっと言わせたのが、ラジオ特許権の無償公開であった。

〝日本のエジソン〟とも呼ばれた天才発明家の安藤博《あんどうひろし》が、当時、ラジオ受信機の心臓部にあたる基本特許三件を保有していた。ラジオメーカーが安藤に特許料を支払うのは当然のことなのだが、弱小メーカーにとってそれは結構な負担になる。

そこで幸之助は、安藤から彼の持っている特許を二万五千円もの金を投じて買い取り、無償公開した。内閣総理大臣の年収が一万円に満たなかったころのことである。

この行動は大いに称賛され、業界団体から感謝状が贈られた。業界紙『ラジオ公論』には「痛快なる松下電器の壮挙！」という見出しで次のような記事が出ている。

〈はなはだ失礼な言い分かもしれないが四千数百万の資本を有する大T社は、特許権を振りかざして弱者を徹底的に攻めつくし、一方個人経営の一電器製作業の若き松下氏は、この不況時に大金二万五千円の買収費を投じ、しかもこれを無償で業者に提供したのである〉

昭和６年に発売された「当選号」。新規参入からわずか３年でシェア40％という国内最大のラジオ受信機メーカーに成長していく。

ここで言う〝大T社〟とは東京電気のことである。安藤の特許とは別に、彼らも特許を保有していたのだ。

東京電気はアメリカのGE（ゼネラ

ル・エレクトリック社）が三割以上の株を持っており、彼らの技術が基礎にあったため、技術面で松下を大きくリードしていた。たとえば当時の松下は、ラジオに使う真空管を自社で製造する技術を持たず、そのほとんどを東京電気からの供給に依存していたのだ。

そしてこの記事からも、松下電器がまだ〝個人経営の一電器製作業〟という程度の認識しかされていなかったことがわかる。だが、この特許無償公開は松下電器の名を高からしめた。幸之助は金を生かして使う。これもその一例であろう。

特許公開の甲斐《かい》あって、ラジオ受信機の市場規模は年々拡大し、昭和十年（一九三五）には年間十五万台であったものが、昭和十一、二年には一挙に四十万台に急伸。昭和十六年（一九四一）にはさらに倍増して八十七万六千台に達する巨大市場へと成長していく（若林直樹『家電産業成長の軌跡』）。

大番頭・髙橋荒太郎

昭和六年（一九三一）の暮れのこと、松下電器の一風変わった新聞広告が話題となった。それは商品にまったく触れない「歳末に際して」と題された挨拶広告だった。

最近でこそ、年末年始の挨拶広告は珍しくない。だが当時としては画期的なものであった。お世話になっているのは国民全体だという思いが、こうした前例のないものとなったのだ。この広告に胸打たれた人は多かった。大阪商大高商部（現在の大阪市立大学）の学生だった丹羽正治が入社を決めたのも、これを目にしたことがきっかけだったという。

昭和七年（一九三二）、すでに松下電器製作所は社員数千人を超える大所帯となっていた。ラジオのような新事業にも進出したことで、高度なノウハウが必要とされるようになっている。そこで幸之助は、体系的な社員教育の場として店員養成所

（後の社員養成所）を設置することを決めた。

その建設場所を求め、用地選定の担当者が京阪電鉄沿線の香里園《こうりえん》の物件を見に出かけた時のこと、何気なく電車の窓から外をながめていると、北河内郡門真《かどま》村（現在の門真市）に広大な空き地のあるのが目に入った。

香里園の物件は結局意に沿わず、その帰り、せっかくだからと先ほど車窓から見た土地を視察することにした。もとは蓮根《れんこん》畑だったのだが、今は所在なげに空き地になっていて所有者（組合）も持てあましていた土地だった。他に使い道もないし売ってもいいという。

早速帰社して報告すると、幸之助も興味を示し、自らすぐ現地を確認しに赴いた。

「ええんやないか」

即決である。

大開町同様、名前がいいのが気に入った。門真は〝真理への門〟に通じる。後に門真市の成人式の来賓として呼ばれた時、〝土地の名前が非常にいい〟とわざわざ言及しているほどだ。

昭和七年五月、まずは店員養成所用地として三千五百坪を購入することにした。まだ土地はだいぶ余っている。その後、工場も建設することにし、結局用地を買い

昭和８年、大阪の鬼門（北東）にあたる北河内郡門真村（現在の門真市）に現在価値で約120億円を投じて建設された本店と工場。松下電器は今もこの地に本社を置いている。

増して二万坪になった。

そのうち、いっそ本社機能も集中させようという話になった。ひょうたんから駒《こま》である。だが一方で、門真への本社移転に不満の声を漏らす者もいた。

門真は大阪の北東、すなわち鬼門《きもん》の方角に位置する。関西人はこうしたことに敏感である。京都と大阪という鬼門・裏鬼門の方角を走っている京阪電車は、香里園に成田不動尊の大阪別院を勧請《かんじょう》し、そのお札を車両ごとに貼っているほどだ。

懸念の声が出ていると聞いて、幸之助は幹部を集め、次のように決意を述べた。

「鬼門や言うても、経営さえよかったら立派に成功する。考えてみい、そもそも日本列島は鬼門から裏鬼門の方向に伸びとるやないか。そんなこと気にしとったら日本から出ていかなあかん」

店員養成所と本店工場の新設にかかる総費用は、土地代、建設費、設備費すべてあわせて約五十万円。現在価値にして百二十億円程度だと考えればいいだろう。手元には約二十万円しかないから、残る三十万円は銀行から借り入れねばならない。鬼門かどうかは別にして、これは大きな賭けであった。

幸之助は新しい本店工場の屋上に不思議なものを取り付けた。船のかじを取る丸い舵輪《だりん》である。神戸で解体された船から幸之助が見つけ、買い取ってきたものだ。

「会社を船にたとえるなら本店は司令室にあたる。ここから会社のかじ取りをしていくんや」

こうして昭和八年（一九三三）七月、門真への本社移転が行われた。爾来《じらい》今日に至るまで、門真は松下電器（現在のパナソニック）の本拠地となっている。

一時、豊田市のように〝松下市〟にしないかという打診があったが、幸之助が断ったという噂もある。こうした話がまことしやかにささやかれるほど、門真市における松下電器の存在は大きかった。

幸之助は社員教育に力を注いだ。幹部研修では、自分が身につけた経営のノウハウを繰り返し教えた。

「部下の良さ、偉さがちゃんとわかるか？　自分の部下が百人いるなら、自分の偉さは百一番目やと心から思える人間が真のリーダーや」

お客に対してはもちろん、部下に対しても謙虚であるべきだという意味であった。この言葉の持つ意味は深い。謙虚でないと彼らの声が聞こえなくなる。自分の指示が間違っていることにも気づかなくなる。謙虚であるということは、素直に情報が耳に入ってくるということを意味しているのだ。

大卒の新人には特に厳しかった。オレは頭がいいなどと思ってしまっては、そこで成長は止まる。他人の意見を素直に聞かなければ、商売の基本が身につかない。

当時、大学卒業者（高商を含む）は大変なエリートだった。エリート意識があると腰が重くなる。成功能力は行動力に比例するというのが彼の信念であり、知識があっても行動力のない人間など無用の長物だとした。

そのため松下電器はパナソニックとなった今でも、京大や阪大といった一流大学卒という肩書に安住している人間には厳しい職場である。学歴のまったく通用しない実力主義だからである。

「汗を流し、汗の中から智恵を出せ。それができない者は去れ！」

そうした厳しい言葉で教育していった。

「君は大学で何を勉強してきた？」

と専攻を聞いた後に決まって発せられたのが、

「その君の勉強したことを一言で説明したらどういうこと？」

という質問であった。

いじわるでこんな質問をしたのではない。一つには、事の本質を理解することを大事にしていたからであり、もう一つには、虚心坦懐《きょしんたんかい》、彼自身が若い人から知識を吸収したいと考えていたからだった。こうした点、実に貪欲《どんよく》である。

「君は何がしたくて松下へ入ってくれたんや？」

という質問も頻繁に投げかけた。この質問自体が、生きることに、働くことに目的を持て、という教えになっている。

幸之助は社内で誰彼となく、

「君、どうやねん？」

と声をかけた。

それは単なる挨拶であると同時に、仕事の調子を尋ねる言葉でもある。そうすることで社員の個性や職場の士気、不満の有無などの把握に努めたのだ。

人間にはそれぞれ個性があり、得手《えて》不得手《ふえて》がある。同じ松下電器に入ってきても、技術者が向いている人間もいれば販売担当が向いている人間もいる。彼はしばしば適材適所という言葉を使ったが、部下のことを知悉《ちしつ》していないと適材適所などできるものではない。

彼はスピーチの後、周囲に向かい、

「○○君、今のわしの話どうやった？」

と尋ねるのを常としていた。自分の思いがきちんと伝わっているかを確かめる目的もあったが、部下たちに〝よく聞き、考える〟習慣をつけさせるのが狙いであった。この質問が後で飛んでくるために、居眠りなど絶対にできない。

時間のある時はさらに、

「なんぞ質問はないか？」

と問いかける。

そのうち、質問した人間を昇格させるらしい、という噂が流れ、冗談だろうと岩《いわ》井慶《いけん》（現ＰＨＰ研究所客員）が念のため幸之助に確かめてみたところ、次のような答えが返ってきた。

「わしも忙しいんや。そのわしが、『なんぞ質問はないか？』とわざわざ言うとる。この忙しい松下幸之助の時間をなんぼや思てるんや。それに、手を挙げるためには何らかの問題意識を持つことが必要やな。またちょっと勇気もいる。そして何より、わしが『質問ないか？』と聞いた瞬間を千載一遇《せんざいいちぐう》の好機と考えて、ぱっと手を挙げるだけの行動力が必要や。そういう人間を偉くせずして誰を偉くするんや」

岩井は返す言葉を持たなかった。「なんぞ質問はないか？」という何気《なにげ》ない一言にも、幸之助はそこまでの〝思い〟を込めていたのである。

幸之助と社員との会話は、一回一回がまさに真剣勝負であった。上っ面《うわつら》のことを言ってもすぐに見透かされてしまう。そんな時には目がギラッと光り、どすの利《き》いた声で、

「君、ほんまのこと言えよ」

という言葉が飛んできたというから恐ろしい。

社員とのコミュニケーションを大事にしている経営者はごまんといるが、ここまでの厳しさでやり取りしている人間がどれだけいるだろう。

企業経営は、経営者によい参謀がつくかどうかが重要な鍵を握る。言葉を替えて言うならば、優秀な参謀を見いだし、その参謀をして〝この人を全身全霊で支えていきたい〟と心酔させるだけの器《うつわ》の大きさを持っていることが、経営者の重要な資質だということだ。幸之助の同時代人で言えば、本田宗一郎にとっての藤沢武夫がまさにそうだろう。

ワンマンのように思われている幸之助の場合も、最初は井植歳男が、井植が独立した後は髙橋荒太郎《あらたろう》が、その役割を果たした。ただしそれは、本田と藤沢のような同志的なものではなく、船場の商家の大番頭のような存在であった。

「日本のことは松下に聞け、松下グループのことは髙橋に聞け」

そう評された髙橋荒太郎は、幸之助同様の苦労人である。ここで、彼が松下に入社したいきさつについて触れておこう。

彼は明治三十六年（一九〇三）香川県小豆島に生まれた。幸之助より九歳年下である。地元小学校を成績優秀、品行方正で卒業した後、神戸の衣料品店で奉公をしながら神戸商業補習学校で経理や簿記《ぼき》を学び、英語塾にも通った。

奉公先が店をたたんだため、十七歳の時、電池業界では指折りの老舗《しにせ》である大阪の朝日乾電池に入社。最初は経理の見習社員だったが、すぐ工場長に抜擢され、二十五歳にして常務取締役に栄進した。

そして昭和五、六年の大不況において、驚くべき経営手腕を発揮する。三百八十人の社員を解雇せず、もしもに備えて全員に退職金を前払いし、早期退職者には退職金を二倍払うことにしたのだ。

その上で、彼自身常務の肩書を返上して主任となり、他の社員たちと痛みをともにする覚悟を示した。その結果、半年で三割のコストカットに成功し、会社の危機を救うのである。

（なんとすごい男がおるもんや……）

幸之助はこのことを風の噂で耳にし、髙橋荒太郎という名を胸に刻んだ。

そんな二人の人生が交わったのは昭和十年（一九三五）のことである。乾電池を自社生産していなかった松下電器製作所が朝日乾電池と業務提携し、翌年には、同社を松下グループに加えたためだ。

一説には、幸之助が朝日乾電池を買収したのは、この会社がほしかったのではなく、髙橋荒太郎がほしかったからだ、とも言われている（『論叢 松下幸之助』、前川洋一郎「CSR推進に番頭経営のすすめ」）。

髙橋は、松下電器という会社が確固たる経営理念を持っていることに目を瞠《みは》った。みなそれぞれに目的を持って働いている。朝日乾電池は存分に腕を振るわせてくれたが、日がたつにつれ、何か物足りなさを感じはじめていたところだった。

（人間、働いて出世し、少しましな暮らしができればそれでよいものか？）

その心の空白を、幸之助なら、そして松下電器なら埋めてくれるような気がした。やがて決意を固め、松下電器に転籍する。幸之助が喜んで迎え入れたのは言うまでもない。人材を求める強い〝思い〟が、髙橋のような逸材を引き寄せることになったのだ。

幸之助は、彼をいきなり本社の監査課長に据えた。松下電器の経営戦略を担当する最重要ポストだった。

髙橋はこの時のことを次のように語っている。

「人間、誰でも人生に開眼する時があるが、松下に入ってすぐ私はそれを感じた。いっぺんに自分が救われる思いがした。それまで悩み、試行錯誤を繰り返したことが、ここではすっかり用意されていた。ああ、自分はなんと幸せ者なのか、と。あの時の感激は忘れられない」

一方の幸之助は、

「サラリーマン自身の人生観と勤めた会社の企業観、そして経営者の事業観が一致した時、その人は最も幸せな人やと思うよ」

と語っているが、この言葉は、まさにこの時の髙橋の気持ちを代弁するものと言えるだろう。

その後、髙橋は〝経営理念のテープレコーダ〟〝ミスター経営基本方針〟と呼ばれるほど、幸之助の考えを社内に徹底することに心を砕《くだ》き、松下電器の躍進を支える縁の下の力持ちの役割を果たしていく。

人を見抜く力なくして将に将たる器とは言えないし、大きな器を持っていなければ、井植や髙橋のような優秀な人材を御《ぎょ》することなど到底できない。経営者の器は、その女房役を見ればおのずとわかるものである。

門真への本社移転を二ヵ月後にひかえた昭和八年五月、松下電器製作所は社内組織の抜本的改革に取り組んだ。

ラジオ部門を第一事業部、ランプ・乾電池部門を第二事業部、配線器具・合成樹脂・電熱部門を第三事業部に分割したのである。わが国の経営史上に残る画期的な組織体制である〝事業部制〟の誕生であった。

事業部制の会社というと、スーツ姿の人間がいる職場をイメージするかもしれないが、このころはまだ、入社してすぐ与えられたのが前掛けと厚子《あつし》（柔道着のような厚くて丈夫な木綿地の作業着）という時代であった。

幸之助が、できる限り一人ひとりの社員の能力や仕事ぶりを把握したいと考えていたことはすでに述べた。〝経営者の感情の及ぶ、ほどほどの大きさの企業体〟を理想としていた彼だったが、社員数は千六百人を超え、さすがに全社員の仕事ぶりを頭に入れることはできない。

そこで経営理念を文書にして〝思い〟を徹底する一方、会社全体をまずは三つの事業部に分け、それぞれの事業部のトップ（事業部長）に、自分の代わりに事業部内を把握させることにした。

それだけではない。まるで事業部自体が一つの会社であるかのようにした。研究開発から製造、販売、宣伝にいたるまですべて個別に行い、収益や経費の把握も事業部ごとという徹底ぶり。

そして独立採算制が採用された。独立採算だと、ほかの部門が儲かっているから自分たちは少しくらい赤字でもいいだろうという甘えがなくなる。自分が社長になったつもりでやってみたいという、やる気旺盛な幹部を事業部長にすることで、将来の社長候補に育てることも可能だ。例によって幸之助は、いくつもの効果を狙っていた。

彼は『指導者の条件』の中で次のように述べている。

昭和９年、事業部制について説明する幸之助。松下電器は前年５月、門真への本店移転を機に事業を３分割し、わが国経営史上初となる事業部制を導入した。

「明治の先覚者福沢諭吉は、『独立の気力なき者は、国を思うこと深切《しんせつ》ならず』と喝破《かっぱ》している。独立心なき者が何千人、何万人集まったとて、それはしょせんいわゆる烏《う》合《ごう》の衆《しゅう》にほかならない。国だけではない。会社でも社員に独立心がなければ、同じことである」

ところが彼は事業部制を敷きながらも、経営を完全に事業部長任せにはしなかった。すべて任せてしまうのなら社長などいらない。みこしに乗っているふりをして部下にやる気を出させ、その実、上手に誘導するのがリーダーなのだ。

そうした幸之助の意向を汲み、髙橋荒太郎が心血を注いで作りあげた組織が経理社員制度である。経理とは言っても単なる帳簿《ちょうぼ》係ではない。会社の進むべき道を数字によって示すという意味において〝経営経理〟とでも言うべきものであった。

経理社員は、入社時の面接から別採用のエリート集団であり、幸之助の直属部隊として事業部や子会社へと送り込まれた。事業の施策立案は事業部長が行うのだが、経理社員はそれに対する拒否権を持っていたから権限は絶大である。

独立した組織としての事業部をつくりながらも、その陰で中央集権的な経理社員をつくっておく。任して任さずということなのだろう。畢竟《ひっきょう》それが経営というものなのかもしれない。

経理社員は幸之助の指示によって動いている間はうまく機能していたが、残念なことに彼が世を去ってからは、官僚的な組織と堕《だ》して会社の足を引っ張りはじめる。やはりこの組織も〝日に新た〟であらねばならなかったのだ。

おそらく企業の朝礼というものをわが国で最初に行ったのも幸之助であろう。彼は事業部制の導入と前後して、朝会《ちょうかい》、夕会《ゆうかい》を全社で制度化した。それは肥大化した組織の求心力を維持しようという試みの一環だった。

従来の「綱領と信条」に加え、昭和八年七月、「松下電器製作所の遵奉《じゅんぽう》すべき五精神」が制定されたのも狙いは同じだ。

産業報国の精神、公明正大の精神、和親一致の精神、力闘向上の精神、礼節を尽すの精神の五つを掲げ、それぞれに関して説明が付された。

朝会では社歌が斉唱された後、この〝五精神〟が唱和され、幸之助が訓話を述べた。

「経営者、指導者の人はまず初めに言葉をもたなくてはならない。言い替えれば、一つの発想をし、目標を皆に示すということである。後の具体的なことは皆に考えてもらえばいい」

と語った幸之助は、リーダーはメッセージ力を持つべきで、そのためには言葉に力を持たせないといけないと考えていた。

ところが、彼は自分が話が上手でないことを知っていた。だからこそ、毎朝社員に語りかけることによって、うまく話せるようになるよう練習したのだ。

朝礼を始めてからというもの、彼のスピーチはみるみる上達していった。

やるからには最大の効果を狙うのが幸之助流だ。彼は訓話の内容をまとめる役を置いた。しかも二人。彼らのメモを突き合わせれば、抜けているところがなくなって話した内容を完全に再現できる。そして、それを社内に回覧した。

これは後に『社主一日一話』としてまとめられる。話は時に聞き逃したりもするが、文章にすれば繰り返し読める。印象はより深く、多くの人に伝えることができるというわけだ。

昭和九年（一九三四）九月二十一日、わが国風水害史上に残る室戸《むろと》台風が大阪に上陸する。

あまりの風速に、秒速六十キロを計測したところで室戸岬測候所《そっこう》の風速計が故障してしまい、正確な最大瞬間風速が計測されなかったという大型台風だ。高知県室戸岬に上陸後、大阪を直撃し、四メートルというそれまで考えられなかった高潮《たかしお》が大阪湾に発生し、死者二千七百人を超える被害を出した。

新築なった松下電器の門真工場も、本社一部損壊、乾電池工場全壊、配線器具工場全壊と、大きな被害を受けた。

ちょうどこの時むめのが後述する深刻な事情により入院していたため、幸之助は彼女を病床に見舞った後、その足で急ぎ工場へと駆けつけた。

「ごくろうさんです。ほんま、えらいことになりましたわ……」

現場では、全壊した配線器具工場の工場長だった後藤清一が出迎えてくれたが、剛毅《ごうき》な性格の後藤もさすがに肩を落としている。

この時、幸之助の手には扇子《せんす》が握られていた。後藤の案内で被害状況を視察して回っている間、それが縦になったり横になったりして、大きな衝撃を受けていることが周囲の人間にもひしひしと伝わってくる。

しかし一通り視察を終えると、幸之助はその扇子をぐっと握りしめ、後藤が終生忘れられなかった言葉を口にする。

「後藤君なあ、こけたら立たなあかんねん」

起きてしまったことを今さらとやかく言っても仕方ない。彼の思考は回り道することなく、最短距離で結論を導いたのだ。

そして自社工場が倒壊しているにもかかわらず、すぐ被害のあった得意先に見舞金を出すよう指示した。後藤にはこの時の幸之助が、とてつもなく大きく見えたという。

それだけではない。実は後藤も知らなかった裏話があった。

この少し前、むめのが子宮外妊娠してしまっていたのだ。大出血を起こし、すぐに入院して手術することになったが、室戸台風が来たのは手術の翌日のことだった（『ＰＨＰビジネスレビュー　松下幸之助塾』二〇一二年九・十月号、松下幸子「父・松下幸之助の素顔』)。

跡取り息子を望んでいた幸之助にとって、それがいかに辛いものだったかは想像に余りある。実際、これがむめの最後の妊娠となった。

だが幸之助は、被害状況視察の場でも心の動揺を外に出さなかった。危機にこそ、リーダーの器が試されるのである。

「苦しむこともよろしいと思うんです。苦しまねばならんと思います。しかしその最後に、それに堕してしまってはならない、苦しさだけに堕してしまってはならない。そこでやはり何らかの境地をひらいて、そしてもう一ぺん立ち上がらないといかん」(『松下幸之助発言集　第6巻』)

幸之助が世間に対して強く訴えたものの一つに、正価《せいか》販売という考え方があった。安易に値引きした後藤清一を、気を失わせるほど怒ったのは先述した通りである。商品開発に命を込めていたからこそ、意味もなく安く売ることに抵抗を示したのだ。

昭和十年(一九三五)六月二十八日、彼は業界紙の記者たちを中央電気倶楽部に集め、七月一日から正価販売を実施すると発表した。松下電器の製品を全国一律の価格で売るという宣言であった。これで値引き交渉に費やす無駄な時間と体力はなくなり、販売効率を向上させることができる。定価でなく〝正価〟という言葉を使ったのは、正当な値段だという思いを込めてのことであった。

だがそれは、値下げ販売に慣れた小売店にとって受け入れにくいものであり、案の定、強い反発が出た。

昭和十一年（一九三六）、松下は電球の製造販売を開始するが、この時も彼は販売価格にこだわりを見せた。市場シェアの七十％は東京電気のマツダランプが占めている。

「三十五銭のマツダランプより十銭は下げないと売れませんよ」

販売店は口々にそう言った。常識的な話だろう。

だが幸之助は、

（ここは歯を食いしばって、同じ三十五銭で売らなあかん）

と心に決めていた。そこで販売店に向かって、

「松下電器を育てるつもりで、どうか三十五銭で売ってください。この価格で売ってくださらんとメーカーは育ちまへん」

と、切々と訴えた。

（そんな無茶な……）

顔をしかめる販売店主の顔が浮かんできそうな話である。

松下といえば、先行する製品を改良して安く売りだし一気にシェアを拡大していくというイメージがあるが、一概にそうとばかりは言えない。まさにラジオの時がそうだが、彼は時と場合に応じて多彩な戦略を使い分けた。結果として、この時の作戦も功を奏し、松下電器の電球はマツダランプと肩を並べるまでに販売数を伸ばしていくのである。

正価販売に対する小売店の理解を求めるため、『繁栄への近道』というパンフレットを配ったりしたが、依然として反対は根強い。

幸之助は、こうだと決めた時は実に頑固である。それならこの考え方に賛成してくれる小売店だけで売ってもらおうと、昭和十年十一月、連盟店制度をはじめることにした。その後、戦争をはさみ、昭和三十二年（一九五七）十一月にはナショナル・ショップとして再編成される。

この制度は代理店間の過当競争を防ぐことにもつながり、松下電器にとって大きな財産となった。松下電器の専売店以外まで含めると、ピーク時には全国に二万七千店舗を数えたという。平成二十五年（二〇一三）十一月末現在で全国の郵便局数が二万四二二八であるのと比較しても、驚異的な数であることがわかる。

東京電気や日立なども同様の系列小売店を持っていたが、組織力と忠誠心の強さにおいてナショナル・ショップは頭一つ抜きんでたものがあった。

彼らと松下電器の間には何の資本関係もなかったが、店に立てるのぼりからチラシの類《たぐい》まで一切の面倒を松下が見、広告も松下が行い、ボーナスシーズンのようなかき入れ時には、松下本社から営業部隊が応援に駆けつけた。至れり尽くせりである。

連盟店制度は販売制度の革新だったが、一方で〈松下が現実に行おうとしていたのは「統制」に、つまりはメーカーによる流通の統制にほかならなかった〉（福田和也『滴みちる刻きたれば』）という側面も確かにあった。

実際、社会の成熟とともに軋轢《あつれき》を生んでいくことになり、消費者の味方としてはなばなしく登場したダイエー・中内功《いさお》の巻き起こした流通革命によって、価格の決定権は再びメーカーから小売店へと移っていく。

だがそれは、連盟店制度ができてから三十年以上経過してからの話であり、一つのビジネスモデルが三十年も機能したというのは十分画期的なことだと言えるだろう。

成功した企業家としてすでに社会的に認知されていた幸之助には、同じような立場の友人の輪ができていた。江崎グリコ創業者の江崎《えざき》利一《りいち》との出会いもその一つだ。

昭和八年ごろ、朝日新聞社広告部がスポンサーを熱海に招待した折、幸之助は江崎とたまたま相部屋になった。歳《とし》は江崎のほうが一回り上の午年《うまどし》だったが不思議とウマが合い、意気投合する。

二人は互いの友人を誘って食事を一緒にするようになり、その集まりに〝文《もん》なし会〟という名をつけた。一文なしから事業を立ち上げた仲間という意味である。

サントリー創業者の鳥井信治郎、中山製鋼所の中山悦治、寿工業の常田健次郎、日本一の帽子会社であった堀抜帽子の堀抜義太郎といった面々が輪に加わり、一ヵ月か二ヵ月に一回、宗右衛門町《そうえもんちょう》の大和屋《やまとや》や高麗橋《こうらいばし》の吉兆《きっちょう》などに集まって親睦《しんぼく》を深めた。

幸之助は四十歳と働き盛りで仕事も順風満帆《まんぱん》である。体調は仕事ほど調子良くなかったが、なかなかの遊び上手で、興《きょう》が乗ると黒田節を舞ったりもしたという。

昭和十年十二月、株式会社組織にするのを機に、社名をこれまでの松下電器製作所から松下電器産業株式会社へと改称した。その後、平成二十年（二〇〇八）十月一日にパナソニック株式会社となるまでの七十三年間、この社名が使われることとなる。

このとき、店員養成所も社員養成所と名称変更されているが、店員から社員へと呼び方が正式に変更されたのは、昭和十三年十二月十二日付の社主達示によってである。同時に社内向け基本内規を制定したが、特筆すべきはその第十五条であった。

〈松下電器が将来如何に大をなすとも常に一商人なりとの観念を忘れず、従業員またその店員たることを自覚して、質実謙譲を旨として業務に処すること〉

まるで現在のパナソニックに対する遺言のようにさえ思える一条である。〝常に一商人なりとの観念を忘れず〟という言葉に込められた思いは深く、かつ重い。成功者は基本を忘れがちである。成功しても、成功し続けることは難しい。それは、成功してもなお謙虚であり続けることほど難しいことはないからだ。

最近、技術者の中には営業マンを下に見る者もいるそうだが、とんでもない間違いだ。儲けるのは営業の仕事だなどと思ってしまっては、売れる製品など作れはしないし、お客の心に耳を傾けることもできなくなってしまう。

社員一人ひとりがみな自分は〝一商人〟なのだという自覚を持たねば会社は強くならない。彼は当時の社員のみならず、時を超えて将来の社員たちに向かって諭《さと》しているのである。

幸之助の出した社主達示には、味のある文章が多い。

なかでも彼の製品に対する考え方のよくわかるのが、昭和十七年（一九四二）十月三十日の社主達示として出された「製品劣化に関する注意」の冒頭の一節である。

〈製品には親切味、情味、奥床《おくゆか》しさ、ゆとりの多分に含まれたるものを製出し、需要者に喜ばれることを根本的の信念とすること〉

製品の条件として、〝親切味、情味、奥床しさ、ゆとり〟を挙げるメーカーなど聞いたことがない。だがここにこそ、松下電器が消費者の心に届く製品を作り続けてこられた秘密があるのではないだろうか。

「経営において大切なことは、ひとつ手を打ったら、すぐ次の手を打たんといかんということやな」（江口克彦『心はいつもここにある』）

と語った幸之助は、事業部制の導入がうまくいったと確信するや、自己責任体制をさらに徹底するべく、事業組織をいくつもの独立した会社に分ける組織改正を行った。

いわゆる〝分社化〟である。より独立採算を徹底したのだ。

研究部、総務部のみを本社機能として残し、第一事業部が松下無線、第二事業部が松下乾電池、第三事業部が松下電器、第四事業部は松下電熱、輸出部は松下電器貿易というように独立組織とし、松下電器産業株式会社はそれらを統括する親会社

（持株会社）となった。幸之助は松下電器産業の社長、専務が井植歳男である。

その後も幸之助は、昭和十九年（一九四四）の製造所制、昭和二十四年（一九四九）の工場制、昭和二十五年（一九五〇）の職能別事業部制、昭和二十九年（一九五四）の事業本部制など、幾度となく会社組織を見直し、作りかえた。それは会社の生き残りを賭けた試行錯誤のあとにほかならない。

こうした幸之助の行動の根底にあるのが、例の〝日に新た〟という考え方である。

以前の「綱領と信条」の精神は、時代の流れとともによりわかりやすく説明されるようになり、経営理念の柱は〝お客さま第一〟〝日に新た〟〝企業は社会の公器である〟の三つだと認識されて今に至っている。

なかでも注目するべきは、この〝日に新た〟だ。今風に言えばイノベーション（経営革新）ということになるだろう。変わり続けなければ生き残れないという強烈なメッセージがそこにはある。

昭和五十九年（一九八四）、日経ビジネス編集の『会社の寿命――盛者必衰の理《ことわり》』（日本経済新聞社）という本がベストセラーになったことがある。そこで語られたのが、企業の寿命三十年説というものであった。技術革新のスピードが格段に上がっている昨今では、企業の平均寿命はさらに短くなっているはずである。

松下電器が企業の平均寿命をはるかに超えて生き残っていけたのは、時代の要請をいちはやくキャッチしながら、組織だけでなく、主力商品やビジネスモデルを機動的に変えていき、〝日に新た〟であり続けたからこそだと思うのである。

組織だって同様だ。組織を変えて、また変えて、結局以前とほとんど同じ組織に戻ったとしても、それは無意味なことではない。いくら効率的な組織でも、同じであることは人心を弛緩《しかん》させ、やがて生産力を低下させる。永遠に効率的であり続ける組織の理想形などありはしない。すべては〝日に新た〟であるべきなのだ。

戦時下の松下電器

昭和六年（一九三一）九月に満州事変が勃発《ぼっぱつ》すると、一気に戦時色が濃くなり、刻一刻と緊迫の度を加えていった。

当時の松下電器には、民需、軍需の両方を支える企業として、国家から大きな期待が寄せられていた。戦争という非常時に傍観《ぼうかん》者でいることなどありえない。昭和十二年（一九三七）七月七日、盧溝橋《ろこうきょう》事件が勃発して日中戦争がはじまると、松下電器も本格的な戦時体制へと突入した。

戦地に向かう社員には歓送会を行って餞別《せんべつ》を贈り、妻帯者には給料の全額、独身者には半額を支給。入営後には慰問袋《いもんぶくろ》を発送し、留守家族に対しては慰問訪問を実施するなど、きめ細かい対応を行った。

女性社員たちは終業後、阪急百貨店の前に並んで千人針を求め、社内旅行用の積立金を出征者家族に贈る部署もあった。幸之助自身、軍用機献納のために一万円を献金している。現在価値にして四千万円ほどになるだろう。

そんなあわただしい中ではあったが、昭和十三年（一九三八）、幸之助は高野山に慰霊塔を建立し、同年九月、第一回物故《ぶっこ》従業員慰霊法要を営んだ。こうしたことを企業として行うことはほとんどなかったころの話である。

幸之助は物故者の名前を一人ずつ読みあげ、彼らに語りかけるようにして話しはじめた。

「松下が今日あるは、あなたがたの尽力によるものです。しかるに、今のこの松下電器の繁栄を見てもらえないとは……残念や……」

苦楽をともにしてくれたベテラン工員たちのありし日の姿がまざまざとよみがえってくる。彼らには苦労ばかりかけてしまったという、せつなくも激しい感情が湧《わ》きあがってきて彼を押し流した。

その場に居合わせた幹部たちもおおかた予想はしていたが、果たして挨拶の途中ですすりあげ、絶句し、しまいには号泣しはじめた。この物故従業員慰霊法要は、その後、毎年の恒例行事となる。

このころ幸之助は、肋膜《ろくまく》の間に空気がたまる自然気胸《ききょう》に罹《かか》っていた。抗生物質のない時代だけに八割がた死ぬといわれた危険な病気だったが、わずか二ヵ月で治

高野山に建立された松下電器の物故従業員慰霊塔の前に立つ幸之助(後ろから2列目右端)。戦時色が濃くなった昭和13年9月に始まった慰霊法要は、その後、毎年の恒例行事となった。

り、医者を驚かせた。ただ予後が悪く、戦争の間、ほとんど病床を出られない状態が続くことになる。

こういう時こそ自分がやらねばと、責任感の強い井植歳男は幸之助に代わって飛び回り、八面六臂《はちめんろっぴ》の活躍を見せた。

海外の事情に通じていなかった幸之助は、米英の国力が如何ほどかという具体的イメージを持たず、日本が焦土になることなど予想もしていなかったようだ。その証拠に、盧溝橋事件が起こった昭和十二年、兵庫県西宮市夙《しゅく》川《がわ》で自宅の新築をはじめている。

幸之助は転居好きで、幸子が覚えているだけでも二十回ほど引っ越したというが、この時は三百年後まで文化財として残る家を建てようと勢い込んでいた。

図面を自ら引き、材木も自ら選んで買ってくるという力の入れようで、二年後にようやく完成した。当初予算の二十万円をはるかに超える六十万円の巨費をかけた大豪邸である。現在の貨幣価値に直すと二十四億円ほどかかったことになる。幸之助が四十二歳の時のことであった。

光雲荘と名づけられた敷地二千坪の広壮なこの屋敷は、幸運にも戦火を免れた。危ないところだった。

だが彼の転居好きは収まらず、光雲荘は昭和二十五年（一九五〇）に松下電器の管理物件となり、その後は北へ五分ほど歩いたところの名次庵《なつぎあん》という屋敷に住むようになる。

ところで光雲荘には、大阪の名門・府立夕陽丘高女を卒業したばかりの長女幸子と、将来の伴侶《はんりよ》のための部屋が用意されていた。松下家を継がせるため、養子を迎えようとしていた彼は準備万端整えていたのである。

そうこうするうち縁談が舞い込んできて、奈良県知事の仲立ちで見合いをしたところ、うまく話がまとまった。相手は平田伯爵家の次男・平田正治《まさはる》である。大正元年（一九一二）生まれで当時二十九歳。幸子は二十歳だった。

平田正治の祖父は、明治政府を支えた実力政治家・平田東助《とうすけ》である。第一次桂太郎内閣の農商務大臣、第二次桂内閣の内務大臣を歴任して伯爵を授爵し、しばしば首相候補としても取りざたされた。

この平田東助の嫡男が日本画家でもある平田栄二伯爵であり、彼の次男が平田正治であった。母親の実家は前田侯爵家というサラブレッドだ。東京帝国大学法学部を卒業後、三井銀行に勤めていた。学生時代にはボートの選手をしていたというスポーツマンである。


昭和十五年（一九四〇）、東京と大阪の二ヵ所で披露宴が行われた。

東京での披露宴には、平田家からは三井家当主の三井八郎右衛門、前田伯爵家の前田俊成らが出席。松下家側来賓は、東京会場では同郷の海軍大将・野村吉三郎（学習院院長、外務大臣、開戦時の駐米大使）と荒木貞夫陸軍大将が陸海軍それぞれの凛々《りり》しい正装姿で居並んだ。

一方、大阪で行われた披露宴では関西財界の重鎮が勢ぞろいし、幸子の指には紀元二千六百年と彫られた見事なダイヤの指輪が光っていた。

幸之助は婿《むこ》の正治を甘やかさなかった。むしろ周囲が驚くほど厳しく接し、帝王学を学ばせようとした。

イワから四十七柱の位牌を譲られた日から、幸之助の意識の中で松下家というものが大きな位置を占めている。早くに世を去った両親と七人の兄姉の分まで家を栄えさせたいという思いは、彼の念頭から一日たりとも離れたことはない。それが、正治に対する厳しい指導となって現れたのだ。

後継者と思えばこその愛の鞭《むち》であったが、正治は、

「松下家に養子に入ってから、心休まる日は一日たりとてなかった」

と後年述懐している。大変な気苦労だったに違いない。

健康に不安のある幸之助は、一日も早く正治にあとを継いでもらって引退したかった。昭和十九年（一九四四）の誕生日が来れば満五十歳になる。井植歳男が大番頭として采配《さいはい》を振ってくれるかぎり何の心配もない。〝陽洲〟という隠居後の雅号まで考えてあったのだが、思いどおりにはいかなかった。正治を病魔が襲うのである。

昭和十六年（一九四一）、井植歳男の弟の薫は、単身上海に渡って上海松下電業を設立し、南京、漢口に工場を建設するなど積極的に海外事業を展開していた。海外での事業展開のノウハウを学ばせるべく正治を上海に派遣し、薫の家に同居させたところまではよかったのだが、ここで運悪く結核を発病してしまうのである。療養生活を余儀なくされ、完治するのに二年かかった。戦時色が濃くなってきたこともあり、とても引退どころではなくなってしまうのである。

昭和十六年十二月八日の真珠湾攻撃によって、日本は米英と交戦状態に入った。松下電器は、航空機用無線機や方向探知機、照準機など、本格的な軍需への対応を迫られる一方、電気ストーブや扇風機といった民需製品の多くは、ぜいたく品だということで生産中止となった。

そしていよいよ戦況が逼迫《ひっぱく》してくると、なんと電気製品ではなく船の建造を命じられるのである。南方諸島を占領して以降、物資輸送に必要な船舶が極度に不足していた。その方面の技術はまったく持ちあわせていなかったが、非常時にそんなことなど言っていられない。

昭和十八年（一九四三）四月、松下造船株式会社を設立すると、二百五十トンクラスの小型木造船を建造しはじめた。

松下造船の社長に就任した井植歳男は、このときの心境について、

「考えてみると大きさこそ違え、ラジオのキャビネットは木でこしらえる。船もやってできないことはあるまい。そう思って私は引き受けた」（井植歳男『私の履歴書』）

と述懐している。

井植は早速、郷里の淡路島から船大工を連れてきて、ラジオならぬ船舶組み立て

の流れ作業が始まった。海岸に敷いたレールの上をすべらせながら順に仕上げていくのである。第一の工程が終わるとレールの上をすべって第二の工程に入り、最後の工程を終わればそのまま進水というわけだ。

堺工場では八工程によって一日一隻、能代《のしろ》工場では十一工程で一日二隻の建造を目指した。物資不足が足を引っ張ったため、実際には予定どおりには進まなかったが、それでも画期的な工法だと軍部でも話題になった。

記念すべき第一号船の進水式前日。井植歳男は、

「おもろいもん見せたろ」

と言って、当時小学校六年生だった息子の敏《さとし》を、堺市三宝浜にあった松下造船の工場へと連れて行った。進水式に連れて行くわけにはいかないが、せめて前日にその現場を見せてやりたいと思ったのだ。家に帰れない日も多く、めったに遊んでやれない罪滅ぼしのつもりだった。

進水式には高松宮様以下、二千人の政府・軍関係者が参列する上、ラジオの実況中継も予定されている。

「失敗したら切腹もんやな」

歳男は、敏のほうを横目で見ながらそう言って笑った。

ところが、そんな彼を青ざめさせる緊急事態が発生する。予行演習をしておこう

昭和18年12月、松下造船が建造した木造船の進水式。船舶組み立てに流れ作業を導入した画期的な工法が軍部でも話題になった。大阪・堺市三宝浜。

と進水レールに台車をのせて走らせてみたところ、海中でひっかかり動かなくなってしまったのだ。

「誰か様子を見てみい！」

そう歳男が叫んだが、

（冗談やろ……）

と誰もが思った。

時あたかも厳寒の十二月。岸壁に立っているだけでも鼻水がたれてくる寒さである。思わずみな顔を見合わせたその時、いきなり歳男が服を脱いで海の中にざぶざぶと入っていった。

「あ、社長っ！」

ここまでされて、黙って見ているわけにはいかない。ほかの社員たちもあとに続いた。

調べたところ、レールにずれのあることがわかり、夜を徹して修理した結果、何とか無事、翌日の進水式を迎えることができた。

「男は男らしくせんとあかん!」

日ごろ歳男はよく敏にそう言っていたというが、万言《まんげん》を費やすよりも、この光景が何よりの教育になったはずだ。

後に歳男を継いで三洋電機の社長となった敏は、勇気ある父親の行動を誇らしげに回想しながら、

「私は感動しても震《ふる》えることをはじめて知った」

と語っている。


そうこうするうち、今度は軍部から飛行機を作ってくれないかという話が舞い込んできた。特攻の生みの親として知られる海軍の大西瀧治郎《おおにしたきじろう》中将から大阪の海軍監督部に呼び出され、こう言われたのだ。

「エンジンは三菱に作らせるから、君たちには機体を作ってもらいたい。三菱、中島、川西ではジュラルミンで作っているが、ジュラルミンが不足してきているから、ジュラルミンを使わずに飛行機を作る方法を考えてほしい」

当時、ジュラルミンほど軽量な金属はほかにない。ということは結局、木製の機

昭和20年1月、松下飛行機が製造した木造飛行機の進空式で。右端が幸之助。盾津飛行場(現・東大阪市)。

体を作る、ということを意味していた。

松下造船に続いて松下飛行機株式会社を設立すると、早速、製作にとりかかった。

木ネジさえ不足しがちな状態の中、一年と数ヵ月かかったが、ようやく第一号木製飛行機を完成させる。九七式艦攻機(艦上攻撃機)を原型とした水際《みずぎわ》戦用の哨戒《しょうかい》兼攻撃機で「明星《みょうじょう》」と命名され、すでに敗色濃い昭和二十年(一九四五)一月三十一日に進空式を行った。

大西中将は、

「時速三百五十キロ出る機体を月産二百機作ってくれ」

と言ってきたが、残念ながら物資不

足もあって思うに任せない。結局、終戦までに作られたのは三機にすぎなかった。

昭和十六年十一月に国民勤労報国協力令が公布されて勤労奉仕が義務化されると、松下各社にも学徒や女子挺身隊《ていしんたい》、徴用者が動員されるようになり、一万五千人の雇用者とあわせて二万六千人あまりが働くようになった。

やがて空襲がはじまり、大阪市内にあった電球工場と朝日乾電池の工場が焼失。門真本社の建物に機銃掃射《そうしゃ》の流れ弾が当たったりもしたが、工場の多くが郊外にあったことが幸いし、損害は比較的軽微ですんだ。ただマニラ工場で、女性社員三名を含む十八名の派遣社員のうち十五名が米軍のフィリピン侵攻作戦の犠牲となったのは痛恨事であった。

そうする間にも、出征中の社員の戦死の報せが次々に入ってくる。社員を愛する気持ちのことのほか深い幸之助にとって、それは身を切られる思いであった。

戦後、彼は、

「日本がすぐ降伏することなく長い間戦い続けたからこそ、アジアの多くの国が植民地支配から脱することができたんや。彼らの死は決して犬死になんかやない」

と語っている。当時にあってそれは相当勇気ある発言だったが、多くの可能性と将来への夢を持ちながら戦場の露《つゆ》と消えていった年若い社員たちのことを思えば、そう言わずにはおれなかったのだ。

門真本社では来《きた》るべき本土決戦に向けて数百本の竹槍が用意され、四条工場ではトンネル式の工場を建設することまで計画されていたが、そうした努力もむなしく、ついに終戦の日を迎えることとなった。

GHQとの戦い

昭和二十年（一九四五）八月十五日正午、〝重大放送〟があることをあらかじめ知らされていたことから、幸之助以下、専務の井植歳男、常務の亀山武雄、髙橋荒太郎、人事部長の井植祐郎、監査役の松下正治といった幹部社員全員が門真本社の講堂に集まった。全員丸坊主に国民服姿である。

夕涼みに使うような縁台が運び込まれ、その上にラジオが置かれた。スイッチを入れると、しんと静まり返った講堂に正午の時報に続いて君が代のメロディーが流れ、昭和天皇の肉声が聞こえてきた。

天皇陛下の写真は見慣れていても、みなその声は生まれてはじめて聞くものである。思わず緊張が走ったが、それが国民に終戦を告げる放送だとわかった瞬間、全身から力が抜け、幸之助もしばらくは顔をあげることができなかった。講堂内は重苦しい沈黙に包まれ、会社に常駐していた憲兵が声をあげて泣いていた。

その日の夜、幸之助は一睡もできなかった。室戸台風の被害などとはわけが違う。一晩寝ずに考え、腹をくくった。

（もともと家電製品は平和産業なんや。もう一回原点に戻って出直すしかないやないか）

その翌日、再び幹部社員を本社講堂に集めると、緊急経営方針発表会を開いた。そして全社に向けて、

「これからわが社はただちに民需産業という本来の姿に戻る。全員一丸となって荒廃した国土の再建に一刻も早く取り組もう」

と宣言した。ぐずぐずしている暇はない。幸之助の力強い言葉に、虚脱《きょだつ》状態だった幹部たちも気を取り直して立ちあがった。

ラジオ受信機や配電部品の生産も再開された。松下造船は流れ作業で作るものを切り替え、大八車のほか、復興用の簡易住宅の生産をはじめた。

こんな時だからこそ、社内の規律だけは緩まないようにしようと心に誓った。

そんな矢先の昭和二十一年（一九四六）一月四日、たまたまこの日は西宮の自宅から電車で大阪に出かけ、そこで会社の車に乗りかえて出社する手はずになっていたのだが、いくら待っても車が来ない。痺《しび》れを切らして電車に乗ろうとしたころ、ようやく到着した。完全に遅刻である。

この時、幸之助は運転手とその上司、および責任者八人を減給処分とし、自らも、一ヵ月分の給料を丸々返上した。たかが一日遅刻しただけで、しかも自分のミスではないのだが、一罰百戒、厳しい処分で社内を引き締めたのだ。

初心に返って戦後の再スタートを切ろうとしていた幸之助に死角はないはずであった。ところが思いもしない陥穽《かんせい》が待ち構えていたのである。

GHQ（連合国総司令部）は日本に二度と戦争を起こさせないため、産業を骨抜きにして立ちあがれなくしようと考えていた。そして最初に着手したのが財閥解体である。三菱、三井、住友、安田の四大財閥は本社解体を命じられた。

幸之助は自分が財閥だなどとは思ったことがないだけに、三菱や三井などに起こっていることは関係がないと考えていた。すでにGHQからストーブや電熱器などの大量発注を受けていたことから、

（われわれは戦後復興のために必要な会社として頼りにされている）

とさえ思っていたのである。ところが、これは大きな見込み違いであった。やがてGHQの矛先は、松下電器と松下家に向いてくるのである。

まず手始めに、昭和二十一年三月十四日、松下電器産業本社と松下金属、松下造船など、関係会社三十二社が制限会社の指定を受けた。将来解体する企業を指定し

て当面の解散や資産処分を制限したのである。資産の隠蔽《いんぺい》を防ぐ目的であった。

終戦直後、松下電器には資材のストックがあったから、それらを民需に回して生活必需品を作れば国民は大変助かるはずであった。そう思っていた矢先に資材が凍結されたのは本当に悔しかった。

そして同年六月、三井、三菱、安田、住友、鮎川、浅野、古河、川崎、中島、野村、大河内、大倉、渋沢の十三家とともに、松下家もまた〝財閥家族〟の指定を受け、資産を凍結されてしまうのである。

財閥家族の指定とは、財閥本家やその代理人の財産の売却や贈与等を禁止するもので、日常の少額の支出についても許可を要する。

（わしが財閥やなんてとんでもない！）

十三家の家長はみな財閥企業の社長の座を退いたが、幸之助は拒んだ。どうしても納得がいかなかったからである。すぐさま異議を申し立てた。

折衝《せっしょう》にあたってくれたのは、当時常務だった髙橋荒太郎である。髙橋は甲子園にも出場した自慢の弟をビルマ戦線で失っていた。傷心の彼は弟のためにも、祖国の復興を妨げるＧＨＱに対し敢然と戦いを挑んでいくのである。

そして提出書類の翻訳とＧＨＱとの間の通訳を担当してくれたのがカール・スク

リーバ（Karl Scriba）である。

父親がドイツ人で母親が日本人という彼は、南カリフォルニア大学に学んだ秀才であった。昭和十年（一九三五）に松下電器貿易に入社。誠実で温厚な人柄は誰からも愛され、輸入部長、輸出部長を歴任する。幸之助も親しみを込めて〝スクさん〟と呼び、海外の客と会う時はいつも通訳を任せていた。

戦争がはじまると、同盟国であるドイツ国籍の彼は問題なかったのだが、アメリカ留学時代に知り合って結婚した妻のポーリーンがアメリカ人だったため、特高警察の監視下に置かれ、苛酷《かこく》な日々を過ごした。

いつ解雇されても文句の言えない立場だったが、幸之助は、

「スクさんが何か悪いことしたか？　何もしてへんのに解雇する理由なんてあるわけないやろ」

と言ってかばい続けた。

いつの日か幸之助に恩返ししたいと思っていたカールは、GHQに提出する膨大な説明資料の翻訳に精力的に取り組んでくれた。彼が翻訳した調査書は五千ページにも上る。当然のことながら完璧な英語で、GHQ内でも評判であった。

GHQは高圧的である。こちらの都合などおかまいなしに、

「何月何日の何時までに〇〇の書類を用意して出頭せよ」

昭和38年４月、幸之助とともに海外からの来賓、オランダのベアトリックス王女を迎えるカール・スクリーバ（右から２人目）。幸之助の公職追放指定解除のために髙橋荒太郎とともに尽力した。

と電話で一方的に命じてくる。

東京からの電話と聞くと、幸之助と高橋が同時にびくっとして顔を見合わせる日々が続いた。

出頭する際は、大阪の湊町《みなとまち》駅始発の汽車でまず名古屋まで行く。その日は名古屋で一泊。翌朝四時、再び始発に乗って東京へと向かう。当時は急行もなければ一等と二等の区別もない。

行きはＧＨＱが〝呼び出し証明書〟を送ってきてくれるので座れるのだが、帰りはないので、時には立ちっぱなしになる。ヤミ物資をかついだ復員兵姿の男たちが放つすえた臭いをかぎながら、幸之助と高橋は暗い顔で車窓の外の暗闇を眺めていた。

ＧＨＱは彼らの常識でしかものを考え

ない。松下家の財産目録を提出したところ、

「他の財閥のボスはみんな別荘を持っているのに、なぜ松下は持っていないのか？」

と尋ねてきた。

「松下は、個人の財産を全部事業につぎ込んでここまできたのです」

髙橋は事実をありのままに答えたが、ＧＨＱは納得しない。彼らの常識からすれば、経営危機でもないのに自分の財産を会社につぎ込むようなことをする経営者などありえないからだ。

一事が万事である。指定解除への道は険しかった。

そして戦後、活発になってきたのが労働組合運動である。

労働者と経営の対立からは何も生まれないというのが幸之助の信念であったが、日本全体が急速に左傾化していたこの当時、そうした考え方が受け入れられるはずもない。

やがて松下電器にも組合が結成されることになり、昭和二十一年一月三十日、社会党代議士加藤勘十（芦田内閣の労働大臣）を来賓として迎え、大阪中之島の中央公会堂で松下産業労働組合の結成大会が開かれることとなった。

議案は進み、給与の二・五倍増額、特別休暇の復活、厚生本部の腐敗追及、反民主主義的幹部の退陣、といった要求項目が次々と可決されていく。そして、いよいよ役員人事を決定するという段になって、突然会場内にどよめきが起こった。会場に幸之助が姿を現したからである。

実は最初から組合員に交じって二階席に陣取っていたのだ。会場の様子をじっと見ていた彼は、そろそろ挨拶をさせてもらうのにいいころ合いだと思い、一階席に降りてきたというわけだった。

対峙《たいじ》するべき経営者がのこのこ出てくるという事態に、会場内は騒然となった。労働組合史上空前絶後の珍事である。他社では、組合結成は即、社長排斥《はいせき》運動に直結していた。不敵というか、非常識というか。誰もこのような事態を予期してはいない。

しかたなく幹部の一人がマイクを握り、

「ただ今、社主が挨拶をさせてほしいと言ってきておられますが、お受けしますか？」

という、いささか間の抜けた質問を会場に投げかけた。

案の定、

「やめとけ！」

というヤジが飛んだが、不思議なことに、
「聞いたれ！」
という物わかりのいいヤジがそれを圧倒した。そこで組合幹部は、幸之助の登壇を認めることにした。

幸之助は指名を受けながらも、心中寂しい思いをかみしめていた。会社にいる者が組織を作るのなら社長が祝辞を述べるのは当たり前やないか、というのが彼の考えであり、挨拶させるかどうか相談している彼らの様子に大きなショックを受けていたのである。

だが気を取り直して演壇に上がると、いつに変わらぬ調子で話しはじめた。
「今日ここに松下産業労働組合が結成されたことは慶賀《けいが》にたえません。このことによって、わが社の経営に拍車がかけられると信ずるものであります。これを期して、全員一致して真理に立脚した経営を行って参りたいと思います」

組合員たちも、終戦からこのかた、幸之助がいかに苦しい日々を送ってきたかを知っている。それだけに、その言葉の重みが、それまで飛んでいた冷やかし半分のヤジを封じた。空気が変わった。

彼はこんな時に大演説をぶつほど無粋《ぶすい》な男ではない。挨拶はものの三分ほどで終

昭和21年10月、門真の松下電器本社修養室で労働協約に調印する幸之助（手前左）。

わったが、最後にこう付け加えることを忘れなかった。

「みなさんの要求は、正しい要求ならすべて聞こう。そやけど無理な要求は聞くわけにはいかん」

彼はそこで挨拶を終わり、深々と一礼した。会場内はしんとしたままである。だが次の瞬間、彼の耳に届いたのは公会堂全体を揺るがすほどの拍手の嵐《あらし》であった。

組合員とはいえ、松下電器が好きで働いている社員たちである。労働組合の結成大会に堂々と出席するような度胸のすわった、そして媚《こ》びることをしない社主を、心から誇らしく思ったのだ。

幸之助はその拍手を全身で受け止めながら、彼らとまだ〝思い〟を共有していることを知って胸が熱くなった。彼が心血を注いで築き上げた松下電器という会社は、そこらの並の会社ではなかったのだ。

来賓として出席していた加藤勘十はこの光景に息をのんだ。大会後、組合の委員長とともに幸之助の部屋を訪ね、

「私もいろいろな会社の労働組合結成大会に出たが、社長が出るなど前代未聞だ。社長代理の幹部が出てきても、つるし上げに遭うのが関の山なのに、松下さんは満場の拍手喝采《かっさい》だった。本当に今日は驚かされました」

そう手放しで絶賛した。

昭和二十一年十一月、追い打ちをかけるように、幸之助をはじめ常務以上の役員に公職追放の指定が下った。

「松下電器ももうおしまいかもしれんな。けど、わしの経営が間違ってこうなったんとちゃうから、しゃあないな」

幸之助がそんな弱気なことをつぶやくのを聞いた者もいたという。

すると不思議なことが起きた。労働組合の中から、

「社主の追放除外嘆願運動をやろうやないか！」

という声があがりはじめたのだ。

嘆願の署名には、驚くなかれ組合員の九十三％が応じた。その分厚い署名簿を抱え、労働組合の幹部は二度にわたって上京し、幸之助の公職追放指定除外を嘆願した。特に昭和二十一年十二月に行われた第二回嘆願運動では、十三人もの組合幹部が上京し、公職適否審査委員長の美濃部達吉をはじめとして、内務、外務、司法、商工の各次官やＧＨＱの高官たちを片っぱしから訪問して回った。

松下電器の労組や全国の代理店などが署名した「松下幸之助社主追放除外嘆願書」の束。

組合員が社主の追放解除を必死に訴えているという美談は、世間の評判を呼ぶ。そして昭和二十二年（一九四七）一月、幹部のすべてが追放されるというA項から、審査の上、追放者が決定されるというB項に指定が緩和された。この指定変更はたいへん珍しいことであった。

そしてあらためて審査を受けた結果、昭和二十二年五月、幸之助の公職追放は晴れて解除される。彼は嘆願運動をしてくれた社員たちに心から感謝した。だが後述するように、ＧＨＱとの戦いはまだ終わってはいなかったのである。

一面の焦土となり、国民の心も荒廃している中、幸之助は新しい社会運動を提唱しようとする。それがＰＨＰ活動であった。ＰＨＰという名称には、繁栄をとおして平和と幸福を実現する道を求めよう（Peace and Happiness through Prosperity）、という彼の願いが込められている。

幸之助には、自分の考え方や松下電器の企業理念は本来、民需中心の平和産業を志向したものだという思いがあった。わざわざ横文字でＰＨＰとしたところに、好戦的で野蛮な民族という日本のイメージを変え、平和を望む自分たちの思いを世界に向けて発信したい、という彼の願いが読み取れる。

経営者でこうした活動をした人は、世界中見渡してもほとんどいない。アメリカの鉄鋼王アンドリュー・カーネギーが『富の福音』を著《あらわ》して社会啓蒙運動をしたくらいではなかろうか。

昭和二十一年十一月三日——日本国憲法が公布されたこの日、門真の松下電器本社修養室においてＰＨＰ研究所の開所式が行われた。当初の所員は、幸之助を含めわずか八人であった。

幸之助は手はじめに辻《つじ》説法をはじめた。

大阪地方裁判所では、五十人ほどの判事を前に約二時間にわたってＰＨＰ活動について話をした。西本願寺や東本願寺に乗り込み、今こそ僧侶は対外活動をして国

PHP運動への参加を呼びかける野立て看板。昭和22年６月ごろから京都―明石間の国鉄沿線にいくつも建てられた。写真のものは縦３メートル、横９メートルほど。

民の傷ついた心を癒《いや》すべきだと説法（？）したりもした。大阪・中之島図書館で月一回開かれた公開討論会にも毎回顔を出し、いろいろな質問が出るのを一人で受けて答えていった。

最初から人々の理解が得られたわけではない。世界的に有名な禅の研究家である鈴木大拙《だいせつ》から、

〈精神面は貧しければ貧しいほどプラスに働くものだ。いっそのことPeace and Happiness through Poverty としたほうがいいのではないか〉

と書かれた手紙が届いたこともあった。Poverty とは貧困のことである。金儲けと精神面は両立しない。金持ちの道楽はやめておけという皮肉だったのだろう。

だが幸之助はあえてProsperity（物質的繁栄）に固執した。〝恒産《こうさん》なくして恒心《こうしん》なし〟という『孟子』の言葉が示すように、物質面での充足は心の余裕につながる。彼はあくまで、物心両面の豊かさこそが真の繁栄につながるという考え方を推し進めようとしたのである。

筆者は、幸之助のこのＰＨＰ活動に、江戸時代中期の思想家・石田梅岩《ばいがん》の石門心《せきもんしん》学《がく》の影響を見る。

貞享二年（一六八五）、丹波国《たんばのくに》（現在の京都府亀岡市）の百姓の次男として生まれた梅岩は、十一歳で呉服屋に丁稚奉公《ほうがん》に出たが、その後、仏教を研究し、石門心学と呼ばれる商業倫理的なものを包含する道徳思想の開祖となった。

金儲けは下賤《げせん》な者のする仕事だとされていた当時、商人の社会的地位は低かったが、商いは人々の生活を豊かにしていくものだと考えていた梅岩は、商売の道は他の職分になんら劣るものではないと説いた。やがて彼の石門心学は関西を中心とする商人たちの絶大なる支持を集め、心学塾は関西一円に広がっていく。

石田梅岩の〝実の商人は、先も立ち、我も立つことを思うなり〟という言葉などは、まさに幸之助の説く共存共栄の考え方そのものである。そういう意味では、もともと関西には商売を哲学的に考察する素地があったのだ。

幸之助は『道は無限にある』の中でこう語っている。

〈自分の立場のみを考えて働くというようなことでは、私はやはり産業人とはいえないのではないかと思います。産業の使命というものをはっきりと認識し、その尊さを認識し、そしてその産業の興隆によって社会が潤《うるお》い、人びとの幸福も約束されていく、社会生活も国家も発展していく、さらに進んでは世界の繁栄、平和にも結びついていくのだ、自分はその一員である、というような意識をもたずしては、私は真《しん》の産業人は養成されないという感じがするのです〉

ところが、ＰＨＰ研究所を設立したばかりの幸之助に、思いがけない痛恨事が出来《しゅったい》する。右腕と頼んでいた専務の井植歳男が辞表を出し、常務の亀山武雄とともに松下電器を去っていったのである。昭和二十一年末のことであった。

これまでの松下電器の発展は、すべて井植歳男との二人三脚があったればこそであった。その井植が、戦争の傷跡が癒《い》えず、まだまだ手を借りたいと思っていた時期に退社してしまったのだ。

弟の祐郎と薫もまた、しばらくして兄のあとを追って社を去っていった。その結果、松下電器の役員は、幸之助と常務の高橋荒太郎、監査役の松下正治の三人だけという異常事態となる。

井植は退社の理由について公式には、

「財閥指定で誰かが責任をとらなあかんかった。大将がやめるわけにはいかんから、代わりにわしがやめたんや」

と語っているが、そんなことを理由に、GHQとの激しい交渉で幸之助が心身ともに疲弊《ひへい》の極みにある時にやめるはずがない。

それでは井植歳男の退社の真相は結局何だったのか。評論家の三鬼陽之助が井植本人から、

「君を信用して話すんやが……」

と前置きされて明かされたという話がある。それによると、後継社長の問題こそ本当の退社の理由だったというのだ(三鬼陽之助『名経営の盲点』)。

歳男は、小さい町工場の時代からずっと滅私奉公で幸之助に尽くしてきた。おまけにむめのの弟である。少なくとも井植三兄弟のうち誰かが後継社長に指名されるだろうと思っていたとしても不思議はない。

末弟の薫はとりわけ幸之助の信用篤《あつ》く、常務に取り立てられていた。それだけに、歳男自身が社長とならずとも、そして最終的には養子の正治が社長となるにしても、少なくとも中継ぎとして薫が社長に就任する日がやってくると彼は信じていた。

ところが幸之助は、中継ぎなど設けず、養子の正治を後継社長に据えようと考え

た。そのことがわかった時、忠誠心の糸が音を立てて切れたのだ。

昭和二十一年末に退社した歳男は、翌年の正月をのんびりと故郷の淡路島ですごし、心配顔の幼馴染《おさななじ》みたちに、

「魚釣りでもしてすごすわ」

と言って笑っていた。

だがこのような逸材《いつざい》を世間がほうっておくはずもない。住友銀行の鈴木剛頭取から、事業に復帰するなら是非支援したいという申し出があり、背中を押されるようにして歳男は再び立ちあがるのである。

昭和二十二年（一九四七）二月、さしあたって、門真市の西隣にあたる守口市本町に六畳一間を借り、三洋電機製作所という個人経営の会社を立ちあげた。

父親の清太郎は海運業を営んでいたし、歳男自身、松下に入る前は海の男にあこがれ叔父の船に見習い船員として乗船していたほどだったから、海にちなんだ〝三洋〟という社名にしたのだ。そこには、太平洋、大西洋、インド洋を股にかけた世界企業になりたいという、彼の大きな夢が込められていた。

最初に手がけたのはＧＨＱ向けの電気ランプの製造である。幸之助も協力の手を差し伸べた。三洋電機を松下電器の下請けにしてやれば経営も安定するだろうと考

え、自転車ランプの特許を供与し、ナショナル・ランプという商標の使用も認めてやった。

ところが三洋電機は瞬《また》く間に手広く商売をはじめ、下請けどころか、松下電器のライバル会社に成長していくのである。そうなると、もうこれは近親憎悪のようなもので、両社は強烈な対抗意識を見せるようになっていった。

労働組合の陳情のおかげで公職追放は解除になったものの、GHQの追及はまだ執拗《しつよう》に続いていた。昭和二十三年二月には過度経済力集中排除法の指定を受け、子会社や販売会社を松下電産グループから切り離すよう命じられる。

この指定の影響はたいへん大きいものがあった。幸之助は個人保有していた子会社株を大量に手放さなければならなくなり、売却損は膨大な額にのぼった。

戦争直前には二千万円あった個人資産は戦後には負債七百万円となり、普段の生活にも事欠くようになっていく。松下家の冷蔵庫をたまたま開ける機会のあった社員が、中にサツマイモの蔓《つる》しか入っていないのに驚いたという話が残されている。

世間では、幸之助が二度も自殺を図ったという噂が流れた。そんな話が真実味を持つほどの窮状《きゅうじょう》だったのである。

困り果てた幸之助は、友人たちの間をこっそり借金して回った。この時、彼を助けてくれた友人の一人が鳥井信治郎だった。戦後、鳥井の寿屋はＧＨＱ相手のウイスキー販売で儲けに儲けていた。

「鳥井はん、ＧＨＱににらまれてうちの家計は火の車なんですわ。あつかましいようやけど二、三万貸してくれへんやろか？」

金を借りるというのは親兄弟でも気を遣《つか》うものである。だが切羽詰《せっぱつ》まった様子の幸之助に、

「松下はん、なに水くさいこと言うてはんねん」

と鳥井は一笑すると、幸之助の言う額よりずっと多い十万円もの金を貸してくれた（『世界週報』昭和三十九年新年特大号）。昭和二十一年の総理大臣の月給が三千円だった時代である。十万円は今の約五千万円に相当したはずだ。幸之助は鳥井の友情を後々まで忘れなかった。

彼は『君に志はあるか――松下政経塾　塾長問答集』の中で次のように語っている。

「人生にはどうにもならないこともあります。もう逃げるに逃げられない、死ぬに死ねないということもあるのです。それでも志さえ失わずにいれば、やれるわけです」

この時味わった〝逃げるに逃げられない、死ぬに死ねない〟苦しみと屈辱を、幸

之助は志を失うことなく、その鋼《はがね》の意志で、なんとか乗り越えていくのである。

さて、財閥指定の解除を目指して陳情を繰り返している髙橋荒太郎についてである。

GHQ側は一向に色よい返事をくれない。そのうち交渉最終日がやってきた。それでも先方の態度は軟化せず、ついに物別れに終わった。万事休すである。カールともども肩を落として宿泊先の旅館に戻ってきたが、どうしてもこのままあきらめる気にはなれなかった。

翌朝、髙橋は、無理を承知でもう一度GHQ担当官のもとを訪ねたのである。すると奇跡が起こった。担当官が急に態度を軟化させたのだ。

「それなら、この書類を三日以内に提出しなさい」

わらにもすがる思いで宿題を預かってきた。急いで大阪に戻り、大車輪で書類の作成をはじめた。再度上京するのに時間がかかるから作業時間は正味半日ほどしかない。子会社のタイピストまで総動員した。

「常務、どう考えても無理ですわ」

泣き言を口にする部下に、

「やっとここまで来たのに何を言うんや！」

昭和48年8月、幸之助と並んで座る髙橋荒太郎（左）。幸之助は人前で社員のことをめったに褒めなかったが、髙橋は例外だった。枚方の松下電器体育館。

とハッパをかけた。ぎりぎりのところで何とか間に合わせ、カールとともに東京へとんぼ返りした。

この最後の踏ん張りが功を奏し、ついに昭和二十四年十二月、財閥指定は正式に解除されるのである。

〈もしもあの日、ＧＨＱに行っていなかったらどうなっていただろうか――と、私は今でもときどき考えてみることがある〉

髙橋は自著の中で、そうしみじみ述懐している。〝決してあきらめない〟という彼の執念が、松下電器を、そして幸之助を救ったのだ。

人の縁とは不思議なものである。髙橋が朝日乾電池から移籍してきてくれていなかったら、松下電器はおそらく存続できなかっただろう。どんな企業も、多くの先人の熱い〝思い〟が、その会社の〝今〟につながっているのだ。

その後も髙橋は一切得意げな態度を示さず淡々《たんたん》と業務を続けた。人前で社員のことをめったに褒めなかった幸之助も、髙橋に関してだけは、

「ほんま神さんや」

と言って感謝した。

結局、幸之助自身が五十数回、髙橋荒太郎は百回近くも東京へ赴いていた。二人が通いつめたＧＨＱ財閥課は当時、蚕糸《さんし》会館（ＧＨＱ本部脇の建物）に入っていたが、その部屋番号〝四一四号〟を、幸之助は生涯忘れることはなかった。

松下電器が敗戦によって負った経済的な傷は深かった。軍部に対する多額の売掛金は回収不能となり、満州松下電器、上海松下電業、朝鮮松下電器などの工場と事務所、ジャワの電池工場、マニラの真空管工場などの海外にあった会社の財産はすべて戦勝国に差し押さえられ、銀行からの借入だけが残ったからだ。

会社は火の車である。社内の士気の低下は食い止められない。業界最高水準を自任してきた製品の品質も他社に水をあけられはじめ、昭和二十三年には電球の不良

品を数十万個も出してしまう。

　ヤミ経済が幅を利かす中、公定価格を守ろうとすれば利潤を生むはずがない。闇市で売れば百円で売れる電球が、公定価格だとわずか四円二十五銭にしかならないのだ。闇市は昭和二十四年にＧＨＱが撤廃命令を発するまで続いた。

　売り上げ減少に加え、売掛金の回収率も落ち、松下電器の資金繰りは急速に悪化していく。昭和二十三年十月からは給与を分割払いにしなければならなくなり、年末の賞与も出せなくなってしまうのである。

　さらに昭和二十三年末からのいわゆるドッジ・ラインによるデフレの進行は、松下電器の経営を一層圧迫した。翌二十四年（一九四九）には、どれだけ苦しくても人員整理だけは行わないという不文律を破り、退職希望者を募《つの》ることにした。八百四十三名が応募したがそれでも足らず、さらに五十四人を待命《たいめい》休職者とした。今日言うところのレイオフである。

　断腸《だんちょう》の思いで人員整理を行ったにもかかわらず、苦難の日々は終わらなかった。折からのデフレのため、製品の売れ行きは一向に伸びない。昭和二十四年七月、ラジオや電球など十二工場が半日操業に追い込まれていたが、年末には、製品出荷の際に課税される物品税を払うことさえできない苦境に陥る。絶体絶命のピンチである。財閥指定解除を喜んでいる暇はなかった。

物品税を滞納したことはやがて世間の知るところとなり、新聞は幸之助のことを〝日本一の滞納王〟と書きたてた。一難去ってまた一難。再び〝倒産〟の二文字が眼前に迫ってきた。

さしもの住友銀行も事ここに及んでは及び腰になっている。追加融資をお願いに行っても担当役員は会ってくれない。

幸之助は奇策を思いついた。金もないのに料亭通いをはじめたのだ。担当役員を、彼のひいきにしている料亭で待ち伏せしようというわけである。

花柳界にはまだ松下党と呼ばれた、かつての幸之助を慕う芸者や仲居たちが残っていた。彼が料理を頼まずに、いや頼めずに座っていても、彼らはいやな顔ひとつしなかった。

そしてついに住友銀行の役員が現れた。ここで会ったが百年目である。いやがる役員の袖《そで》を持って自分の部屋に引っぱり込み、さしで談判に及んだ。しばらくしてその役員が部屋を出ていった後、

「うまいことといきました？」

と、馴染みの芸者が尋ねると、幸之助は、

「うん」

と心底嬉《うれ》しそうな顔でうなずいたという。

おそらく彼の人生で銀行に頭を下げたのは、これが最初で最後だったのではあるまいか。こうして倒産の危機をなんとか脱することができた。

そして迎えた昭和二十五年（一九五〇）、年頭の辞において全社員を前にした幸之助は、

「本年こそは黒字に転換させる！」

と不退転の決意を誓うのである。それこそは、まさに反撃ののろしだった。

三月には松下電器伝統の事業部制を復活させ、第一事業部長には幸之助自らが就任。第二事業部長には副社長に昇格した松下正治、第三事業部長に専務の髙橋荒太郎が就任し、全社一丸となって再建に向け死力を尽くしていく。

ここで神風が吹いた。

昭和二十五年六月、朝鮮戦争が勃発し、時ならぬ戦争特需に日本中が沸《わ》き返ったのだ。幸之助はこの千載一遇のチャンスを逃さなかった。

自ら全国を飛び回って代理店、販売店主らと親睦を深め、販売ルートを確立することで飛躍的なセールス力増強を図った。これまで複数のメーカーを相手にしていた代理店も彼の熱意によって松下中心のものに再編成され、それら代理店に対する求心力を維持するための親睦団体・ナショナル共栄会が組織された。

戦後日本が〝奇跡の復興〟を遂げていく中、松下電器もまた業績を急回復させていくのである。

フィリップス社との提携

昭和二十六年（一九五一）一月六日、新年恒例の経営方針発表会において、幸之助の渡米が発表された。彼の海外渡航嫌いは有名で、社内で知らぬ者はいなかっただけに驚きをもって受けとめられた。

彼がそれを決意したのは、オランダの電機メーカー・フィリップス社との提携話が持ち上がったためである。

戦後の混乱によって欧米メーカーとの技術格差はもはや自助努力では追いつけないところまで開いてしまっており、昭和二十五年ごろから国内電機メーカー各社は海外の大手電機メーカーとの提携を進めていた。

東芝がGE、三菱がウェスティングハウス、富士電機がシーメンス。残る提携先はどんどん減っていく。そんな中、松下電器の経営陣は、弱電系の世界中の特許の過半を持っているといわれたオランダのフィリップス社との提携を模索していた。

ところが意外なことに、肝心の幸之助が、海外メーカーとの提携にあまり関心を示さなかったのだ。自前の技術だけで十分市場開拓可能だと考えていたためだったのだ。当時の彼は、アジアまでは見えていたが、欧米先進国を視野に入れていなかったのだ。まさに〝井の中の蛙《かわず》〟である。

重役たちは、フィリップス社の米国工場を見せれば、幸之助も提携の重要性をわかってくれるだろうと考えた。

必死に説得し、しぶる彼から、

「先方から招待状がきたら行ってもええ」

という言葉を引き出した。そして根回しを重ね、フィリップス社から招待状を送ってもらうことに成功する。涙ぐましい努力である。

こうして幸之助を乗せた飛行機は、昭和二十六年一月十八日午後六時、羽田空港を飛び立った。

幸之助にとっては一大決心である。出発前、同じ和歌山県の出身で信頼していた千代田光学精工（後のミノルタカメラ）の田嶋一雄社長に、

「渡米中、会社に何か問題が起きたら、わしの財産を処分して資金注入してくださいい」

と、財産目録を預けての旅立ちであった。

お土産が大事だと考えたようで、カバン一杯にミキモトパールを入れていたという逸話も残っている。

途中、ウェーキ島（ハワイと日本のほぼ中間地点にある環礁《かんしょう》）で給油し、その後ハワイで二泊することにした。ホテルに泊まった最初の朝、

「ハワイは暖かい思とったら、案外寒いな……」

昭和26年1月18日、アメリカに向けてパン・アメリカン機で出発する幸之助。羽田空港。

と幸之助が独り言のようにしてつぶやくのを、同行した齋藤周行（松下電器貿易元専務）がふと耳にした。

そんなはずはない。おかしいと思ってよく聞いてみると、ベッドで寝たことのない幸之助は、毛布をかけずベッドの上にごろ寝していたという。今なら、海外へ修学旅行に行く高校生でもそんなことはしないだろう。

レストランでもスープを音を出して飲み、齋藤に注意されると、

「おうす（茶道における薄い抹茶《まっちゃ》のこと）

をいただく要領ではあかんのか?」

と不満気であった。

その後、ハワイを発ってロサンゼルスを経由し、現地時間の一月二十五日にニューヨーク入りしたが、百聞は一見に如《し》かずで、幸之助にとってアメリカ体験は鮮烈なものとなった。

三百五十人で月に十五万個のスピーカーを作っているメーカー、日本の会社の社長以上の給料をもらっている女性工員、一千万個単位で部品を発注するラジオメーカーなど、何から何まで桁《けた》はずれである。日本との差に愕然《がくぜん》とし、自らの無知を恥じた。

アメリカ体験は、幸之助のヘアスタイルにまで影響を及ぼした。それまでいがぐり頭をしていたが、アメリカでそんな頭をしているのは囚人か軍人くらいだと聞いて髪を伸ばしはじめ、日本に戻ってからは七・三に分けてポマードを塗るようになった。

さて、フィリップス社との提携についてである。

英語で〝go Dutch〟(オランダ式で行こう)というと割《わ》り勘《かん》を意味するが、さすがオランダ人の商売は一筋縄ではいかなかった。

フィリップス社は技術援助料として売り上げの七％、一時金として五十五万ドル（当時の日本円にして約二億円）という破格の金額を要求してきたのだ。おまけに契約書には、松下側が契約違反した際のペナルティばかりが並んでいる。

敗戦国の会社が世界屈指の電機メーカーに提携を申し入れたのだから、当然と言えば当然だったのかもしれないが、それにしてもあまりにもフィリップス側に有利な条件だ。

ここから火花を散らすような駆け引きがはじまった。

彼らとの交渉を任されたのは、ＧＨＱとの交渉でもすぐれた手腕を見せた髙橋荒太郎専務である。昭和二十七年七月からアムステルダムに赴き、膝詰めで交渉に臨んだ。髙橋の頑張りにより、やっとのことで技術援助料を当初の七％から五％まで引き下げさせたが、それ以上は頑《がん》として譲ろうとしない。

髙橋から報告を受けた幸之助は、ここで奇策を思いつく。

松下電器も子会社に人材を派遣し、販売については全面協力するわけだから、自分たちも経営指導料をもらおうじゃないか、と言いだしたのだ。技術提携を依頼した側の会社が、経営指導料を要求するというのは前代未聞のことである。幸之助は売り上げの三％を要求した。

（智恵の勝負なら負けへんで！）

いいようにされてなるものかという幸之助の気概が感じられる。

フィリップス側は面食らったが、今回の契約が自分たちに有利なものであることは十分認識している。少しは松下にも花を持たせてやろうと、この要求をのみ、さらに技術援助料を四・五％まで引き下げることに同意した。

（松下電器のボスはあなどれない……）

それが彼らの抱いた印象であった。

こうして条件は整った。あとは契約書に調印するだけである。ところが、幸之助の胸には正直まだ迷いがあった。

幸之助は必要とあらば朝令暮改を恐れない経営者である。方針を変更して失う信頼よりも変更するメリットのほうが大きいと感じたら、躊躇《ちゅうちょ》することなく前言を撤回する。

「君子《くんし》は豹変《ひょうへん》すやな」

という彼の言葉に、社員たちは何度振り回されたことか。

フィリップス社との提携にしても、最後の最後まで悩んだ。幸之助が夜も眠れずやつれていく姿をむめのは近くで見ていたが、どうすることもできない。

しかし、最後に彼は決断した。

（あのフィリップスの研究所を作るには何十億円もかかるやないか。二億円でフィ

昭和27年10月、フィリップス社との提携の調印式。契約書に署名する幸之助(中央)。

リップスという大会社を番頭に雇ったと思たらええんや)

それが、考えに考えぬいた末に、彼の頭の中で整理された結論であった。

こうして昭和二十七年十月三日、幸之助はオランダに向けて出発し、フィリップス社との提携契約に調印する。

同年十二月には共同出資子会社として松下電子工業株式会社が誕生。真空管、ブラウン管、蛍光灯などの生産が始まる。フィリップス社からの技術導入は功を奏し、松下製品全体の品質を飛躍的に向上させていくことになった。

当時、フィリップス社の社長室には一枚の絵がかかっていたが、それは円貨にして五億円の価値があるという評判の名画であった。絵一枚が松下電器の資本金と同じだということが、幸之助の心に火をつけた。

（いまに見とれ、わしもあそこまで行ったろうやないか！）

そんな幸之助の〝思い〟が届いたのか、さほど時をおかずして松下電器はフィリップス社と世界市場で対等に競争するまでになる。

そして提携してから四十一年が過ぎた平成五年（一九九三）、フィリップス社の持ち株をすべて買い取って合弁を解消した。泉下《せんか》の幸之助も、自分の決断に満足していたに違いない。

一方、井植歳男率いる三洋電機は、財閥指定などの足かせがなかったこともあって、戦後急成長を遂げていた。

昭和二十八年（一九五三）には、わが国初の噴流《ふんりゆう》式洗濯機の自社開発に成功している。従来の攪拌《かくはん》式（攪拌機を反転して洗う方式）と違い、強い渦巻《うずまき》状の水流を起こして強力に汚れを落とす画期的な新製品であった。

それまでの攪拌式洗濯機は全メーカー合わせても年間生産台数はせいぜい十万台程度だったが、三洋電機が噴流式を発売すると爆発的に売れはじめ、百万台を突破するのにさほど時間を要しなかった。

このことに感銘を受けた言論界の重鎮《じゆうちん》・大宅壮一《おおやそういち》は、

「昭和二十八年をもって〝電化元年〟とする」

とおごそかに宣言した。

これを誰よりも悔しがったのが幸之助である。

そもそも電化製品を世に広め、主婦の負担を軽くしたのは自分だという自負がある。それに松下は洗濯機の販売でも三洋に先行していた。にもかかわらず〝電化元年〟が松下製品ではなく三洋電機の製品によって宣言され、三洋電機もそのことを誇らしく喧伝《けんでん》するという事態にいらだちは頂点に達した。

ある日、かたわらの電話に手を伸ばすと、以前からかわいがっていた井植三兄弟の三男・薫に電話を入れた。

「カオルはおるか？」

彼が「井植君はおるかね？」と電話をする時は機嫌がいいのだが、この日は最初から雲行きが怪しかった。

「ちょっと聞きたいことがあるんや。来てくれへんか？」

門真の松下本社は守口の三洋本社から目と鼻の先である。井植薫は「すぐ伺います」と返事をし、急ぎ門真へと向かった。

「いっぺん聞きたい思とってん」

薫が部屋に通されて席につくかつかないうちに、もう幸之助は目を三角にしながらそう切り出してきた。

「電気洗濯機いうものを普及させたのは、いったい誰や思てんねん。松下が普及させたんと違うんか？」

薫は押し黙ったまま、すぐには答えなかった。

「なんで黙ってんねん。わしが言うてること間違《まちご》うとるか？」

痺れを切らしてそう畳みかけると、ようやく重い口を開いた。

「以前の私は松下でお世話になっていました。しかし、今の私は二千人の社員をかかえる三洋の人間です。これからのお話は、対等の立場で言わせていただきます」

そう前置きすると、

「確かに松下電器さんは他の先発メーカーと一緒に攪拌式電気洗濯機を普及させました。しかし噴流式を普及させたのは三洋電機でございます。それをみなさんがマネされたのではございませんか」

と鮮やかに切り返した。さしもの幸之助もぐうの音《ね》も出ない。苦笑いを浮かべつつ、

「わかった、わかった。この話はもうやめとこ。どこかでメシでも食おうやないか」

と話を切り上げた。

社員の前では三洋電機に対する敵愾心《てきがいしん》などおくびにも出さなかった幸之助も、身内の薫に対してはつい正直な気持ちが出てしまったのだ。それに何といっても薫は義弟である。会って話してみて、その確かな成長ぶりが頼もしくもあったのである。

井植薫はこの時のことについて、

「幸之助社長は私に文句を言いながら、愛弟子《まな》が自分を負かしたことを喜ぶ横綱のような心境だったのではないだろうか」（『道ひとすじ』）

と謙虚に語っている。

確かに三洋電機は幸之助を悔しがらせるほどに頑張っていたが、追い抜いていたわけではない。松下電器もまた目覚ましい発展を遂げていた。噴流式洗濯機にしても、三洋電機が発売した翌年には発売を開始している。両社はその後も、意地でも負けたくないという激しい切磋琢磨を続けていく。

その意地の張り合いの一つが〝長者番付〟であった。

適正な所得申告を推進するため、昭和二十五年から高額納税者の公示が行われるようになっていた。これが、いわゆる長者番付である。

フィリップス社と提携した昭和二十七年、幸之助ははじめて納税額日本一となり、それからは長者番付の常連となった。翌昭和二十八年は四位、昭和二十九年は再び上がって二位となった。

ところがここで問題が起こった。昭和二十九年の一位は、なんと井植歳男だったのである。これに発奮《はっぷん》した幸之助は、翌年には一位となる（井植は三位）。そして昭和三十年代は昭和三十五年（一九六〇）と昭和三十九年（一九六四）が二位だった以外、一位を独走した（昭和三十五年の一位はブリヂストンの石橋正二郎）。

昭和三十九年以降の四年間は二位、そして昭和四十三年（一九六八）に再び一位に戻り、その後もずっと上位を維持し続け、井植に抜かれることはなかった（昭和三十九年から昭和四十一年までの一位は大正製薬の上原正吉、昭和四十二年は大塚製薬の大塚武三郎）。

長者番付一位であるということは、所得税を日本一払っているということであり、それを競うというのは罪のないものだと言えるだろう。

丁稚時代、講談本をよく読み、『太閤記《たいこうき》』が好きだったという彼は、豊臣秀吉さながらの〝今太閤〟となっていた。世の成功者には若者に夢を見せ、彼らに目指すべきものを示す社会的責務がある。まさに松下幸之助は若者たちの目標となっていたのだ。

彼は金の使い方を大切にしていた。

昭和30年、初荷壮行会で万歳をする幸之助。

「金を儲けるのと使うのとではどちらが難しいですか？」

と質問されると、即座に、

「使うほうが難しいでんな」

と答えた。

「使ったら何か効果がないといけませんからな。使うほうが三倍は難しいです」

金を生かさない使い方は、彼の最も忌み嫌うところであった。

昭和二十九年（一九五四）ごろから国内需要の伸びが鈍化しはじめ、家電各社とも海外市場の開拓に力を注ぎはじめた。世界のほとんどの地域が当時のわが国の企業にとって処女地であり、アメリカ西部の開拓者魂にも似た精神の高揚《こうよう》感があった。

東南アジアにはじまって、中南米やアフ

リカへと販路を広げていき、松下電器一社でも昭和三十年(一九五五)の輸出高は前年比十倍以上の伸びを示した。

やがて松下電器は海外にも生産拠点を設《もう》けていく。平成十九年(二〇〇七)一月二十九日付の『日本経済新聞』にJ・M・キクウェテ・タンザニア大統領の談話が載っていた。

「松下電器産業が以前タンザニアで小型ラジオを作っていました。大変な人気商品で、私は製品の型番まで覚えていますよ。大音量で音楽を流しながら楽しく農作業をしたものです」

松下の製品はアフリカで農作業している人にまで憩《いこ》いを提供していたのである。海外でも松下電器は「企業は社会の公器である」という経営理念を掲げていたが、それはあくまで現地国の公器を目指すものであり、たとえば南米ペルーの子会社ナショナル・ペルアーナの正面玄関には、

「ナショナル・ペルアーナはペルーの企業。ペルーのために尽くす」

という言葉が掲げられていた。

松下流の誠意ある経営は、海外の現地社員との間に深い信頼の絆《きずな》を築き上げ、その地にしっかりと根づく素地をつくった。

松下電器グループは海外に向けて発展を続けたが、無国籍化したグローバル企業

を志向することはなかった。コストパフォーマンスだけを考えて生産拠点を海外に移すという考えも持っていなかった。それは日本企業であることに、誇りと責任を感じていたからである。

昭和二十九年、松下電器の資本金は、フィリップス社との提携当時の五億円からわずか二年で三十億円に急増していたが、それでも日立に比べれば半分以下、東芝も四十億円と松下より多かった。年間売上高に至っては日立の二百八十二億円、東芝の百八十四億円、三菱電機の百十七億円に比べ、松下電器は八十四億円と見劣りがする。電機業界はまだまだ、日立、東芝、三菱という〝ビッグ3〟の時代であった。

この当時、重電（工業用大型電気機器）と弱電（家庭用小型電気機器）を兼ね備えるこれらビッグ3に対し、弱電一本の松下が伍《ご》していけるとは誰も思わなかったはずだ。だがそれから十数年のうちに、松下電器はこのビッグ3を鮮やかに抜き去っていくのである。

しかし油断は禁物だった。ビッグ3や三洋電機のほかにもライバル会社が力をつけつつあったからだ。

戦後注目された電気部品にトランジスタがある。その形状から〝トランジスタ・

グラマー〟などという言葉も生まれたほどだが、この分野で一躍世界にその名をとどろかせたのが東京通信工業（現在のソニー）だった。

トランジスタは昭和二十三年（一九四八）に米国ベル研究所で発明され、その翌年にはわが国でも電電公社（現在のＮＴＴ）や日本電気で研究がはじまったが、昭和三十年（一九五五）八月、東京通信工業がトランジスタを利用したラジオ受信機の製作に成功したことで注目が集まった。当時は誰も、トランジスタをラジオ受信機に使うという発想をしていなかったからである。

当時、東京通信工業の主任研究員だったのが江崎玲於奈《えさきれおな》で、彼はエサキダイオードの発明によってノーベル物理学賞をとっている。このことからも、その技術水準の高さがうかがえる。

東京通信工業同様、時代の先端をゆく電気製品を生み出し続けたのが、早川徳次率いる早川電機である。両社は新商品開発という点では、絶えず松下の一歩先を行っていた。

だが彼らが先行して発明したものも、後から発売した松下電器の製品のほうがよく売れた。消費者のニーズにマッチするよう改良を加えていたことに加え、広告の巧みさ、強力な販売網などが寄与したからだ。

世間ではこれを面白がって、松下電器は〝マネ下〟だと揶揄《やゆ》され、早川電機はもっと改良を加えてから世に出せばいいのにと〝ハヤマッタ電機〟と呼ばれ、東京通信工業も、まるで実験台だという意味で〝モルモット〟と評された。

東京通信工業の井深大《いぶかまさる》は、むしろそう言われることを誇りにし、あえてモルモットの置き物を社長室に飾ったほどだが、〝マネ下〟と言われた幸之助はたまらない。

（この汚名《おめい》を返上せねば！）

と、新しい発想で商品開発に取り組むようはっぱをかけた。

ちょうどこのころ、家電産業最大の商品が産声を上げていた。それがテレビである。

松下電器のテレビ開発は、かなり早い時期からはじまっていた。昭和十四年（一九三九）七月十三日、日本放送協会が高柳《たかやなぎ》式による実験放送を行った際、見事受信して受像に成功したのは松下無線のものだけだったという。当時、松下はテレビ技術のトップランナーだったのだ。

ところが戦時色が強まって、テレビ研究は一時中断せざるをえなくなる。細々とラジオゾンデなどの軍需の分野において超短波技術の保持を図ったが、終戦直後はもうテレビどころではなくなっていた。再び本格的にテレビ開発に取り組みはじめるようになったのは昭和二十六年（一九五一）ごろのことである。

例によって早川電機が国産第一号のテレビ試作品を完成させていた。

（また早川はんにやられた！）

幸之助は歯ぎしりした。

早川電機の早川徳次社長は、幸之助以上の苦労人である。

幼いころは継母《ままはは》にいじめられて食べ物もろくに食べさせてもらえない日々を過ごし、厳しい丁稚奉公に耐え、日本一の発明家としてシャープの社名の由来ともなったシャープペンシルの改良で成功を収めるが、先述したとおり関東大震災ですべてを失い、不幸な思い出をふりきるように大阪に出てきていた。

同じ大阪の会社であることもあってしのぎを削ったが、お互いを認めあっているだけに、心から尊敬できる同年代の得難い友人でもあった。

早川が八十六歳で亡くなった時、幸之助は八十五歳という高齢で歩くのもやっとだったが、自宅でのお通夜がはじまる前、誰よりも早く弔問《ちょうもん》にかけつけて早川家の遺族を感激させている。〝英雄は英雄を知る〟ということだろう。

話を戻そう。必死に遅れを取り戻そうとした松下電器は、昭和二十七年（一九五二）には十二インチ円形テレビ受像機の製作に成功。同年七月には第一事業部ラジオ工場にテレビ部が設置され、ついに「ナショナル・テレビ」を発売するところにこぎつけた。本放送開始の二ヵ月前のことであった。

松下電器が発売したナショナル・テレビは、十二インチの卓上《たくじょう》型が二十三万円、十七インチのデラックス型が二十九万円。この当時、内閣総理大臣の月給が六万円だったというから、驚くほど高価なものであったことがわかる。当時の庶民にとって、テレビは外で見るものだった。いわゆる街頭テレビである。

テレビの啓蒙のため、正力松太郎《しょうりきまつたろう》は日本テレビ開局直後から、都内を中心に街頭テレビを設置。敗戦に打ちひしがれていた人々は、力道山が必殺技の空手チョップで巨漢外国人レスラーをばったばったと倒していく姿に快哉《かいさい》を叫んだ。松下電器もトラックにテレビ受像機を載せたテレビカーを作って全国を巡回し、各地で熱狂的な歓迎を受けた。

昭和二十八年に大宅壮一が〝電化元年〟を宣言したことはすでに述べたが、昭和三十年代前半はまさに家電産業の一大ブーム期であり、家電の恩恵によって国民の生活水準は一気に向上していった。

昭和三十一年（一九五六）七月、『経済白書』の中に「もはや戦後ではない」という言葉が躍《おど》っていたように、戦後復興はほぼ完了し、国民の生活水準はすでに欧米先進国に追いつきつつあった。

高嶺《たかね》の花だったテレビ、洗濯機、冷蔵庫も、次第に庶民の手の届く値段になりはじめ、やがてそれらは〝三種の神器〟と呼ばれるようになって、この三つを買いそろえることが国民の一つの目標となっていく。

昭和三十三年（一九五八）十一月、翌年四月の皇太子（今上天皇）ご夫妻のご成婚が発表となってミッチーブームが起こると、テレビ受信契約数は百万世帯を越え、テレビの普及は一気に加速する。

家電は我々に時間をくれた。昔の女性は、炊事《すいじ》、洗濯、掃除だけで一日のほとんどの時間を費やさなければならなかったが、家電の発達によって、その負担は飛躍的に軽くなった。家電の発達なくして女性の社会進出などありえなかっただろう。

一方でテレビの普及により、漫然《まんぜん》と時間を過ごしてしまうことも増えてしまった。ゲームや携帯電話、パソコンの発達した現代はなおさらだ。

家電は〝費やさざるをえなかった時間〟を〝自分で使い方の選べる時間〟に変えてくれたが、使い方を選ぶのはあくまでも我々だということを忘れてはならない。松下幸之助をはじめとする先人の苦労と自分たちの幸せをかみしめながら、便利になったことを人生の豊かさに結びつけていくべきだろう。

「松下電器は一体どこまで伸びていくんですかね？」

銀行の重役にそう質問された幸之助は、

「私にもわかりません。それは私や会社が決定するべきことではなく、社会に決めていただくことやと思います」

と答えたという。

彼はいつも一般大衆という顔の見えない人々を意識し、敬意を払い続けた。

自分の行っている経営判断は、この目に見えない一般大衆を相手にして、いわば〝声なき約束〟〝見えざる契約〟をしているのに等しいのだと語り、この見えざる契約を果たしえた集団こそが時代を先取りでき、おのずと社会に対して指導力を行使していけるのだと説いた。これが松下幸之助の〝魁《さきがけ》のリーダーシップ論〟である。

昭和三十一年一月、その見えざる契約を意識しつつ、ある画期的な計画を発表する。それが〝松下電器五ヵ年計画〟であった。

今でこそ経営計画を作成するのは当たり前になっているが、当時としては珍しい。そんな幸之助のやり方を冷ややかにながめている同業者も多かった。

「松下はんはお人よしやなあ。今自分は市場をどう見ていて、五年後にはどれくらい売りたいと思っていて、それをどうやって達成しようと思っているなんてこと世間に発表してしもたら、ライバル会社に情報筒抜《つつぬ》けやないか」

しかし彼は意に介さなかった。社員に進むべき目標を示すことは、社長として当然の責務だと考えていたからだ。

ソケットを作っていた時代から、大事なノウハウを新入りの職工にも包み隠さず教えてきた。社員を信用せずして、彼らの信頼を得られようか。

「経営の成功の秘訣は、大きな道を堂々と歩くことにある」

それが彼の信念であった。松下幸之助は信念の経営者である。

彼が前提とした〝五年〟という期間設定がまた絶妙だった。

一年計画だとあまりに現実的すぎる。十年先となるとあまりに先のことすぎて実感がわかない。その部署から転勤しているかもしれないから、目標に取り組む真剣味もなくなる。だが五年先となれば、目標の数字が達成できた時のことを考えるだけで元気が出てくる。

これは大切なことだ。目標を示すことは〝夢を見せる〟ことに通じる。理屈だけで人は動かない。わくわくするような高揚感があってこそ、力を一つにできるのだ。

そして彼は部下に対し、こう言ったという。

「君は、君の家の家長やわな。まあ言ってみれば家の中の社長や。そしたら君は自分の奥さんや子どもさんに、自分たちはこれからどう頑張っていって、五年後にはどういう姿にしたいという目標を示してるか？　それができてへんのやったら家長失格やわな」

松下幸之助の発言が聞く者に新鮮な感動を与えるのは、彼の思考に決められた枠などなく、思考の地平線が限りなく広いためだ。

彼は自分が見つけた、リーダーたるもの部下に目標を示すべきだという智恵を、〝会社〟という枠を軽々と越えて、他の世界にも当然のように応用させていく。そして、それは家庭だろうが、学校だろうが、市町村だろうが、国家だろうが同じだという結論を導き出す。彼の魂は、まるで武道の達人のように融通無碍《ゆうずうむげ》なのだ。

昭和三十一年一月の松下電器五ヵ年計画の具体的数値目標は、売り上げを五年間で約四倍増の八百億円にするという意欲的な計画であった。

ところが彼らは、なんとその目標を一年前倒しで達成してしまうのである。

「みんな、ほんまにようやってくれた！」

そう言いながらも幸之助の表情はさえなかった。けげんに思った重役たちがわけを尋ねると、こう言ったという。

「目標を達成してくれた社員は当然褒めてやらんといかん。しかし、わしは社長失格や。目標というのはぎりぎり頑張って達成するくらいに設定せなあかん。それを一年も前倒しで達成できたということは、ここまで市場が大きくなることを読み切れんかったわしのミスや。もう一度勉強のやり直しやな……」

幸之助の辞書に〝油断〟や〝慢心《まんしん》〟という文字はなかった。

熱海会談

昭和三十五年（一九六〇）十二月、時の首相・池田勇人は所得倍増計画を発表。今後十年間で国民所得を二倍にすることを目標に掲げた。

神武《じんむ》景気を超える未曾有《みぞう》の好景気として、神武以前の天の岩戸の神話から、後に〝岩戸景気〟と名付けられることになる時代が、まさにはじまろうとしていた。

かねてから幸之助は、経営環境の良好な時期に社長を交代しようと考えていたが、池田首相の所得倍増計画によって腹が決まった。そして社長交代の発表は、昭和三十六年一月の経営方針発表会の席上、唐突な形で行われるのである。

例年のように一年の経営方針を説明し、いったん幸之助は降壇したが、拍手がまだ鳴りやまないうちに再度登壇し、驚く社員たちを前に次のように語った。

「昨年はみなさんのご協力を得て五ヵ年計画も無事終了し、今日のこの盛況を見ることができたことは誠によろこばしい。私も六十六歳になりました。ついてはこれ

昭和36年2月13日、東京・帝国ホテルに於ける新役員披露パーティー。

を機に社長を退き、会長として後方から経営を見守っていきたいと思います」

思いもよらない言葉に大きなどよめきが起こった。

こうして正治が社長に就任し、高橋が副社長、中尾が専務として新社長を支えるという新体制が発足する。

会長になってからは毎週月曜日の午前中二時間だけの出社とし、影響力の行使を極力控えようとしたが、重要事項となるとそうもいかなかった。

幸之助の存在感はとてつもなく大きい。会社に抗議に来た人間が、幸之助を前にして二言三言話をするうち、抗議をするどころか彼の信奉者になってしまったといった類の話は枚挙《まいきょ》にいとまがない。

新聞記者はその会社の触れられたくない点を情け容赦《ようしゃ》なく突いてくるため、ぎすぎすしたムードの記者会見をよく目にするが、幸之助の場合、記者会見場に笑いが絶えなかった。

「工場が少々立派すぎるのではないですか？」

などといった意地の悪い質問にも、

「みんなが気持ちよく働いてくれて不良品が少なくなったら、結局得ですがな」

と鮮やかに切り返した。当意即妙な受け答えは記者たちを楽しませ、感心させもした。

社長交代の発表後、記者クラブの面々は自分たちが催《もよお》す〝カレー会〟に招待して労をねぎらいたいと言いだしたが、そうしたことは前代未聞のことであった。いかに記者の間に彼のファンが多かったかがわかるだろう。

親しみやすさだけでなく、貫禄も十分だった。

昭和三十六年、ソ連のミコヤン副首相が来日した際、幸之助は松下電器の工場を案内しながら、

「あなたはロシアの労働者を解放されたが、私は日本の婦人を家庭内労働から解放したのですよ」

と胸を張り、事業部制について誇らしげに説明した後、

昭和36年8月、ソ連のミコヤン副首相が松下電器テレビ事業部を訪問。

「あなたの国は大きすぎますな。いくつかに分割してそれぞれ自主性を持たせたらもっと繁栄しますよ」

と言って持論の道州制を披露《ひろう》し、百戦錬磨のミコヤンも思わず彼の話に引き込まれていった。〝神様〟には国境も、経済や政治の別もなかったのだ。

余談だが、いつごろから幸之助は〝経営の神様〟と呼ばれるようになったのかということについて興味が湧き、PHP研究所の佐藤悌二郎氏にお願いして、PHP研究所所蔵の膨大な資料を調べていただいたことがある。

その結果、彼を〝神様〟としている初出としては、昭和三十三年（一九五八）一月三日に行われた座談会（NJB放送）の中で、当時の赤間文三大阪府知事が、

「商売の神様、産業の神様、松下さん」と発言しているのが確認できるそうだ。また〝経営の神様〟という言葉としては、昭和三十七年（一九六二）三月十二日付『京都新聞』夕刊に、
〈松下さんはいまや経営の神さまのようにいわれている〉
とあるのが、今のところ初見と考えられるとのことであった。

会長になっても多忙な日々が続いた。

平日は本社から車で十分ほどの距離にある松下病院に起居してそこから通勤するようになっていたため、西宮の名次庵には土日しか帰れなかった。帰宅を待つむめのにとって、幸之助が名次庵に帰ってくる土曜日ほど待ち遠しいものはない。

当日は朝から床の間の花をいけ替えたりして帰宅を待ち、午後三時ごろには早くも風呂の湯を沸かしはじめた。洗い立ての浴衣など準備万端整え、夕刻になって車が到着すると、お手伝いさんをはじめ全員が玄関に並んで幸之助を出迎えた。

風呂に入り、さっぱりしたところで夕食になる。膳《ぜん》に上るのは決まって幸之助の好きな魚料理と野菜の煮付け。大好物である小芋《こいも》の煮っ転がしもよく作ってくれた。晩酌はいつもビール小瓶一本である。

日曜日の朝になると夫婦水入らずで茶室に入り、一服茶を点《た》てた。むめのにはい

ろいろと心配をかけたが、感謝の気持ちは年を追って深まり、夫婦の絆《きずな》を一層強いものとしていた。


会長に退いた幸之助は、松下電器の経営再建のため一時休止していたPHP研究を再開する。経営は正治たちに任せ、自分はライフワークと考えていた精神活動に没頭しようと思っていた。ところが、現実はそれを許さなかったのである。

景気には波がある。岩戸景気の後、昭和三十七年（一九六二）ごろから景気に陰《かげ》りが見えはじめ、企業倒産も増加していた。

松下電器も埒外《らちがい》にはいられない。昭和二十五年の経営再建以来はじめて減収減益となり、販売会社・代理店には在庫があふれ、赤字となるところが続出するという事態に陥った。

（このままではいかん……）

危機感を募らせた幸之助は、全国の販売会社・代理店の人たちと直接会って現状を把握するとともに打開策を協議し、全員一丸となってこの苦境を乗り越えようと考えた。

Xデーは昭和三十九年（一九六四）七月九日。会場は熱海のニューフジヤホテルと決まった。正式名称は「全国販売会社代理店社長懇談会」。松下幸之助伝説の一つとして名高い〝熱海会談〟の幕が上がろうとしていた。

幸之助は最初から気合の入り方が違っていた。前日に会場入りしてすみずみまでチェックし、椅子を一直線にそろえるだけでなく、前の人の頭で後ろの人の顔が見えなくなることのないよう一列おきにずらすという念の入れよう。徹底的に対話しようという決意の表れであった。

そしてリハーサルをはじめようとした時、出席者が胸につけることになっていたリボンを見て顔色を変えた。

「なんや、これはっ！」

会場に怒鳴り声が響きわたった。役員のリボンが代理店のそれよりもひと回り大きかったからである。

「いったい誰が松下の製品を売ってくれとる思てんのや！」

自分がこの会議にかける思いに比べ、周囲があまりにも無頓着なことが許せなかった。リボンはすぐに差し替えられた。

懇談会当日、熱海駅の前に松下電器の全重役がずらりと並び、全国からやってくる販売会社・代理店の社長たち一人ひとりに深々と頭を下げて出迎えた。

初日は和《なご》やかなものであった。松下電器が製作に関わった映画『闘魂の記録』

（三ヵ月後に開催が予定されていた東京オリンピック代表選手の練習風景を収めたもの）が上映されただけでお開きとなり、日ごろの労をねぎらう宴会へと移っていった。嵐の前の静けさである。

そして翌十日午前九時、メイン・イベントとなる全体会議がはじまった。司会進行役の幸之助だけが壇上に立っている。その両脇に白い布のかけられた長机が並べられ、松下電器の役員連がネームプレートを前に置いて着席した。ひな壇の上になど並ばず、代理店主たちと同じ視線で話し合えるようにセッティングされている。距離がほとんどない形で向かい合っているため、両者の間の緊張はいやが上にも高まった。

あらかじめ出席者に対し、

「事前に議題を決めるということはいたしません。日程にも期限を設けるつもりはありません」

という異例の通告をしている。みな固唾《かたず》をのんで幸之助の開会宣言を待った。

彼はいつも話をする際に原稿を持たない。この時も出席者のほうをしっかり見ながら松下電器の現状と問題点を包み隠さず語り、

「今日の話は完全な秘密会議にします。ですから遠慮なく話してください」

昭和39年７月、「熱海会談」と呼ばれる全国販売会社代理店社長懇談会。壇上の幸之助は松下電器の現状と問題を包み隠さず語った。熱海のニューフジヤホテル。

と水を向けた。ここで膿《うみ》を出しきるしかない。そう腹をくっていた。

すぐさま何人もの手が挙がり、ハンドマイクが回されると、彼らは熱っぽく自らの窮状について語りはじめた。

ある会社の社長は、一億円分の商品が取り込み詐欺にあったと、苦情というよりも愚痴を並べはじめた。この会議の趣旨をまったくわきまえないものだったが、幸之助は途中でさえぎることなく静かに耳を傾け、

「しかし、それだけの巨額となると、取るほうも名人だが、取られるほうも名人じゃないとできませんなぁ」

と冗談口をきいて会場を沸かせた。

だが和やかだったのは最初のうちだけ。話しやすい雰囲気につられて思いの

たけをぶちまけるうち、批判は辛辣《しんらつ》さを加え、ほとんど言いたい放題となっていった。

「松下の社員はいばりちらして、我々の話を満足に聞いてくれない！」

「リベートの額が下げられる一方だ！」

「そもそも松下の商品はデザインがなってない！」

堰《せき》を切ったように不満が噴出し、あふれ返った。

幸之助は、この会を松下電器側だけの反省会にするつもりなどなかった。販売会社や代理店にも反省してもらわなければ、販売力は決して強くならない。そこで、あえて反撃に転じた。

「それでは儲かっている会社の方は手を挙げてみてください」

ぱらぱらと手が挙がった。参加していた百七十社すべてが赤字だったわけではなく、二十社ほど黒字の会社もあったのだ。それを見た幸之助は、

「儲かっているところがあるということは、赤字で困っているみなさんはご自分の経営にも非があるということなのではないでしょうか？」

と疑問を投げかけた。

代理店側も負けてはいない。

「うちは三十数年間、松下とだけ取引してきたんや。松下の方針どおりやってきて

赤字なのは松下さんの責任なんやないのか？」

ある社長はそう言い募ってきた。幸之助も興奮している。

「あなたはこれまで何回小便が赤くなったことがありますか？　何回そういう状態になったか言ってみてください！」

そう言って、その代理店主をはったと睨《にら》みつけた。

（わしは何度も血をはいてきた。血の小便も流してきた。命を削って経営してきたんや！）

そんな思いが、言葉となってほとばしり出たのだ。

本音のぶつかりあいは続いた。やがて日付が変わり、七月十一日の朝が来た。いつ終わるか予想もつかない。

当時その場に居合わせた小長谷《こながや》兵五《ひょうご》（ヤマギワ相談役）は、

「長くて飽きただろうと思われるかもしれないが、ちっとも長いとは思わなかった。お互いそれだけ真剣だったんだと思います」

と語っている。

全体会議の二日目もこれまで同様、平行線の話しあいが続いた。幸之助はすでに延べ十時間以上も壇上に立ち続けている。

さすがに彼も、甘ったれるなと言い続けるだけで彼らが納得するはずもないことをはっきりと感じとっていた。

そして、そろそろ昼になるというころに転機が訪れた。

「みなさんが、おっしゃってくださったこと、私たちが考え、感じてきたことなどをまとめて、私の意見を申しあげたい」

幸之助はそれまでの口調をがらりと改め、神妙な口ぶりで話しはじめたのである。

「『代理店のみなさんがもっとしっかりしてくださったならば』と思ったりもしましたが、それはたいへんな間違いでした。やはりその原因は私ども自身にある。そう思い直しました」

声が次第に涙声へと変わり、遠くからも幸之助の目が赤くなっていくのがはっきりとわかった。そして眼鏡の奥から大粒の涙が、ひと粒、またひと粒と流れ落ちはじめた。

「今日、松下があるのは本当にみなさんのおかげです。それを考えると、私のほうは一言も文句を言える義理やない。これからは心を入れ替えて、どうしたらみなさんに安定した経営をしてもらえるか、それを抜本的に考えてみます。そうお約束します」

先ほどまで罵声《ばせい》が飛び交っていた会場はしんと静まり返り、そこかしこから低い

昭和39年７月、「熱海会談」の記念写真。松下電器と販売会社・代理店は正面からぶつかり合った。熱海のニューフジヤホテル。

嗚咽《おえつ》の声が聞こえはじめた。彼の真心が、湖面に立ったさざなみのように静かに出席者の心へと伝わり、あれほど激しく対立していた気持ちが一つになった。

不思議なことに代理店側も、今となってはその静謐《せいひつ》な心癒《いや》される場所に連れていってくれた松下幸之助という稀有《けう》な経営者に、ただ感謝の心だけが残っていた。

会議終了後、彼は出席者全員に、事前に揮毫《きごう》しておいた「共存共栄」と書かれた色紙を配った。

幸之助は結果として、理想的な落とし所に会議の結末をぴたり持っていったのである。彼の頭の中に、涙を流して頭を下げ、最後に色紙を配っている自分の姿まで描かれていたかどうかはわからない。

そこまで計算できる人間がいるわけなかろう、と思われるかもしれないが、〝経営の神様〟松下幸之助ならありえるかもしれない、そう思えるから不思議である。

熱海会談は代理店の不満をしずめ、見事なガス抜きの役割を果たしたということで、松下幸之助伝説の名場面の一つとされている。だがガス抜きはあくまで応急措置であって、根本的な問題解決にはなりえない。彼の伝説的経営者としての真の面目《めんもく》は、この会談の後、矢継ぎ早に行った改革にこそある。

会談直後、幸之助は自ら営業本部長の職務を代行すると発表した。そして毎朝九時には本社二階の営業本部へ顔を出し、二百名の営業部員を直接指揮しはじめた。

別に奇をてらった行動ではない。危機に際してリーダーが最前線に立つことは、戦争でも経営でも基本動作であるはずだ。だがそれを実際に行動に移せる者の如何に少ないことか。

幸之助は熱海会談で〝心を入れ替えて抜本的に考えてみます〟と語ったことを、うわべの言葉だけでなく行動で示したのだ。そのことに代理店の店主たちは感激し、

「松下はんだけに苦労させるわけにはいかん。わしらも頑張らんと！」

と、気持ちを一つにしたのである。

幸之助は本部長代行の期間を最初から六ヵ月と決めていた。ガス抜きの有効期間などほんの短い間である。だらだらやっている暇はない。ここで彼が現状打開の切り札として採用を決めたのが新販売制度であった。

この制度は四つの柱からなっている。

①一地区一販売会社制（「地域販売制度」）の採用
②事業部・販売会社直取引による流通経路の簡素化
③新月賦販売制度により手形の乱発を防ぎ、原則現金決済へ移行
④報奨制度の見直し

即効性のある策をすべて実行に移したのだ。このことは見事に功を奏し、新販売制度は事業部制と並ぶ松下電器の勝利の方程式となる。

昭和四十年（一九六五）十月からはじまった、岩戸景気をもしのぐ〝いざなぎ景気〟にも助けられ、販売会社・代理店の業績は急速に立ち直りをみせていった。なんと熱海会談の三年後には、すべての会社が赤字から脱出するのである。〝経営は手品ではない〟と日ごろ幸之助は語っていたが、まるで手品のような見事な復活劇

である。

だが、熱海会談で代理店や販売店の危機感を煽《あお》ったからこそ、痛みをともなう新販売制度の導入が可能となったのだ。

幸之助と将棋をさしたことのある大山康晴《おおやまやすはる》・十五世名人は、幸之助が駒の取り得《どく》を狙う合理的な戦法を使うことに感心したというが、熱海会談はまさに経営の神様による〝神の一手〟だったのである。

昭和四十一年（一九六六）十一月、全国二百八十二の販売会社と代理店は共同で募金を集め、幸之助に「天馬往空之像《てんばくうをゆくのぞう》」を贈った。彼が午《うま》年生まれであるのにちなんだものだ。そこには販売会社の声に素直に耳を傾け、見事経営を立ち直らせてくれた幸之助への心からの感謝の気持ちが込められていた。

『日本経済新聞』の「私の履歴書」は、功なり名を遂げた有名人が自伝を披露する名物コーナーである。ここに掲載されるのは名誉なことだと、自薦、他薦がひきもきらないそうだが、幸之助はこの「私の履歴書」にただ一人、二度登場している。

当然、海外からも注目されていた。昭和三十三年（一九五八）には『ニューヨーク・タイムズ』に「発明家・松下幸之助」として紹介され、翌三十四年（一九五九）には『フィナンシャル・タイムズ』にも掲載されている。

そして昭和三十七年、世界で最も権威ある雑誌『タイム』で特集が組まれることとなった。

幸之助の取材にあたったのが、エス・チャングとドン・コナリーという二人の敏腕記者である。どんな世界でもプロは妥協をしない。納得できるところまで取材は続いた。

高さ３メートル、重さ約２トンもあるブロンズ製の「天馬往空之像」。

幸之助もまた、自分の考えがしっかり伝わらないといけないので電話取材は受けないとあらかじめ伝え、その代わりインタビューには可能な限り応じた。

門真本社の応接室からテレビ工場、西宮の自宅、京都の真々庵と次々に所を変え、合計六時間に及んだ。その間、幸之助がいやな顔ひとつせず、誠実に対応してくれたことに、二人の記者は深い感銘を受けた。

そして松下幸之助特集の掲載された

幸之助の特集記事を掲載した米『タイム』誌1962年2月23日号。その表紙は日本画壇の重鎮・堅山南風の筆による日本画で飾られた。

『タイム』誌は、昭和三十七年二月二十三日付で発売された。表紙には日本画壇の重鎮・堅山南風《かたやまなんぷう》の筆による肖像画が採用された。わざわざ写真を使わず日本画にしたところに、『タイム』誌の気合のほどがうかがえる。

そして『タイム』誌掲載の翌年にあたる昭和三十八年（一九六三）五月、ニューヨークのウォルドルフ・アストリア・ホテルで開かれたタイム社創立四十周年祝賀パーティーに幸之助は夫婦で招待された。

それは『タイム』誌の表紙を飾った名士のうち三百人が招待され、米国各界の名士を加えた総勢二千名近い人々が一堂に会する〝世紀のパーティー〟と銘《めい》打たれた豪華なもので、ジョンソン副大統領やラスク国務長官の祝辞もあり、パーティーは午後七時半に始まって深夜の十二時まで続いた。

この時、会えるのを楽しみにしていたのが、西部劇などで当時お茶の間の人気者だったテレビ俳優のリチャード・ブーンである。念願かなってブーンを紹介された幸之助は日本式に丁寧に頭を下げたが、頭を起こすや否や両手をさっと突きだして二丁拳銃のポーズをつくった。

これにはブーンはもちろん周囲の人たちも腹を抱えて大笑いした。英語は話せずとも、相手を喜ばそうとする彼のサービス精神はアメリカでも十分通用したのである。ただ七十歳近い老婦人が近づいてきてダンスに誘われた時だけは丁重にお断りしたという。

昭和38年5月6日、アメリカのタイム社創立40周年祝賀パーティーに夫婦で出席（左はカール・スクリーバ）。

帰途立ち寄ったロサンゼルス市でも大歓迎を受け、その日（五月十五日）を〝松下幸之助デー〟とする栄に浴《よく》した。フィリップス社との提携でこの地をはじめて踏んでから実に十二年の年月が流れていた。その年月が、幸之助を米国人でさえ称賛する世界の名士にしていたのである。

松下幸之助特別号の数年後、『タイム』誌のエス・チャングは再びニューヨークの編集部から、長者番付でいつも上位にいる心境について幸之助に取材してくるよう命じられた。その時の幸之助の答えは、

「山高ければ、谷また深し」

というものだったという。

「百人の人からことごとく褒められる時が、いちばん危ないんや。それに匹敵するだけの反省をせんと、結局のところ自己破滅するだけや」

そう語って、死ぬまで謙虚さをなくさなかった。三十代やそこらでIT長者とおだてられ、傍若無人《ぼうじゃくぶじん》な振舞いをして自滅していく最近の起業家に聞かせてやりたい言葉ではある。

「松下は人を作っています。あわせて電気製品も作っています」

と語っていた幸之助は、日ごろから社員に対し、単なる仕事の進め方でなく、生き方にも通じる深い示唆を与え続けた。たとえば昭和三十八年の松下電器経営方針発表会において、彼は〝社員稼業《かぎょう》〟ということについて語っている。

「社員のみなさんが会社の社員であることに徹するのは、それはそれでまことに結構ですが、それだけでなく、一人ひとりが『社員稼業』という独立経営体の主人公であり、経営者であるという考え方に立ってほしいと思います」

この社員稼業という考え方は、事業部制や道州制などにも流れる自己責任の思想である。自らを社畜でよしとする指示待ち人間ばかりで強い組織など作れるはずもない。

幸之助からすると、社員たちの考え方がどうも甘く思えてならない。ある時も、同僚と大喧嘩した幹部社員が涙ながらに直訴してきたことがあったが、聞き終わって一言、

「君は幸せやなぁ。こうやって愚痴をこぼす相手がいるんやからな」

とため息をついた。経営者の責任の重さと孤独の深さに比べれば、君たち社員は幸せなものだと言いたかったのだ。

甘いと感じることは、商品設計の現場でもしばしば起こった。昭和三十年（一九五五）ごろのこと。テレビ事業部の担当責任者がデザインに行き詰まり、

「テレビというものはブラウン管があってつまみがあるという同じ構造ですから、どうしてもデザインが似通ってしまうんです」

と言い訳をはじめた。この時、幸之助は独り言のようにしてこうつぶやいたとい

のだ。

この言葉にがつんと頭を殴られた思いがした担当者は、気を取り直してデザインを再検討した。〝素直〟に考えることが、行き詰まることから彼を無縁にしていた

「今世界の人口は何人や？ 大体顔の道具はみんな一緒やけど区別できるわな。神さんはうまいことデザインしはるな」

う。

昭和三十五年ごろ、幸之助は新聞記者から、

「あなたはこれまで事業に成功し続けてこられたが、その秘訣はどこにあるのですか？」

という質問をぶつけられたことがあった。

このとき彼は、

「『天地自然の理法』にしたがってきました」

と答えたそうである。禅問答のような答えに戸惑った記者が、重ねてその真意を問うと、

「『雨が降れば傘をさす』ということです」

と説明した。余計にわからなくなって困惑する記者の顔が思い浮かぶようだが、

これは彼の経営の本質である〝素直な心〟を、言葉を替えて話しているにすぎない。

日本語は、日本人の感性なくしては操れない実に玄妙《げんみょう》なものを持っている。〝雨が降れば傘をさす〟という日本語を英語に直訳して外国人に示しても、なかなか通じないであろう。

この〝素直さ〟に関して、彼はこんな言葉も残している。

信長の〝鳴かぬなら殺してしまえホトトギス〟
秀吉の〝鳴かぬなら鳴かせてみしょうホトトギス〟
家康の〝鳴かぬなら鳴くまで待とうホトトギス〟

という、三者の性格を表した有名な言葉があるが、幸之助はこれらを、

「三つとも、ホトトギスが鳴くことを期待してるから出てくる言葉ですな」

とした上で、

〝鳴かぬならそれもまたよしホトトギス〟

と、自らの境地を示したのだ。

わが国の三大英雄を向こうに回し、彼らのさらに上を行っている。こだわりを捨てた〝天地自然の理法〟の神髄がここにあった。

幸之助は『若さに贈る』という著作の中で、若者に対し「適性に立て！」と説いている。得意分野を伸ばすことは、才能もなく好きでもないのに必死に努力することと比べはるかに容易である。

商売も同じで、一時的に儲かるからといって何にでも手を出すのではなく、自分の会社に適性があるかどうかをまず問うたのである。適性がない、寄り道だと感じたら途中からでも躊躇《ちゅうちょ》せず引き返した。

引くべきところはいさぎよく引く——それは名将の条件である。松下幸之助という人物を、たまたま電機産業の拡大期に遭遇したために大成功を収めた幸運児と思ったら大間違いだ。その一例が、昭和三十九年（一九六四）十月、業界に激震を走らせたコンピュータ事業からの撤退であった。

電機各社はコンピュータ時代の到来を見越して、昭和三十年代半ばからわれもわれもとこの分野に参入していた。松下も例外ではなく、五年の研究期間と十数億円の研究費をつぎ込み、試作機もすでに実用化の段階に進んでいた。

コンピュータは将来性ある分野だというのが当時の一般的な見方であり、松下は決して劣勢ではなかっただけに、彼らが撤退を決めたことを他社はどこも不思議がった。

撤退を決めたのは幸之助である。米国チェース・マンハッタン銀行の副頭取が来

日した際、

「コンピュータ産業については、すでに米国内では勝者と敗者がはっきりし、IBMの独り勝ち状態です。米国より市場の小さい日本で、七社ものメーカーがコンピュータ分野にひしめきあっているというのは、どう考えても多すぎる」

と話すのを聞いて、はたと思い当たる節があったのだ。

以前、他社に頼まれてミシンの生産をやりかけた時のこと。やめたいと思った時には代理店などいろいろなしがらみができていて、撤退するのにひと苦労した。

（やはりコンピュータは『家電の松下』のやる事業やない。ミシンみたいなことになったらあかん）

幸之助の〝素直な心〟が、この米国人の助言をすっと受け入れたのである。

この決断に関しては批判も多い。実際、撤退直後こそコンピュータ業界はぱっとしなかったが、その後息を吹き返している。

だが、この決断が熱海会談の三ヵ月後だということに注目するべきである。代理店に対し、松下がタブーのないリストラで筋肉質な経営を目指そうとしていることを、コンピュータからの撤退は強烈に印象づけたに違いないのだ。

ビジネスにおいて〝選択と集中〟は大切なことだ。〝選択〟とはすなわち〝やめること〟を意味するが、経営においてこれほど難しいことはない。退くことは、進むこと以上に勇気のいることである。

コンピュータからの撤退は松下の社員に対しても、間違ったと思ったらどの時点からでも引き返せるということを、はっきり示すこととなった。これも形を変えた〝日に新た〟であろう。

経営理念は、経営者が経営で示してはじめて社員の心に〝思い〟が届き、理念に血が通うのである。

このころになると世界と競える企業も増えてきていたが、昭和四十年（一九六五）、まさに経営の真価が問われる時が来た。好景気が終わって深刻な不況が訪れ、経営破綻する企業が続出したのである。

そうした中、幸之助は昭和四十年二月十一日、岡山県倉敷市で開かれた第三回関西財界セミナーにおいて講演し、経営破綻を未然に防ぐ方法として、〝ダム経営論〟を提唱した。

経営にも風水害や水不足は起きる。だから経営にもダムが必要だというわけだ。資金のダム、在庫のダム、設備のダム、人材のダム、技術のダムが必要だと彼は説いた。

京都での講演で、このダム経営論を披露したところ、ある社長が手を挙げて質問した。

「ダム経営の重要性はよくわかりましたが、どうすればその余裕を持てるんでしょうか？」

もっともな質問である。会場内は経営の神様からどんなノウハウが聞けるかと一瞬静まり返ったが、幸之助は涼しい顔でこう答えた。

「余裕を持とうと、何よりもそう思わなければいけませんわな」

聴衆の顔に明らかな失望の色が浮かんだ。

だが会場の中でおそらくただ一人、この言葉に鳥肌《とりはだ》の立つような感動を覚えている男がいた。この六年前、京都セラミック株式会社をわずか二十八名で立ち上げていた稲盛和夫《いなもりかずお》である。「経営は『思い』である」という言葉の重みは、社員と〝思い〟を共有することに心血を注ぎ、その実現に命を賭けた人間にしかわからない。そのことを実践してきた稲盛には、幸之助の言葉が深い共感となって胸に響いたのだ。

稲盛は幸之助より三十八歳も年下であったが、幸之助が体得した〝素直な心〟を見事に身につけ、企業の持つ社会性や社員教育の重要性に目を向けた経営を行った意味でも、松下イズムの正統な継承者と言っていいだろう。

京セラを世界企業に育て上げ、ＪＡＬやＫＤＤＩを今日の隆盛に導いた稲盛和夫の出発点は、仕事人間であった彼が、珍しく仕事を抜け出して聴きに行った講演会での、松下幸之助との間接的な、しかし意義深い出会いにあったのである。

中内功との戦い

昭和四十年（一九六五）の大晦日《おおみそか》、幸之助は第十六回ＮＨＫ紅白歌合戦の審査員に選ばれた。国民に絶大な人気を誇っていたがゆえの審査員起用であった。松下電器の最大のヒット商品は、実は松下幸之助その人だったのかもしれない。

だがこの翌年、幸之助人気に水を差す事件が起こる。

昭和四十一年十一月八日午前十時、松下電器本社に、公正取引委員会（公取委）が予告なしに査察にやってきたのだ。他の家電メーカー四社と販売会社六社にも同時に査察が入った。

電機メーカーは空前の好決算に沸いていたが、それはメーカーが不当に小売価格を高止まりさせているからではないか、という不満が国民の間に渦巻いていた。それがひいてはインフレの元凶になっているというわけである。そうした批判を受け、公取委は販売実態を調査すべく査察に及んだのだ。

その一ヵ月後、公取委は松下、東芝、日立、三菱電機、早川電機（現在のシャープ）、三洋電機のテレビメーカー六社に対し、白黒、カラーテレビの価格協定を破棄するよう勧告してきた。

中でも松下電器は、家電メーカーの親玉として公取委から狙い撃ちにされる。昭和四十二年（一九六七）七月、今度は松下電器一社に対し、ヤミ再販行為があるとして排除勧告が出された。

ヤミ再販とは、独占禁止法が禁止している不公正取引の一つで、不正に再販売価格維持を強要し、小売業者にメーカー側の決めた価格を維持させることをいう。小売業者は値引き販売できなくなるわけだ。この排除勧告は、幸之助が熱海会談以降に組織した新販売制度をヤミ再販の温床だとして狙い撃ちしてきたものであり、幸之助の正価の考え方を否定するものであった。

これまで彼は社員に対し、

「社会に奉仕したご褒美が、結局は利益になって戻ってくるんや」

と説いてきた。

社会から感謝されることはあっても、指弾《しだん》されることなどありえない。冗談ではないとばかりに憤然と勧告を拒否し、「白黒つけるまで戦う！」と審判に持ち込んだ（昭和四十六年三月、公取委は松下側の言い分も一部認め、同意審判という形で決着を

昭和40年12月31日、NHK紅白歌合戦の審査員としてステージに立つ幸之助（右から４人目）。「尊敬する人物」や「理想とする経営者」アンケートで上位を占める国民的人気を反映した審査員起用だった。

見る）。

　すると今度は海の向こうから、輸出価格が〝安すぎる〟という正反対の批判が挙がってきて当惑させられる。

　カラーテレビ、ステレオといった電気製品の対米輸出が急増していたことが背景であった。米国内で日本からの輸入品の排斥《はいせき》運動がはじまり、昭和四十二年ごろから、反ダンピング法違反容疑で提訴される電子機器が相次いだ。

　昭和四十三年（一九六八）、日本の国民総生産は西独を抜き、世界第二位の経済大国に躍進していた。米国との間に貿易摩擦が起こったのも、わが国が明らかに彼らにとっての脅威となりつつあったことを示している。

その奇跡の復興を、世界に向けて高らかに宣言することになった一大行事が、昭和四十五年（一九七〇）、大阪の千里丘陵で開催された日本万国博覧会であった。

この時、日本万国博覧会協会の会長ポストに注目が集まった。地元大阪で開かれる世界的イベントということで当然、幸之助がその最有力候補として名前が挙がっていた。大変名誉な役職であるし、それを遂行する能力も十分あったはずだが、彼は、

「松下が引き受けると大阪の万博になってしまう。今回はぜひとも日本の万博にせな」

と言って、あっさりと辞退してしまうのである。

結局、経団連（日本経済団体連合会）会長の石坂泰三《いしざかたいぞう》が大任を果たすこととなった。名誉心から自分に適性のない名誉職にまで手を挙げて周囲を困らせる大物財界人が多い中、幸之助がいかにそうしたことから超然としていたかを物語るエピソードである。

彼は生涯、関経連（関西経済連合会）会長や大阪商工会議所会頭といった経済団体の長にはならなかった。〝長〟にはならないかわり、〝副〟のポストにとどまって、縁の下の力持ちとしてしっかり汗をかくことを自分の役割と心得ていた。

万博で注目されたのは、参加する国や企業が智恵をしぼったユニークなパビリオ

ンとその展示内容である。松下館は日本建築界の巨匠吉田五十八《いそや》設計による天平時代の寺院建築をモチーフとしたパビリオンで、日本の美を世界に示すものとなっていた。

開幕前、建築の進捗状況を視察に来た幸之助は、

「ちょっと下駄《げた》を持ってきてんか」

と言って自ら下駄を履《は》き、何度もアプローチの階段を上がり降りした。下駄履きの年寄りがいても危なくないか試してみたのだ。

それまで設計は専門家に任せていたのだが、担当者たちは早速、階段の段差を小さくするなど見直しを行った。幸之助の安全に対する厳しい姿勢と鋭敏な嗅《きゅう》覚《かく》は、何も電気製品に限ったことではなかったのだ。

松下館の展示の目玉は、毎日新聞と共同で企画したタイムカプセルである。五

昭和45年２月25日、万博松下館の開館式でテープカットを行う。

千年後に残すべきものとして厳選された二〇九八点の品々と、閉会後、それらを収納して大阪城公園に埋設される予定のカプセルとを展示した。

会場奥には茶室が設けられ、抹茶がふるまわれた。幸之助は、

「抹茶と饅頭《まんじゅう》の代金百円は実費です。儲けてまへんから。念のため」

と言って取材陣を笑わせた。

当初目標の五千万人を大幅に上回る六四二二万人もの入場者を集めたため、人気パビリオンへの入場は二時間、三時間待ちとなり、松下館もまた例外ではなかった。

ある日、松下館の館長代理をしていた中根清がなにげなく警備用モニターを眺めていると、行列の中に幸之助の姿があるのを見つけた。あわてて飛んでいくと、

「行列の時間を計ってるんや。ほっといてくれてええから」

というのんびりした言葉が返ってきた。

だが館内に入ってきた幸之助はすぐ、待ち時間を短縮するため館内誘導に工夫をすることと、夏に備えて日よけを作っておくよう指示を出した。さっそく現場で検討し、野点《のだて》用の大日傘を立てるとともに、日よけの帽子を配ることにした。

大阪の夏は暑い。加えて夏休みに入ると、これまで以上に列は長くなった。幸之助の助言は実に適切なものだったのだ。配られた紙の帽子は万博の思い出としてい

いお土産にもなり好評を博した。

万博の開催期間中は、日本中お祭り騒ぎで盛り上がった。その間にテレビ放送のカラー化が進み、〝万博はカラーで〟というキャッチコピーも功を奏して、カラーテレビの販売台数は大きな伸びを示した。その一方で、以前からくすぶっていた消費者問題は激しさを増し、昭和四十五年九月、ついに消費者五団体は、カラーテレビの一年間買い控え運動に踏み切る。

正価は適正利潤による消費者との共存共栄を目指すものだという幸之助の信念は変わらない。頑として値下げに応じない松下側の姿勢に消費者団体は反発し、松下製品を狙い撃ちする不買運動が始まった。

「奥さん解放したんは私ですわ」

と、誇りにしてきた幸之助にとって、その主婦層からバッシングを受けるのは割り切れない思いだった。

そんな中、幸之助に公然と挑戦状を叩きつけた男がいた。ダイエーの中内㓛である。

このころの中内は〝価格破壊〟を旗印に掲げ、消費者を味方につけて流通革命を巻き起こしていた。特にメーカーの力が強かった家電市場には消費者・販売店・メーカーの三権分立が働いていないと訴え、価格決定権をメーカーの手から取り戻すことを高らかに宣言した。

彼の攻撃の矛先が、メーカー中心の販売制度を持つ松下電器に向かうのは当然の成り行きであった。

正価販売を譲らない松下電器をダイエーの軍門に下《くだ》らせ、価格決定権を取り戻すことは、消費者の味方としてのダイエーを強烈にアピールすることになる。松下電器は中内にとって絶好のターゲットだった。

ここで中内の人となりについて簡単に触れておこう。

中内は大正十一年（一九二二）、大阪府西成郡伝法町（現在の大阪市此花区）で小さな薬局を営む中内家の長男として生まれた。幸之助より二十八歳年下である。

旧制神戸三中（現在の兵庫県立長田高等学校）、兵庫県立神戸高等商業学校（後の神戸商科大学）を卒業した後、召集されて赴いたフィリピン・ルソン島では部隊が玉砕《ぎょくさい》して自らも負傷。九死に一生を得て帰国した。復員後は神戸の闇市で成功し、昭和三十二年（一九五七）、大阪市旭区の京阪電鉄千林駅前に主婦の店・ダイエー一号店を開店。その後一貫して消費者の味方を標榜《ひょうぼう》し、流通業界に旋風を巻き起こしていた。

幸之助に負けない仕事人間である。前夜どんなに遅くても起床はぴったり午前五時半。寝不足とか疲れたとかいう言葉は彼の辞書にはない。

発言が奇抜だ。

「ダイエーはストリップ劇場、百貨店は歌舞伎座。百貨店は商品よりも長年の間に築いた名声やイメージを売る。ダイエーは商品そのものを売る。ダイエーは若い女の子の裸を大量に陳列しているようなもので、内部の設備や看板は二の次だ」（中内㓛『わが安売り哲学』）

社長が自分の会社をストリップ劇場にたとえることが、社員のやる気につながるかどうかという議論はひとまずおく。中内はその発言同様、経営手法においても周囲をあっと言わせる奇策を連発してみせた。

東京オリンピックに際してのテレビ需要を見込んだ大量生産で在庫がだぶついていたことに目ざとく着目した中内は、昭和三十九年（一九六四）十月、安く在庫を引き取って、松下の正価販売を崩壊させる作戦に出た。

「売れてへんのやから、安くなって当たり前やろ」

というのが中内の論理である。これに反論するのはさすがに難しい。

さらにダイエー側は、大量に販売する量販店は小規模な小売店よりもメーカーから優遇されるのが当然であり、仕入れ高に応じた相応の値下げ、すなわちリベートがあって当たり前だと主張した。

中内の商売の基本は薄利多売《はくり》である。売り上げが大きいと安く仕入れられて安く売れる。すると安いから大量に売れ、またさらに安く仕入れられるという好循環が、量販店の勝利の方程式であった。

このあたりから、世間はダイエーの手法に小首を傾《かし》げはじめる。このやり方だと、ダイエーのような量販店は繁栄を謳歌《おうか》するが、価格競争力を持たない零細な小売店は存続できない。

中内は最初のうち松下傘下《さんか》の販売店たちに、

「あなたたちは松下に販売価格を決められてかわいそうやな。私が解放してあげましょう」

と言って味方につけておきながら、実際には量販店の独り勝ちを狙っていたのである。

松下電器にとって街のナショナル・ショップは大事なパートナーだ。量販店でもどこでも、松下製品をたくさん売ってくれるところは優遇するという考え方などとっていない。幸之助は大事な販売店のためにも、中内の売ってきた喧嘩には絶対負けられんとまなじりを決した。そしてダイエーへの商品供給停止という非常手段に訴えた。全面対決である。

中内も負けてはいない。正規ルートで商品が入ってこなくなると、今度はいわゆるバッタ屋などから松下製品を買い漁《あさ》って店頭に並べた。一方の松下側はダイエーの仕入れ先を調べ上げ、彼らに在庫品を売った問屋には厳重注意して、ダイエーとの戦いに落伍《らくご》者を出さないよう徹底した。

中内は疑問を抱いた。

（どうして松下は、うちの仕入れ先を特定することができるんやろう……）

こうなると智恵比べである。中内はこのからくりを見破り、その秘密を派手な形で世間に公表する。

昭和四十二年（一九六七）十月三日、参議院物価等対策特別委員会に属する四人の国会議員が関西を視察した時のこと。中内は議員たちと報道陣をダイエー三宮《さんのみや》第二号店に招くと、彼らの目の前で松下製品の梱包《こんぽう》された箱に、問屋から入手したという機械が出す光線を当ててみせた。するとそこに、ある番号が浮き上がったのだ。まるで手品のようだが、これこそ松下電器が製品の流通ルートを特定できたからくりだった。

「どうです！　松下はんはこんな秘密の番号をつけてまで流通ルートを割り出せるようにして、ダイエーに納入させんようにしてまんのや」

この演出は絶大なる効果があった。松下側は品質管理上の処置だと反論したが、マスコミが黙って見過ごすはずがない。議員たちも委員会でとりあげると憤《いきどお》った。

この後、両者の確執は熾烈を極め、〝三十年戦争〟と呼ばれる泥沼にはまっていくが、一貫して中内はしたたかな戦いぶりを見せた。値段を下げることに大衆が異を唱えるはずはない。消費者団体はもとより、大衆相手のメディアもダイエーサイドについた。

中内は強かった。実は彼には負けられない理由があったのだ。

ダイエーが薬の安売りをはじめたことにより、関西の薬局は次々に倒産していった。それまで薬局を営んでいた中内の父親は、当然のごとく仲間からつまはじきにされ、友人をすべて失った。それでも父親は、文句一つ言わず息子の生き様を見守ってくれたのである。

その父を中内は昭和四十五年（一九七〇）三月に失っている。心筋梗塞《こうそく》による急死だったため死に目にはあえなかった。彼はそんな亡き父親のためにも、安売りの旗を降ろすわけにはいかなかったのである。

昭和四十五年十一月、ダイエーはテレビ価格破壊のための新たな刺客として、自社ブランドの十三型カラーテレビ「ブブ」を世に送った。当時カラーテレビの価格は十万円弱というのが通常であったが、「ブブ」は半額に近い五万九千八百円。破格の安さである。発売当日には買い手が殺到し、くじ引きで購入者を決めるという騒ぎになった。

「ブブ」はダイエーが、中堅電機メーカーのクラウンに委託して製造してもらったテレビだったが、クラウン自身、中内がまさか五万円台という価格で売り出すとはつゆ知らず、慌てて「当社としては遺憾《いかん》な価格である」という発表を行った。

というのも、クラウンは他社から部品供給を受けており、肝心のブラウン管は松下製だったからである。松下を敵に回しては会社の存続にかかわる。真っ青になっているクラウン側に対し、中内は「とことん責任を持つから」と胸を叩いたというが、クラウン幹部の気持ちを思うと気の毒になる。

だが一方で、「ブブ」が松下に与えたダメージは中内の思惑どおり大きかった。主婦連合会による松下製品の不買運動は勢いづき、ついには経営基盤を揺るがすまでになった。

やむなく昭和四十六年（一九七一）一月十六日、松下電器はカラーテレビの新機種を十五％以上値下げして発売することを発表する。新機種はオールトランジスタという当時の最新式。消費者は松下の新製品に飛びついた。

皮肉なことに、この値下げと新製品投入によって、松下はカラーテレビのシェアを十％も伸ばすこととなる。

他方、松下など電機メーカー各社に見放されたクラウンは、哀《あわ》れ経営危機に陥ってしまう。「とことん責任を持つから」と言った手前、中内は約束を守って支援の手をさしのべ、同社を子会社にした。ところがこれは大失敗で、後々までダイエーのお荷物となってしまう。

この時のことを回顧して中内は次のように語っている。

「小売業はある意味で日銭商売ですからね。ところが、メーカーは生産設備を持って一度生産に入ってしまうと、簡単に身動きがとれなくなってしまう。メーカーと流通業はやはり住む世界が違うということを、高い授業料を払って思い知らされましたよ」（「松下幸之助に立ち向かった男」『月刊経営塾』臨時増刊号、平成六年）

「ブブ」騒動からしばらくして、幸之助は中内を真々庵《しんしんあん》に招いた。心中はさておき、それは静かな会見だった。茶室で二人きりになり、幸之助自ら茶を点《た》て、瓢亭《ひょうてい》の料理でもてなした。

「中内さん、あんたももうここまで会社を大きくされたんやから、これからは覇道《はどう》やなく、王道を歩まれたらどないや」

商いの道の先達として、幸之助がそう静かに語りかけると、中内はしばらく黙っていた後、

「そうですか……」

と、答えにならない言葉を口にした。

茶室を出ると外は雨。幸之助は傘を中内にさしかけ、玄関まで行ってそこで見送った。

そして幸之助の死後五年を経た平成六年（一九九四）二月、ダイエーと忠実屋の合併を機に、忠実屋と松下電器の従来の取引を継承する形で、ダイエーと松下電器の間に和解が成立する。彼らの三十年戦争は、ようやくここに終結を見たのである。

その時、中内の胸にどんな思いが去来《きよらい》したのだろう。それをうかがうことのできる言葉を、彼は自らの著書の中に残している。

〈三十年にわたる長いブランクだった。互いに相いれぬ哲学だと思っていたが、実は、松下さんとは貧困や飢餓を知る者として、その克服への思いを共にし、方法論が違っていただけかもしれない。あの世で、その辺りをじっくり話し合ってみたい〉（中内㓛『流通革命は終わらない』）

表向き松下との戦いに勝利した形となったダイエーだったが、その後に中内を待っていたのは勝利者の栄光ではなく、いつ終わるとも知れぬ地獄の日々であった。

既存店を担保として新規出店の資金を借り入れる手法により、あっという間に店舗数を拡大させたダイエーグループだったが、不動産バブルの崩壊とともに銀行から追加担保を要求され、資金繰りは急速に悪化。ハワイのアラモワナセンターなど優良資産から順に売却のやむなきにいたり、経営は破綻状態となった。

〝too big to fail〟(大きすぎてつぶせない)と言われながらも、やがてグループは解体を余儀なくされ、稀代《きだい》の風雲児・中内㓛は失意の中、平成十七年(二〇〇五)九月十九日午前九時半、この世を去る。享年八十三。

田園調布の自宅も芦屋の別宅も差し押さえられていたため、遺体は病院から大阪市内の菩提《ぼだい》寺(正蓮寺)に直接運ばれ、近親者だけでの密葬となった。彼が心血を注いだダイエーは社葬を行わず、結局晩年に彼が設立した流通科学大学での学園葬となった。栄光の時代にふさわしからざる寂しい最期であった。

だが中内㓛は、間違いなくわが国の経済産業史に残る一人の英雄であった。

彼は、ひと山当てた一発屋などではない。復員兵としての裸一貫から時代の流れを読みきって連戦連勝を重ね、難攻不落を誇る松下帝国に単騎《たんき》戦いを挑んだ。その意気や良しである。

流通の世界で彼の構築したビジネスモデルはアメリカの一流のビジネススクールの教材として採用され、彼の実務能力の高さは阪神淡路大震災の折の危機対応の見事さでも証明され、今も語り草となっている。

問題は、そんな彼でも失敗したということである。しかも致命的に。

人は成功者にのみ範《はん》を求めようとするが、失敗に学ぶことは成功に学ぶこと以上に大切なことである。その好例を彼は遺《のこ》してくれた。我々は彼に感謝するべきである。

今にして思えば、価格は消費者が決定すべきだとする中内の考え方と、企業と消費者は共存共栄であるべきだとする幸之助の考え方。好対照に見える二つの思想だが、中内がいみじくも語っているように結局目指すものは同じで、国民が幸せで豊かに暮らせる社会であったはずだ。

両雄が理屈ではなく経験の中からつかみとったこの二つの考え方と彼らの生き様の中には、二人から社会のバトンを渡された我々の玩味《がんみ》するべき滋養《じよう》が、苦い反省とともに実り豊かに含まれている。

ビデオ戦争

昭和四十三年（一九六八）五月五日、松下電器は枚方市にある松下電器体育館において創業五十周年記念式典を催したが、この日の空は雲一つない五月晴《さつきば》れであった。

壇上に立った幸之助は、

「今日この五十周年の記念日を迎えるにあたりまして、いちばん感慨《かんがい》深いのが私自身であることはもちろんですが、奥さんもまた感慨深いと思います。そこで今日は二人で喜んでここに参上したしだいでございます」

と語り、むめの夫人のほうを向くと、

「どうも奥さん、長い間ありがとう」

と言いながら深々と頭を下げた。このほほえましい光景に、会場からは期せずして万雷の拍手が起こった。

昭和43年５月、創業50周年を記念して、４日の事業場式典に続き、５日には枚方の松下電器体育館で中央式典が挙行された。

夫婦生活はじまって以来の椿事《ちんじ》である。最初むめのは昼間に幽霊を見たような顔をしていたが、やがて照れ臭そうに笑いながら目に光るものを見せた。辛く苦しかった創業期、あのむめのの献身がなければ松下電器の今日はない。そのことを幸之助は誰よりもわかっている。幸之助七十三歳、むめのは七十二歳になっていた。

感動的だった創業五十周年記念式典の明くる年の七月十六日、井植歳男が突然他界する。高血圧から来る脳内出血によるものであった。享年六十六。

少し前のこと。幸之助夫妻が淡路島に行くという話を小耳にはさんだ井植は、自分のフェリーボートに和・洋二人の料理人を乗せて同行し、姉むめのの里帰りに花を添えた。この時、幸之助と井植は船の上で実に楽しそうに談笑していたという。

亡くなる前年、弟の祐郎《ゆうろう》に三洋電機社長の椅子を譲り、会長に就任したばかりだった。松下幸之助の伴星《ばんせい》と呼ぶにふさわしくない、眩《まばゆ》いばかりの光彩《こうさい》を放った男の人生がここに幕を閉じた。

守口市民会館で行われた告別式には、故人を慕って一万人もの弔問客が集まった。そこで幸之助は万感の思いを込めて弔辞《ちょうじ》を読んだ。もうそこには何のわだかまりもない。二人で苦労した遠い日々の思い出だけが、ただただ懐かしくいとおしかった。

昭和四十八年（一九七三）七月、七十八歳になっていた幸之助は、会長職を髙橋荒太郎に譲り、相談役に退いた。

だが経営には影響力を持ち続けた。肩書が会長になろうが相談役になろうが、ずっと影のＣＥＯ（Chief Executive Officer＝最高経営責任者）だったということだろう。松下電器本社ビル二階の相談役室へと続く廊下は〝松の廊下〟と呼ばれ、お伺いを立てる者がひきもきらない。

市場の成熟とともに、この世の春を謳歌してきた電機業界も生き残りを賭けて戦

昭和48年７月19日、会長職を退任し相談役に就任の記者会見（右は松下正治、左は髙橋荒太郎）。

う時代へと突入し、世の中が〝神様〟のご託宣《たくせん》を欲していたのもまた事実だった。

そして昭和四十九年、家電産業の覇権を賭けた戦いが繰り広げられることになる。家庭用ビデオデッキの規格を巡る争い、いわゆる〝ビデオ戦争〟である。

当時の松下電器にとって、戦後本格的に弱電に参入してきた重電メーカーの日立や東芝も大きな脅威だったが、新興企業の中の注目株がソニーだった。ここでソニー創業者の井深大《いぶかまさる》と盛田昭夫について触れておきたい。

井深は栃木県日光町に生まれた。幸之助の十四歳年下である。父親は古河鉱業の技師であった。その父親とは三歳の時に死別。母親は日本女子大出のインテリだったが、姑《しゅうとめ》との折り合いが悪く、井深とともに東京に出て母校の附属幼稚園に職を得、その後再婚する。

井深は母親の再婚先から名門・神戸一中（現在の神戸高等学校）に通った。中学三年の時、無線に夢中になったが、母親から高価な真空管を買ってもらうなど経済的には何不自由ない生活を送っている。その後、早稲田大学理工学部へと進み、卒業後、日本測定器という会社を興《おこ》した。

時局柄、軍部の仕事が次々と舞い込んでくる。そんな時、終生のパートナーとなる盛田昭夫と出会うのである。

造り酒屋の家に生まれた盛田は井深同様、経済的にたいへん恵まれた環境で育った。大阪帝国大学理学部（物理学専攻）卒業後、海軍に志願。海軍技術中尉となる。井深との出会いもこの中尉時代であった。

終戦で日本測定器が解散になると、翌年の昭和二十一年（一九四六）五月、二人は日本橋の白木屋（現在、コレド日本橋がある場所）の一室を間借りして東京通信工業を設立する。井深三十八歳、盛田二十五歳の時のことであった。総勢二十名ほどの小さな会社だったが、大学を卒業した優秀な技術者がそろっていた。金が足りなくなると盛田が父親に無心したというから、幸之助に比べたら彼らの創業は楽なものだ。

それでも試練が訪れる。最初の商品であるテープ・レコーダーがまったく売れなかったのだ。ある意味当然だった。重さが四十五キロもあって、大卒の初任給が八千円という時代に十七万円もしたのでは売れるはずがない。

このエピソードが、松下とソニーの違いをいみじくも示している。幸之助はまずニーズをとらえ、それを満たす商品を作った。それに対し、井深はまず先進的な商品を作り、その魅力で購入意欲を喚起《かんき》しようとした。

そして先進的な製品を何とか売れるところまで持っていくのが盛田の役割であった。〝市場を一から作る〟という盛田の仕事はある意味、井深以上に大変なものだったに違いない。

井深は昭和二十七年（一九五二）、視察調査のため渡米し、当時は補聴器くらいにしか役に立たないだろうと考えられていたトランジスタをベル研究所で見て、

（これはラジオの真空管に代替できる！）

と直感した。

早速、基本特許を持っていたベル研究所の親会社であるウェスタン・エレクトリックから特許使用許可を受けた。払った金は社の命運を左右する大金であったが、不退転の決意で研究に取り組んだ結果、軽量小型のトランジスタ・ラジオの開発に成功する。

当時のソニーのボトルネックは販売力のなさであった。井深が幸之助にトランジスタを見せ、「松下トランジスタ」として売ってくれないかと相談を持ちかけたという話さえ伝わっている。

その後もソニーが先鞭《せんべん》をつけた技術で他社がソニー以上に儲けることが続いたが、それでも井深たちは自分たちのスタイルを変えることなく新技術に挑戦し続けた。

そしてソニーが松下のライバルと言えるまでに体力をつけてきた時、両社の間にビデオ戦争が勃発するのである。

昭和五十年（一九七五）九月、松下寿《ことぶき》電子は自社開発したVX－100を発売するが、ビデオカセットが弁当箱のように大きかったため早々と敗退が決まり、結局ビデオの規格争いは日本ビクター（現在のJVCケンウッド）のVHS対ソニーのベータマックスに絞られた。

ビデオデッキの需要は大きい。この勝負の行方によって、その後の家電メーカーの勢力図が変わる可能性すら示唆していた。VHSを開発した日本ビクターは、企業規模でも技術力でもソニーに劣る。そのため、松下がどちらの陣営につくかが勝敗を分けるというのが衆目の一致するところだった。

昭和五十年の暮れ、盛田は幸之助と日本ビクターの開発責任者を呼んでベータマックスの技術を公開するという大胆な作戦に出た。さらに昭和五十一年（一九七六）四月、幸之助とビデオを製作している松下寿電子の社長を招いてソニーのビデオ工場を見学させた。

工場見学から帰ってきた幸之助は、当時ビデオ部長だった谷井昭雄（後の松下電器産業社長）に向かってこう言ったという。

「ベータマックスは百点やな」

画質のよさもベータが一枚上である。谷井は冷静にその言葉を受けとめたが、次に幸之助の口から出た言葉が彼を驚かせた。

「ベータが百点というのは録画時間が一時間やからや。その点、ＶＨＳは二時間やから二百点や」

当時、ＶＨＳの録画時間は最大四時間に伸びる可能性を持っていたが、ベータマックスの録画時間は伸びても最大で三時間とされていた。アメリカへの輸出を考えると、アメリカン・フットボールの録画ができることが必須条件だが、試合時間は三時間を超え四時間近くになることもしばしばであり、これに対応できるのはＶＨＳしかないというのが幸之助の結論だった。

その上、ベータのビデオデッキは二十キロを超していたが、一方のＶＨＳは十三キロしかない。幸之助が製品の重さを重視したのは有名な話だ。

「その重さでこの値段は高いやろう」

そう言われると部下は目を丸くするのだが、客が持ち帰れる商品はそうでないものに比べ十倍売れることを、彼は経験で知っていたのだ。

実は幸之助と盛田は対談集『憂論』（PHP研究所）を出版しているほどで、この国を改革していかねばならないという憂国の念を抱く同志だった。だからこそ盛田も心を許し、企業秘密であるはずの工場見学までさせたのだ。だが幸之助は商売に私心を入れなかった。

私情を捨て、消費者の立場で〝素直〟に判断したら、VHSを選ぶしかない。

こうして昭和五十二年（一九七七）、松下のVHS陣営入りが発表された。それは同時に、ソニーがビデオ戦争に敗北したことを意味していた。しばらくは彼らも健闘したが、衆寡《しゅうか》敵せず、昭和六十二年（一九八七）、ソニーはVHS方式の生産を開始し、VHS陣営の軍門に下るのである。

しかしソニーはその後も独自路線を貫いた。昭和五十四年（一九七九）にはウォークマンという、若者のライフスタイルを変えてしまうほどの革命的商品を世に送り出す。ビデオ戦争に敗れたとはいえ、ソニーのDNAとも言うべき先進性は生きていた。

筆者の若いころの経験からすると、値引きせずに売るという幸之助の理想を実現したのは、むしろソニーのほうだった印象を持つ。

だが一方で皮肉なことに、ソニーが強くなろうとすればするほど、事業部制の採用や販売網強化など、〝松下化〟していかざるをえなかったのもまた事実であった。

石田退三との出会い

松下幸之助は〝巨耳の人〟である。

ただ単に耳が大きいだけでなく、それがまるでパラボラアンテナのように前に向かって張り出している。人の話をよく聞いてきたからそういう形になったのだ、という伝説になっているほどだ。

実際、彼は無類の聞き上手であった。ただ漫然と聞くのではなく、「あんたの言うとおりや」「もっともや」と、相手が嬉しくなるような当意即妙の相槌《あいづち》を打ちながら耳を傾ける。すると相手のほうも話に熱がこもり、とっておきのネタを提供してくれるというわけだ。

衆知《しゅうち》を集めることは受身ではできない。汗をかきながら拾い集めた情報の蓄積が、彼の決断の精度を上げていったのである。

彼はこんなことを言っている。

「人から非常にいい話を聞いた、非常に感銘《かんめい》した、その感銘したことで頭がいっぱいにつまってしまうと、ほかにもっといいことを聞いても入らない。これではいけない。われわれはどんなことが入っても、それをつまらせたらいけない。まだすきまをおいておく。なんぼでも次々と、海綿《かいめん》のごとく吸収していくというような頭にならなければ、頑固《がんこ》オヤジになってしまう」（『松下幸之助発言集　第28巻』昭和四十八年の発言より）

〝なんぼでも次々と、海綿のごとく吸収していく〟という迫力ある言葉からは、情報収集に対する並々ならぬ執念を感じる。

そんな彼がビジネスの師と仰いだ人物がいた。〝トヨタ自動車中興《ちゆうこう》の祖〟と呼ばれる石田退三である。

幸之助が石田とはじめて会ったのは昭和二十六年（一九五一）ごろのこと、「トヨタに石田退三という経営の名人がいます。是非お会いになられては」と勧められたのがきっかけだった。

ここで、幸之助の人生に大きな影響を与えた石田退三という人物について簡単に触れておこう。

石田（旧姓澤田）は、明治二十一年（一八八八）十一月十六日、愛知県知多《ちた》郡小《こ》

鈴谷《すがや》村（現在の常滑《とこなめ》市）に生まれている。ソニーの盛田昭夫もこの村の出身だ。石田は幸之助より六歳年上であった。

代々の大きな百姓家で六人兄弟の末子だったが、十二歳の時、村長をしていた父澤田徳三郎を亡くし（享年五十三）、家は没落。進学できず丁稚奉公に出された。勉強のよくできた彼は滋賀県立第一中学校（現在の彦根東高等学校）を卒業し、一時は代用教員となったが、その後勤めた西洋家具屋で商才を身につけた。結婚を機に家具屋を退職。養子縁組をしてこの時に姓を石田と改めた。上京して呉服問屋に勤めたが、ここもすぐに退職。その後、服部商店（現在の興和株式会社）に入社し、上海駐在中に豊田佐吉と運命の出会いをする。

豊田佐吉は根っからの技術屋である。芸者が踊っている宴席でも、手酌《てじゃく》を重ねながら、じっと新しい機械の工夫について考えをめぐらしているような人物であった。

そんな豊田に心ひかれた石田は豊田紡織へと移り、同社の監査役から取締役支配人を経て、豊田自動織機製作所（現在の豊田自動織機）常務となり、戦後社長に就任。折からの労働争議の解決やGHQとの交渉に辣腕《らつわん》をふるった。

昭和八年（一九三三）、佐吉の息子である豊田喜一郎は豊田自動織機製作所の中に自動車部の看板を掲げ、国産自動車開発に乗りだすが、実は、石田はこれに強く反対した。

　天下の三井、三菱ですら手をこまねいた大事業である。豊田には荷が重すぎると考えたからだが、その後、自動車部はトヨタ自動車工業（現在のトヨタ自動車株式会社）として本格的に自動車製造に取り組みはじめた。

　戦争中は軍需があったが、戦後になって財閥解体の対象となり、ドッジ・ラインによるデフレの影響もあって経営に行き詰まってしまう。

　銀行団は製造と販売の分離（工・販分離）と経営陣の刷新《さっしん》を要求。社長の豊田喜一郎は辞任し、代わって石田が豊田自動織機製作所社長のまま、トヨタ自動車工業の社長を兼務することとなった。昭和二十五年（一九五〇）のことである。

　メインバンクである帝国銀行（後の三井銀行）と東海銀行は、支援継続を約束してくれた。ところがこの時、融資回収に走ったのが住友銀行だ。

「機屋《はたや》（自動織機）には貸せるが、鍛冶屋《かじや》（自動車工業）には貸せん」

　担当者がそんな言葉を口にしたという伝説が残されている。

「自分の城は自分で守るんだ！」

　銀行に頼らなくてもいい会社にしようと石田は檄《げき》を飛ばし、社員の心を一つにした。そして〝乾いた雑巾《ぞうきん》をさらに絞る〟といった言葉で象徴される、徹底して無駄を排除した低コスト・高収益体質を作りあげる。

銀行取引は人と人との縁である。幸之助の抱いた住友銀行への感謝の思いとは逆の経験が、石田を徹底した住友銀行嫌いにし、その後も敷居《しきい》をまたがせなかった。三井銀行と合併して三井住友銀行となった今も、トヨタ担当は旧三井銀行出身者に限られているという。

石田は財界活動もせず、ひたすらトヨタのために尽くした人生だったため、ややもすると創業者一族の影に隠れてしまいがちであるが、現在のトヨタ自動車繁栄の礎《いしずえ》を築いた中興の祖として、もっと注目されるべき人物であろう。

会うことを勧められてすぐ、幸之助は愛知県豊田市挙母《ころも》町にあるトヨタの工場へ石田を訪ねていった。

そして少し言葉を交わしただけで、彼は石田の非凡さを感じとった。それは物事の本質を背面まで見とおしてしまうような鋭利さであり、強靭《きようじん》な精神力であった。その圧倒的な迫力に、生まれてはじめて味わう戦慄《せんりつ》を覚えた。そのくせ気取らず威張らず、愛想を絶やさない。そして何より私心がない。

(これは怖いお人や。こんなお人が世の中におったんか。こりゃかなわん。もういっぺん勉強のやり直しや)

それが石田の第一印象であったと、後々まで幸之助は一つ話のようにして周囲に

昭和38年８月、トヨタ自動車にて石田退三と。

語った。

石田は自ら工場を案内してくれた。これがまたすごい。鮮やかな流れ作業が行われていて、どれ一つとっても無駄がない。

「わしは技術のことはわからんから」

そう言って石田は謙遜したが、幸之助は生産方法に関しても兜《かぶと》を脱いだ。そして社に帰ると、すぐさま重役たちを集めてこう命じた。

「君たち、すぐトヨタさんへ行って石田社長の話を聞いてこい。そして工場を見せてもらえ」

この話から、読者はどういった感想を持たれるだろう。

確かに石田退三は素晴らしい経営者に違いない。しかし筆者はこのエピソードから、石田以上に松下幸之助という人物の圧倒的な大きさを感じるのである。

当代随一の名経営者としての名声を得てもなお、幸之助は謙虚に学ぶ姿勢を忘れなかった。石田の卓越した経営センスを見抜き、そこから学ぶべき点が多いと感じるやいなや、すぐに膝《ひざ》を曲げて教えを請うた。

〝怖いお人〟なのは石田ではなく、松下幸之助その人である。そのたゆまぬ向上心と謙虚さこそが、〝神様〟と呼ばれるようになった秘密に違いないのだ。


石田に刺激を受け、幸之助の経営に対する姿勢はさらに厳しいものになっていった。そのことを示すのがカーラジオに関するエピソードだ。

昭和三十年代後半、貿易自由化による国際競争の激化を背景に、国内自動車メーカーは軒並《のきな》み価格見直しをはじめ、松下通信工業もカーラジオを納入していたトヨタから価格引き下げを要求された。

「即日五%下げ、向こう半年でさらに十五%下げ、合計二十%下げていただきたい」

というのが先方の要求だった。利幅は三%しかなかったから、どだい無理な話である。

担当役員は、石田とも親しい幸之助から、こちらの厳しい事情を伝えてもらうことで解決を図ろうと考えた。

ざっと事の次第を聞いた幸之助は、同情してほしげな視線を送る幹部たちを前に、彼らが予想だにしなかった言葉を口にする。

「そもそも三％の利益率とはどういうことや。話にならん。トヨタさんの要求は現状を考えると当然のことや。至急、二十％価格を下げても十％儲かるように工夫せえ」

やぶ蛇《へび》とはこのことである。トヨタからの要求を押し返してくれるどころか、逆にもっと厳しい要求を出されてしまい、担当役員は頭を抱えた。

数％のコストカットならやりくりで何とかなる。だがここまでになると、もう発想の転換しかない。そして時代がそれを要求しているのだということに幸之助は気づいたのだ。

トヨタも熾烈な国際競争を生き残っていくために根本的な発想転換をしている。部品を提供している自分たちが、それを傍観《ぼうかん》していていいはずがない。現場は死に物狂いになってこの課題に取り組み、見事応えた。

幸之助は石田に礼を言ったという。

かくして松下は、カーラジオ年間百五十億円の販売先であるトヨタ自動車をがっちりつかんだのである。

カーラジオの一件もあって、石田との関係はますます深まっていった。幸之助はトヨタ自動車株を会社と個人の分を合わせて百万株ほど購入し、大阪で行われる決算説明会には欠かさず出席した。

決算の話などすぐ終わる。その後、石田とざっくばらんな意見交換をした。話題は天下国家に広がっていく。幼くして奉公にあがり、厳しい丁稚生活を経てはじめて見えてくる風景というものがある。自分と同じ感性を持つ人間に出会えたことが嬉しくてならなかった。

決算説明会など普通は部長クラスの代理出席がほとんどなのに、トヨタ自動車の大阪での決算説明会だけは軒並み銀行の頭取や大会社の社長が出席し、二人の会話に神妙《しんみょう》に耳を傾けたという。

「一番尊敬する人は？」

と尋ねられるたびに、

「石田退三さんです」

と答え、長く友情を温めたが、昭和五十四年（一九七九）九月十八日、石田退三は幸之助より一足早くこの世を去った。享年九十。

長寿だったという点でも二人は共通している。葬儀にあたって幸之助は友人代表を引き受けた。

昭和43年12月、真々庵にて立花大亀和尚と対談。昭和51年には『人間本来の姿に立ち返ろう』（現代史出版会）という共著を出版している。

幸之助は石田の追悼集の中で、
〈私は、兄二人、姉五人の末子として生まれたのであるが、兄は二人とも私が小さいころに早逝《そうせい》してしまった。そんな私にとって、石田さんは一人の兄、しかもきわめて頼りになる賢兄とでもいった存在であった〉（『軌跡九十年』）
と語っている。

幸之助が心の師と仰いだ人物は数多いが、先述の加藤大観師のほか、京都大徳寺の名僧立花大亀《たちばなだいき》師もその一人だった。昭和二十七年（一九五二）秋、京都の骨《こっ》董《とう》屋でお茶を飲みながら話していて意気投合し、その後、深い信頼と尊敬の気持ちで結ばれた。
〈この人が坊さんになったら、道元禅師

のような方になって『正法眼蔵《しょうぼうげんぞう》』を書いたかもしれんな）

　と立花は感心する一方で、

「ほんまにあんたは阿修羅《あしゅら》やなあ！」

などという厳しい言葉で自重を促しもした。

阿修羅は帝釈天《たいしゃくてん》と戦い続けた仏典の中の荒《あら》ぶる神である。幸之助の人生は命の取りあいでこそないものの激しい戦いの連続だった。

経営は綺麗ごとではない。〝狂〟の部分があり、その覚悟が必要だというのが幸之助の持論である。そのため、しばしば立花が見ていられなくなるような修羅場の中に身を置かざるをえない。

毎日が緊張の連続である。時には精神を休めないとまいってしまう。彼の場合、お茶を点てることがリフレッシュ法であった。

茶道との出会いは昭和十二年（一九三七）ごろ、田中車輛（現在の近畿車輛）社長の田中太介を通じてであった。田中の紹介でいろいろな茶人と交わるようになり、中でも裏千家十四代家元の淡々斎《たんたんさい》とは深い友誼《ゆうぎ》を結んだ。

一時は大阪茶道会理事長の矢野宗粋《やのそうすい》を屋敷に同居させるほどのめりこみ、茶の湯の中に流れる日本の伝統的精神の素晴らしさを世の中に広めたいと、伊勢神宮や高野山金剛峯寺《こんごうぶじ》、四天王寺など全国十三ヵ所に茶室を寄付している。

京都東山の真々庵もまた、心休まる場所であった。

ここはもともと茶人としても名高い実業家の染谷《そめや》寛治《かんじ》（元鐘紡監査役）の別邸だったものを幸之助が買い取り、自ら〝真々庵〟と名づけたのだ。

昭和40年ごろ、真々庵にて。

「語呂が良くて覚えやすいでしょ。真の字を二つ重ねることで、真理を追究する意気込みを表してるんですわ」

と語り、自分でもこの名をたいへん気に入っていた。

敷地面積は約五千平方メートル。東山を借景《しゃっけい》とし、琵琶湖疏《そ》水《すい》の水を引いた池泉《ちせん》回遊式庭園は明治から昭和にかけて活躍した七代目小川治兵衛の手による名園だったが、幸之助が買った当時は相当荒れていた。

むめのには、

「まだ見にきたらあかんで。こんな荒れた屋敷をなんで買《こ》うたんやって言うに決まってる。ちゃんとするまで見せへんから」

と言って、庭師の川崎幸次郎に命じ、大改造に着手した。

「宮本武蔵や荒木又右衛門といった武芸者は、身に寸鉄《すんてつ》帯びずに敵を制したいうやないか。それと同じ気持ちでやってくれ」

というのが川崎に与えた指示であった。

そして川崎が飛び石に使おうと思って運び込んだ見事な鞍馬石《くらまいし》を一瞥《いちべつ》するなり、こう言った。

「せっかくやけど、これ持って帰ってくれへんか。わしはこんないいもんはいらんのや。普通の石でええ。わしはあんたの『腕』が見たいんや」

川崎が使おうとした鞍馬石は、幸之助言うところの武芸者の〝剣〟だったのである。彼の思いをようやく理解した川崎は、その後は以心伝心で整備を進めた。

池を広げて周囲の石を組み直し、男性的な荒々しさを抑えるようにし、杉を十五～六本補植《ほしょく》して白砂を敷き、静謐《せいひつ》な空間をつくりあげた。こうして隅々にまで幸之助の精神を行き渡らせた、簡素で自然の美しさそのままの庭ができあがった。

心から満足した幸之助は、ここに伊勢神宮の内宮《ないくう》を模《も》した小さな祠《ほこら》を建て、〝根《こん》源《げん》の社《やしろ》〟と名づけた。そして完成後は、しばしばその前に円座《えんざ》を敷いて座り、じっと目を閉じた。木々を渡る風の声、小川を流れるせせらぎ——世俗の音の届かない空間で、彼は火照《ほて》った心を冷ましたのだ。

やがて幸之助は真々庵を迎賓館とし、おもてなしの心を社員たちに教える場とするようになった。

真々庵は幸之助の思索の場でもあった。自らつくった「根源の社」の前に座す。

秋には落ち葉を拾い、白砂を掃《は》いて目を立てる。そしていよいよ来客のある三十分前になると、打ち水をして迎えるのだ。門から建物に続く小道には、びっしりともうせん苔《こけ》やスギ苔が生えているので、打ち水をするとそれらが生き生きと映える。

ある時、踏み石のくぼみに水がたまっているのを見つけた幸之助は、雑巾を持ってきて水を吸い取りながら、こう言ったそうだ。

「今日のお客様の中には草履《ぞうり》で来られる方がいらっしゃるかもしれん。そういう方が来られても、これなら大丈夫や」

筆者も何度かお邪魔したが、訪れるたび松下幸之助という人物の精神がそのまま気配となって邸内にとどまっているように感じられ、深い感動とともに、えも言えぬ清涼《せいりよう》感が胸中を吹き抜けたのを思い出す。

幸之助は病弱であることもあって健康には人一倍気をつけていた。

晩年になると宴席は控えるようになった。そもそも彼は粗食である。それが長寿の秘訣だったのかもしれない。ただし甘いものは別腹で、若いころぜんざいが好きだったように、アイスクリームなど甘いものには目がない。一度に二個も食べたりした。

就寝は午前零時か一時ごろだが、いつもなかなか寝つけない。ずいぶんと睡眠薬の世話になったが、それでも朝は早く起きる。七時半ごろには先祖の位牌に手を合わせ、朝の体操をはじめる。五分ほどシコを踏んだり両手をあげたりして身体を動かすのが日課だった。

それでもいやおうなく老いは忍び寄ってきたが、そんな幸之助に、老いを忘れさせてくれる一つの出会いがあった。相手は人ではない。アメリカの詩人サムエル・ウルマン（Samuel Ullman）の「Ｙｏｕｔｈ〜青春とは〜」という詩と出会ったのである。

昭和四十年（一九六五）、松下電工社長だった丹羽正治が、印刷会社の人にもらったと言って、その詩が掲載された冊子を幸之助のところへ持ってきたのがきっかけだった。詩の冒頭は、

〈青春とは人生のある期間を言うのではなく心の様相を言うのだ〉

という言葉ではじまる。読むと勇気が湧《わ》いてくる。すっかり気に入ってしまった。

原詩は長いのでＰＨＰの研究会で短くまとめ、次のような「松下幸之助の〈青春〉のことば」としてまとめた。

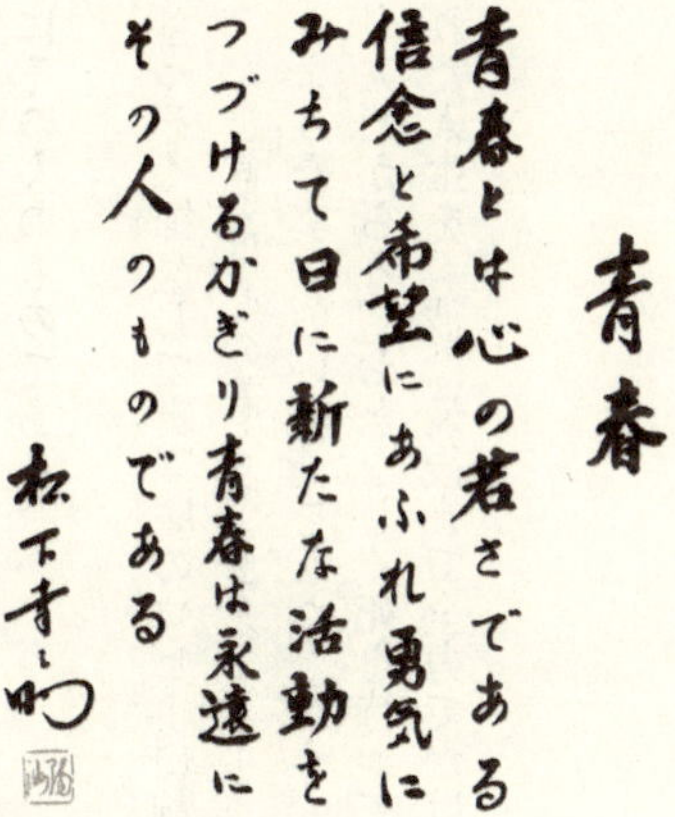
青春
青春とは心の若さである
信念と希望にあふれ勇気に
みちて日に新たな活動を
つづけるかぎり青春は永遠に
その人のものである
松下幸之助

「松下幸之助の〈青春〉のことば」

青春とは心の若さである。

信念と希望にあふれ、勇気にみちて日に新たな活動をつづけるかぎり、青春は永遠にその人のものである。

さっそく揮毫《きごう》して真々庵のロビーに飾り、複製を立派な額装にして代理店に配った。〝青春とは心の若さである〟――この言葉を口にするたび、幸之助は童心《どうしん》に返ったような実にいい表情をしたという。

老人だからと、おとなしく死を待っていようなどとは思っていない。自分に与えられた人生を、彼は最後まで全力でかけぬけようとしていた。

経営する哲学者

昭和十年（一九三五）ごろのこと、ある百貨店美術部の人が日本画の大家・竹内《たけうち》栖鳳《せいほう》にお願いしてようやく一枚の絵を描いてもらった。雨の中、一人の漁師が昆布《こんぶ》をとっている図である。ところが三千円という破格の高値のため、なかなか買い手がつかない。そこで彼は幸之助に買ってもらおうと考え、彼を訪問した。

そして竹内栖鳳がいかにすばらしい画家であるかを説き、三千円は決して高くないと言った後でこう付け加えた。

「この絵は縁起がええんですわ。なんて言いましても『藻《も》を刈る』（儲かる）ですから！」

それまでじっと黙って説明を聞いていた幸之助は破顔一笑《はがんいっしょう》。

「そりゃおもろい。買いまひょ」

と即決した。

（よう考えてセールスした）

そんな彼への褒め言葉の代わりであった。

彼は一生懸命売りこんでくる人に弱い。必死に智恵を絞っているのを見ると、若い頃の自分を思い出して、ついほろりとするのだ。西宮の自宅前で早朝から何日も待ってセールスしてきた証券マンから株を買ってやったこともある。本業では冷徹だが、ビジネスをはなれたところでは、彼の情の人としての一面が顔を出した。

以前は三年でも四年でも同じネクタイを締めていた幸之助も、さすがに一流財界人の仲間入りをしてからは身の回りに気をつけるようになっていた。それでも仕事が忙しくて、いつも自分のことは後回しになってしまう。

昭和初期の理容界の大御所である米倉近《よねくらちかし》の経営するヘアサロン米倉が銀座にあったが、昭和三十年（一九五五）ごろ立ち寄った際、そこで働く三十七、八歳の理容師にこう言われたことがあった。

「銀座四丁目の交差点には松下電器さんの立派なネオン広告塔がございますが、松下さんの頭は言ってみればそれ以上に大切な会社の看板だと思います。もう少しお気をつかわれてはいかがでしょうか」

これには一本取られた。それまであまり散髪に行かなかったが、それからというもの、十日か二週間に一度、東京にいるときはこの店、大阪にいるときはヘアサロン米倉の支店に行くようになった。いい話を聞いたお礼のつもりだった。

同様のことは重なった。

東海道新幹線の試運転で、東京から試乗してきた石田礼助国鉄総裁を新大阪駅で出迎えた時のこと。その様子が全国にテレビ中継され、これを見ていた札幌に本店のある富士メガネの金井武雄は、幸之助のメガネがずり下がっているのが気になり、

〈お顔にあまり合っておられないようですので、お取り換えになられたほうがよろしいかと思いますが〉

と手紙を出した。ほどなくして礼状が届いたが、どうもメガネを換えた様子はない。

ある日、幸之助が講演のために札幌を訪れた時、金井はわざわざ講演会場まで来て幸之助に声をかけ、その宿泊先のホテルまで出向いて、視力を調べた上で細かく調整してあげた。

幸之助がどうしてここまでしてくれるのかとわけを尋ねたところ、

「松下さんは外国へ行かれることの多い方です。それが困るのです。日本にはちゃんとした眼鏡屋はないと思われてしまいます。そうなれば国辱《こくじょく》ものです」

そう真剣な顔で答えた。

（ここにも本物の匠《たくみ》がいる……）

いたく感激した幸之助は、まもなく『世界一のメガネ屋さん』という金井に感謝する一文を発表し、その心配りに応えた。

もう一つご紹介しよう。

根《こん》をつめて仕事をすると肩がこる。そこで彼はしばしば鍼灸《しんきゅう》師の御井敬三《みいけいぞう》のところへ通っていた。

御井は全盲であったが、こういう方たちはしばしば健常者よりも繊細な感受性の持ち主である。彼は奈良の飛鳥《あすか》路をこよなく愛し、藁葺《わらぶ》きの農家を買って月の半分をそこで過ごしていた。

ところが開発の波はここにも押し寄せ、昔の風情《ふぜい》が急速に失われようとしている。危機感を覚えた御井は、あるとき幸之助に相談を持ちかけた。

御井の訴えに心動かされた幸之助は、

「それはいかん。えらいことや。近く佐藤首相に会うから、あんたの話をテープにとって聞かしてみようやないか」

そう言ってくれた。

（首相に？）

御井は半信半疑ながらテープに思いのたけを吹き込むと、幸之助は果たしてそれを本当に佐藤栄作首相に聞かせてくれたのである。首相も危機感を抱き、翌日の閣議に諮《はか》ってくれた。

こうして飛鳥保存運動が動きはじめる。

幸之助はその先頭に立ち、昭和四十六年（一九七一）、飛鳥保存財団の理事長に就任した。幸運なことに、財団発足後一年もしないうちに高松塚古墳の壁画が発見されたことで注目を集め、明日香村（旧飛鳥村）の保存は一気に進んでいった。

散髪屋の話も眼鏡屋の話も、そしてこの鍼灸師の話も、幸之助がどんな人の話にも耳を傾ける〝素直な心〟を持ち続けていたことを示している。

そして〝素直さ〟と〝謙虚さ〟とは表裏一体の関係にある。松下幸之助という人が、功成り名を遂げても謙虚さを忘れない人であったことに関しては、これまたいくつもの伝説が残されている。

京都大学教授だった会田雄次はある時、京都駅の新幹線ホームでたまたま彼と出会った。

会田は幸之助の二十二歳年下であったが、雑誌の対談などでしばしば顔を合わせた旧知の仲である。挨拶をした後、別の車両だったため二人は別れ、幸之助は名古屋へ、会田は東京へと向かった。

そして新幹線が名古屋に着いた時、会田が何気なく車窓の外を見ると、幸之助がしきりに車内をのぞいて回っている。そして列車が動きはじめた時、会田は幸之助と視線があった。

その瞬間、幸之助の顔にぱっと笑顔が広がり、深々と会田に向かってお辞儀をしたのである。

会田は思わず後ろを振り返りそうになったが、周囲にそれらしい人もいない。幸之助はほかでもない会田のことを探していたのである。あわてて挨拶を返したが、親子ほども年の違う人間にも礼を尽くす松下幸之助という人物の人柄に深く感じ入った。

名優森繁久彌《もりしげひさや》も同様の経験をしている。彼は幸之助と話していて、何度も〝森繁先生〟と呼ばれるものでしだいに気恥ずかしくなり、

「頼みますから〝森繁君〟と呼んでいただけませんか」

と頼んだことがあった。するとしばらくは〝森繁君〟と言ってくれていたが、まただすぐ〝森繁先生〟に戻ってしまった。再度森繁が頼むと、幸之助は笑いながら、

「『先生』とつい口に出るということは、やっぱりわての先生でっせ」

と言って改めようとしなかった。

その逆もあった。佐藤首相とテレビで対談した時のこと。すでに押しも押されもせぬ財界の大立者であり、三つ年長でもある幸之助のことを、佐藤首相は番組の間中ずっと〝松下君〟と呼び続けた。

その物言いがいかにも傲慢《ごうまん》で耳障《みみざわ》りであったと楠本憲吉が書いているが、一方の幸之助は、その間ずっとにこやかな笑顔を絶やさなかったという。

彼は『リーダーを志す君へ——松下政経塾塾長講話録』の中で次のように述べている。

「人間として一番尊いものは徳である。だから、徳を高めなくてはいかん、と。しかし、技術は教えることができるし、習うこともできる。けれども、徳は教えることも習うこともできない。自分で悟るしかない」

そして松下幸之助の気配りは伝説的である。当時たいへんな売れっ子評論家だった扇谷《おうぎや》正造《しょうぞう》もまた、松下幸之助の気配りに感動した一人であった。

昭和五十四年（一九七九）十一月、パレスホテルで雑誌『経済界』年度賞の授賞パーティーが開かれた時のこと。

受賞者が何人もいたため、長時間にわたってお礼の挨拶が続き、三百人近い出席者は料理を前に立ちっぱなし。その上まだ財界人の祝辞が続いた。ある財界リーダーの一人は二十分近くも同じことを繰り返ししゃべり、出席者はもう半ばあきれ顔になっている。

この時、締《し》めの挨拶に立ったのが幸之助だった。

彼は演壇に上がるなり、

「本日は誠におめでとう存じます。カゼをひいて声がかすれておりますので挨拶はこれくらいにさせていただき、演壇に上がりましたのは皆さんの代表ということだと思いますので、ひとつ本日受賞された方々の栄誉にあやかりたく、皆さまに代わって握手をさせていただきます」

そう言うと、挨拶もそこそこに受賞者一人ひとりと握手をはじめたのだ。会場は笑いに包まれ大きな拍手がわいた。それはまさに、長い挨拶から解放してくれた幸之助への感謝の拍手であった。

審査員の一人としてその一部始終を見ていた扇谷は、会場の空気を見事に読んで全員を味方につけてしまった鮮やかさに舌を巻き、

〈世阿彌《ぜあみ》の『花伝書』に、老人は枯れた芸——秘すれば花ということばがでてくるが、まさにこれだなと思った〉（『連峰』一九八〇年二月号）

と、ため息さえ聞こえてきそうな賛辞を書き残している。

昭和四十二年（一九六七）一月十五日、幸之助は門真《かどま》市立公民館において行われた門真市の成人式に来賓として招かれた。

この時すでに七十二歳であったが、椅子に座っても背筋はぴんと伸び、黒ぶちの眼鏡の奥の眼が強い光を放っていて、そこだけ空気の密度が違っているような、ある種のオーラが周囲を圧していた。

やがて司会者の紹介を受けてマイクの前に立った彼は、壇上の市長たち他の来賓と観客席に深々と礼をし、まずは松下電器本社のある門真市への感謝を述べた上で、若者への期待にあふれた祝辞を述べはじめた。

そして彼は佳境《かきょう》に入ってきたところで、次のような言葉を口にした。

「成人式を一つの大きな節として、〝今日から自分は、自分自身というものを経営していくんだ〟という考え方を持っていただきたいのです」

〝自分自身を経営していく〟という耳慣れない言葉に、きっと新成人たちも驚いたに違いないが、彼は力を込めてこう続けた。

「個人の生活を経営だというふうに考える場合は少ない。けれども私は、これを経営と言ってみたい。『あなたの経営はどうやってるんや？』『私はこういう風にやって、こうやってるんだ』ということですね。そうしてみると自分の独立性というものがはっきりわかるようになります。現在の世相《せそう》というものを考えてみますと、どの経営体をとっても非常に人や社会に対して依存している。独立独歩でやってゆくということが、今日ほど低調な時代はないと思うんです」

この挨拶からもわかるように、〝経営の神様〟から教えられるものは企業経営の極意だけではない。人生の生き方そのものだ。それはまさに〝人生も経営〟だからなのである。

精神面をもっと深めていきたいという幸之助の思いは、日に日に強まっていた。

PHP研究所の江口克彦（現参議院議員）に、

「二人で一回『人間観』を勉強してみよか」

と声をかけたのは、昭和四十六年七月はじめのことであった。

企業に経営理念を持ち込んだ幸之助は、今度は人間の生き方についての規範はないかと考えるようになっていた。国民の誰もが仏門に入ったり、山にこもって修業ができるわけではない。日常生活の中で、人々に魂の平安を与える方法はないか。それは心のよりどころとしての人間観を持ち、それにしたがって生きることなのではないのか。

それが長い思索の後に、彼のたどり着いた結論であった。もっとも、その人間観がどういったものであるべきかは、まだ茫洋《ぼうよう》としたままである。そこで幸之助は、江口とともに土日祭日もなく毎日勉強会を続けた。

考えに考え、練りに練って半年ほどが経ち、ようやくその先にぼんやり形が見えはじめたところで、その成果を文章にしてみようということになった。ワープロのなかったこの時代。校正用ゲラ刷りの書き直しだけでも優に六十回を超え、部分修正は百五十回以上に及んだ。

こうして翌昭和四十七年（一九七二）八月に発刊されたのが、幸之助の数ある著書の中でも最高傑作の呼び声高い『人間を考える』である。彼の代表作が『経営を考える』ではなく『人間を考える』であることは示唆に富んでいる。

哲学者の谷川徹三は、

「こういうものを書かずにいられなかったところに、松下さんの事業を今日までにした、松下さんという一人の人間の秘密があるのではないか」

と述べている。

この本の中で幸之助の提唱したのが、〝新しい人間観〟であった。

宗教のほとんどは、神という絶対者を信仰することで人間に謙虚さを求める。それはとても大事なことだが、どうしても保守的、静的《せい》なものとなってしまい、覇気《はき》につながらない。そこで幸之助は、あえて、

「人間とは本来崇高《すうこう》にして偉大な存在である」

と規定した。人間は偉大な存在なのだと自信を持たせることで、向上心を高め、活力を与えようとしたのである。

彼の宇宙観は、あくまで人間が中心である。彼は、

「人間は神の使命の遂行者であるが故《ゆえ》に、人間のためにすべてが存在する」

と述べている。

調和ある繁栄、平和、幸福に向けて進歩する道はすでに最初から用意されているにもかかわらず、それを不合理な社会制度などが妨げているとし、もっと〝素直〟になるべきであり、

「〝天地自然の理法〟に目を向けよ」

と語った。

こうした考えを持つにいたった背景は、彼の人生における体験にある。

これまで何度も大きな決断をした。不思議と彼の場合それがうまくいったが、ほかの同業者は途中で経営不振に陥り、次々と消えていった。その違いは一体何だったのか。それを突き詰めて考えた時、それは自分が〝素直〟だったからであり、〝天地自然の理法〟にうまく乗ったからではないかと悟ったのだ。

そして彼がよく口にした〝日に新た〟は単なる変化ではなく、それ自体が絶えず

〝生成発展〟する過程なのだとし、

「お互いにこの人間の偉大さを悟り、天命を自覚し、衆知を高めつつ生成発展の大業を営まなければならない」

と説いた。

この『人間を考える』の完成は、大きな達成感をもたらせてくれた。

「『新しい人間観』をこのようにまとめることができて、わしは今ふっと、『ああ、自分もこれで死んでもいいな』と思ったんや」

と江口に漏らしさえしたという。

ただ興味深いのは、彼が「あとがき」の中で、

〈改めるところがあれば、提唱文・解説文ともに随時改訂していきたい〉

と書いていることである。

ここで記したことは自分の思

昭和47年に発刊した自著『人間を考える』において「新しい人間観」を提唱。

考の〝今〟に過ぎない。幸之助の〝日に新た〟に終着点はなかったのである。

このころ松下電器には、幸之助がPHP活動にのみ没頭しているわけにもいかない事態が再び起こっていた。

昭和四十年代後半ともなると、松下電器の経営陣の平均年齢は六十歳を越え、東証上場二百社中ワースト4にランクされるまでになっていた。組織のダイナミズムが失われ、松下正治社長の手腕についても、力量不足だという批判が絶えなかった。もう限界だと感じさせるほど松下電器の経営は低迷していたのだ。

ここで社長交代を行い、来年の創業六十周年をその新社長に迎えさせるのが人心の刷新《さっしん》には絶好のタイミングだと見て取った幸之助は、泣いて馬謖《ばしょく》を斬る思いで後継者の選定に入った。

そして昭和五十二年（一九七七）一月十七日、大阪の電子会館で行われていた松下電器決算記者会見の席上、社長の松下正治は決算内容を読みあげた後、なんの前触れもなく、

「髙橋荒太郎会長が引退するのにともない、私は会長となり、新社長には山下俊彦取締役が就任いたします」

という発表を行った。

昭和52年３月23日、東京・ホテルニューオータニにて行われた山下俊彦新社長就任披露パーティー。この若返り人事は、世間に清新な驚きを巻き起こした。

それまで黙々と決算内容をメモしていた新聞記者たちの手がぴたっと止まり、静かだった記者会見場は一転して騒然とした雰囲気に包まれた。そしてみな、一様に同じことを思った。

（山下って誰や？）

山下は当時、松下電器の役員二十六名の中で序列が下から二番目で無名である。年齢で言っても五番目に若い五十七歳のエアコン事業部担当役員で、専務でもなければ常務でもない。記者が驚くのも当然だった。

二月の株主総会の後でくわしい記者会見を行うと説明したが、記者たちは納得せず、急遽《きゅうきょ》、新社長になる山下を呼んで会見を開く異例の事態となった。

実は本人も今回の人事には釈然《しゃくぜん》とし

ないものを感じていただけに、記者会見場に現れた山下の受け答えはぶっきらぼうなものだった。記者たちから浴びせられる容赦《ようしゃ》ない質問の雨に苛立ちは募り、ついそれが、

「選んだほうにも責任がある」

という言葉となってぽろりと出てしまった。

しまったと思ったが後の祭りである。翌日の新聞に大きくとりあげられたが、これは山下の正直な気持ちであった。

ふだんの山下は、客からも部下からも評判のいい爽《さわ》やかな男であった。

昭和十三年（一九三八）、大阪市立泉尾工業学校（現在の大阪市立泉尾工業高等学校）窯業《ようぎょう》科を卒業し、十八歳で松下電器に就職した。戦後一時期松下を離れていたが、フィリップス社との提携を機に呼び戻されてオランダに渡り、松下電子工業の工場長を務めた後、松下電器の子会社であったウエスト電気の常務取締役に就任する。

ウエスト電気はカメラのフラッシュを製造するメーカーだったが、業績不振による賃金カットにより労働争議が頻発していた。山下はこの会社を見事立て直し、社内の注目を集めた。そしてクーラー部門を担当すると、今度はこの部門を業界一の

シェアに育て上げていた。

社長交代の記者会見の九日前にあたる一月八日の土曜日、幸之助の秘書から山下の自宅に一本の電話が入った。幸之助が会いたがっているから十日月曜日の午前中に門真の本社へ来るようにとのことだった。

その電話があった翌日、副社長の谷村博蔵から妙な電話が入った。

「難しい話が出るかもしれんが、その場で断ったらあかんで。重要な話やからな」

谷村は重い口調でそう繰り返したが、何のことやらさっぱりわからない。

キツネにつままれたような思いのまま、約束どおり一月十日に門真本社へと出向いた。すると、幸之助は山下の顔を見るなり、

「実は今度、会長の髙橋君が退き、正治が会長になる。ついては、君に社長になってもらいたいんや」

と切り出した。この時の驚きを、山下は著書の中で、

「まさに寝耳に水というか、青天の霹靂《へきれき》である。ああいうときは言葉もでない。一瞬『相談役は気が変になったのではないか』とさえ思ったほどである」

と語っている（『ぼくでも社長が務まった』）。

谷村副社長からの事前の忠告のことなどすっかり忘れ、

「お断りさせてください。私には荷が重すぎます」

という言葉が反射的に口をついて出た。

それから山下は必死の抵抗を試みたが、連日、松下正治社長や谷村副社長に入れ代わり立ち代わり説得され、ついに無理やり引き受けさせられるのである。そしてそれが、先述のぶっきらぼうな記者会見へとつながっていったというわけだ。

山下の抜擢によって、幸之助は再び社内に新風を吹き込むことに成功した。

今でこそこうした抜擢人事は珍しくないが、年功序列が成熟していた当時にあって、この人事は間違いなく画期的だった。世間から〝山下跳び〟と呼ばれ、この年の流行語にまでなった（東京オリンピックの体操金メダリスト、山下治広《はるひろ》の跳馬《ちょうば》の技にかけている）。

山下は期待に応え、獅子奮迅の活躍を見せていく。

これまでタブーだった事業部間の大規模な人事異動を実施。高齢化した幹部社員の退職を促した。やりすぎだという声にも山下は屈しなかった。

幸之助は社長室に〝大忍〟と自書した額を持って現れ、

「わしもこの額を部屋にかけとく。君がこの額を見る時、わしも見ていると思てくれたらいい」

と言って励ました。

こうして松下電器は、山下体制の一九八〇年代前半に利益成長のピークを迎え、

昭和53年１月10日、松下電器の創業60周年に当たり、病気静養中を押して経営方針発表会に出席。挨拶に立った後、深々と三度頭を下げた。

再び不死鳥のように蘇《よみがえ》るのである。

〝山下跳び〟からちょうど一年が過ぎた昭和五十三年（一九七八）一月に開かれた経営方針発表会は、創業六十周年という節目の年であったこともあって例年にない盛りあがりを見せた。

挨拶に立った幸之助は、たった三人で会社を興し、六十年後の今日、松下電器社員六万人、関連会社を入れると十五万人という、想像もできなかった成功を収めた喜びを壇上からしみじみと語り、そして最後に、

「六十年と言いますと、個人であれば還《かん》暦《れき》。もう一度一からやり直しということになります。松下電器も本日、一度元に戻って十五万人から再出発するつもりでいきま

しょう。私はこの六十年間に、これだけの仕事をしてくださったみなさんに、心からお礼を申し上げます」

と言うと、演壇から数歩前に歩み出てきて、社員たちに向かって深々と膝まで頭を下げた。しかもそれは三度繰り返された。

会場内に大きなどよめきが広がり、それはやがて割れんばかりの拍手の嵐となった。

この場に居合わせた社員たちはみな、この時ほど松下電器の社員であることに感動と誇りを感じた瞬間はなかったと述懐している。血を流し痛みに耐えながら、危機を何度も乗り越えての六十年であった。

国家に経営理念を求めて

八十歳になった幸之助に三鬼陽之助が、

「若返りを金で買えるなら何をやりたいですか?」

と問うたところ、即座に、

「五十歳にしてくれるんなら三百億円は出していい。そうなるともう政治家ですな。やはりすべてを律するのは政治ですからね」

という答えが返ってきたという。

大阪商人には〝政経分離〟の傾向があり、昔から政商は少なかった。松下電器もまた政治と距離を置いていたがゆえに自由にビジネスができていたのである。

だが幸之助の胸に、傍観者にとどまってはいられないという焦燥《しょうそう》感が募ってきていた。

このころ日本の社会情勢は混乱の極みにあった。昭和四十八年(一九七三)の第一次石油ショック、翌年のロッキード事件による田中内閣退陣。不況は深刻化し、失業者は二百万人を超えるまでになっている。そうした中、幸之助が国に求めたのは国家としての理念であり、経営の観点であった。

松下電器がスポンサーをしていた「水戸黄門」は幸之助のお気に入りのテレビ番組だったが、やがて彼自身が、〝昭和の黄門〟となって立ちあがるのである。

昭和五十三年（一九七八）九月十二日の午後、松下政経塾を設立し、自ら塾長となることを発表した。

彼と〝思い〟を一つにする政治家を一から養成しようというのだ。百歳まで生きると公言していた彼らしい、気の長い話である。翌年六月に財団法人松下政経塾が設立され、理事長兼塾長に就任した時、幸之助はすでに八十四歳になっていた。

そもそも彼は、日本の政治家が国民に尊敬されていないことに危機感を抱いていた。

昭和三十八年（一九六三）五月、タイム社の〝世紀のパーティー〟に夫婦で招待されたことは先述した。このパーティーの折、米国務長官が挨拶に立ったところ出席者全員がさっと起立して拍手した。そのことに深い感銘を受けて日本に帰ってきた彼は、あるパーティーで池田勇人首相が挨拶に立った際、起立はおろか話し声さえやまないのに少なからぬショックを受けていた。

霊山顕彰会を設立して初代会長に就任した幸之助は、昭和45年10月に霊山歴史館を竣工、開館した。

（国民から尊敬され、信頼される政治家を作らんと……）

経営者に求心力がなければ経営理念は絵に描いた餅《もち》になってしまうように、政治家に求心力がないと、どれだけ素晴らしい政策を掲げても国民はついてこない。政治家の〝思い〟は届かない。

幸之助は明治維新を一つの理想と考えてもいた。

昭和四十三年（一九六八）は明治維新から百年目にあたり、松下電器創業五十周年でもあったことから、幸之助は関西財界人に呼びかけ、坂本龍馬や木戸孝允《たかよし》たち約四百柱の維新の志士たちが眠る京都東山霊山《りょうぜん》の地に霊山顕彰《けんしょう》会を設立。自ら初代会長に就任し、彼らを顕彰する霊山歴史館を建設した。

「明治維新な、あれやった中に大名は一人もおれへん。みんな下級武士で、若いもんばっかりやった。失うものがない若い人やったから命がけであんな大きなことができたんや」

彼は政経塾の塾生の中から、維新の志士のような人間が出ることを期待していたのである。

政経塾の建設地には、神奈川県茅ケ崎市汐見台《しおみだい》が選ばれた。

塾生たちが気宇壮大《きうそうだい》な気持ちになれるよう、富士山を望める場所がいいと考え、かつてナショナル学園という販売店のための研修施設があった土地を選んだ。

設立費用として、幸之助はまず七十億円の私財を拠出したが、それだけにとどまらなかった。幸之助は個人所有だった京都東山の真々庵と政経塾の予定地を等価交換し、その上で建設予定地の名義を政経塾に変更した。千五百坪の真々庵が一体どれだけの価値だったかは推測の域を出ないが、仮に三十億円だったとして、幸之助は全部で百億円の私財を投じたことになる。

彼の〝思い〟が塗《ぬ》り込められた松下政経塾は、敷地面積六千坪強、塾舎の建坪だけで二千坪に及び、最大百五十名の塾生が生活できる寮のほか、職員用の社宅、テニスコート、食堂、茶室に、日本庭園まで備わった充実した施設となった。

政経塾顧問には経団連会長土光敏夫《どこうとしお》や新日鐵名誉会長の永野重雄などが名を連ね、理事兼評議員には日本興業銀行の中山素平やワコール会長の塚本幸一など錚々《そうそう》たるメンバーが就任した。

松下政経塾構想は大反響を巻き起こし、一期生の応募者数は九百名に上った。

第一次試験は書類選考。第二次試験では三日間にわたって、体力テスト、知能テスト、集団討論などが行われ、最終的に残った五十名が面接に臨んだ。面接官には幸之助のほか、松下電工会長・丹羽正治、政経塾初代塾頭の久《ひさ》門泰《かどゆたか》があたった。

21世紀に理想の日本を実現しうる為政者をはじめ、各界の指導者を育成するために設立された「松下政経塾」。

先日、第一期生の鈴木康友浜松市長から詳しく話を聴く機会があったが、面接の際の、幸之助の射るような視線が印象に残ったという。

「五十名の面接のすべてに対し、この気迫で臨んでおられると思うと感動で鳥肌が立った」

そう鈴木市長は語ってくれた。

面接の最後に幸之助は、

「何か質問は？」

と問う。この時、

「何を基準に選ばれるんですか？」

と質問したところ、幸之助はにやっと笑って、

「運と愛嬌《あいきょう》やな」

と答えたそうだ。受験生の提出した履歴書を見れば、彼にはその人物の持つ運がわかったという伝説も残されている。

結局、入塾を許されたのは二十三名であった。

そして迎えた昭和五十五年（一九八〇）四月の松下政経塾の開塾式。幸之助は紋切り型の祝辞などは述べず、いきなり新入生に宿題を出した。それが有名な〝無税国家構想〟である。

国家事業に経費がかかれば税金でまかなうのが当たり前だと従来の常識で考えるのではなく、国家自体が企業のような事業体となって、利益を生むような国家事業を展開し、むしろその収益を国民に配分していくといった発想の転換も必要なので

昭和55年4月に開塾した松下政経塾の第一期生入塾式で祝辞を述べる。

はないか、というのが提言の趣旨であった。

「新入生諸君、とくと考えてみてくださ い。この考えを現実のものとする実際の方法を。これが今日の開塾式にあたって、君たちに贈る私からの宿題です」

常識にとらわれず独創性を重んじよという、この強烈なメッセージは、松下幸之助版の〝少年よ大志を抱け！〟であった。

たまたまこの開塾式に居合わせていた『タイム』誌のエス・チャング記者は、幸之助の無税国家構想を耳にした時、横にいた同僚記者の大きな下顎《したあご》がパカンと落ちたまましばらくふさがらなくなったのを目撃した。

「He's big.（彼はデカいよ）」

くだんの記者は、感《かん》に堪《た》えない様子でそ

う言った後、自分の頭をこんこんと叩き、

「Up here!（ここがね！）」

と、いささかオーバーな表現でその感動の大きさを表したという。

政経塾のカリキュラムは一期生のころにはまだ整備されていなかった。当時の塾の年限は五年である。彼らの中にはビジネススクールのようなものをイメージして入ってきた者もいたから不満が出てくる。

ある日、一人の塾生が幸之助にかみついた。

「一体この塾の教育方針はどうなっているのですか？　我々にどうやって何を教えようとしているか、まったく決まっていないではありませんか？　あまりにもいい加減だ。騙《だま》された！」

すると幸之助は静かにこう答えた。

「ここでまだ知識を学ぼう、勉強しようと思っているのなら大きな間違いや。わしは小学校卒やけど、誰にも教わらんと松下電器をここまでにした。大学まで出てるんなら、わし以上に知識はあるはずやな。この塾は、君らが大学まで出て得た知識を智恵に変える場所や。どうやって知識を智恵に変えていくかは自分の頭で考えなはれ」

塾生たちは静まりかえり、返す言葉がなかった。

そして幸之助は塾生たちに繰り返し、三つの危惧を口にしたという。一つ目は放漫財政がいつかこの国の財政を破たんさせること。二つ目は地方自治体の非効率。今の自立性のなさを考えると、道州制を導入しないと問題は解決しないこと。そして三つ目がアジア、特に中国・韓国が将来大きな脅威として立ちはだかってくるであろうということだった。

当時まだ、中国や韓国はわが国の競争相手と考えられていなかった時代である。〝ジャパン・アズ・ナンバーワン〟と言われていた時に、彼は我々が生きている今が見えていたのだ。塾生たちは卒業後、時間が経つにつれ〝神様〟の先を読む力の凄みをひしひしと感じるという。

松下政経塾には伝説がある。幸之助が塾に泊まった時のこと、朝になって塾生が起こしに行くと、彼は目を真っ赤に泣き腫《は》らしていた。そして驚く塾生を前に、こう言ったというのだ。

「この国の将来を考えるとなあ、泣けて泣けてたまらんのや……」

先述の鈴木市長は語る。

「あの八十歳を越えた幸之助翁《おう》が、二十一世紀を憂《うれ》いてこの塾を作った。自分は間違いなく見られないであろう未来に、彼は責任を感じていたのです。あの時私は、政治とは未来に対して責任を持つことなのだと悟りました」

塾を出たからと言って、政治家になるための用意がされているわけではない。塾生たちはそれぞれ自分の力で卒業してからの道を切り開いていったのだが、結果として多くの政治家を生むに至った。

昭和六十一年（一九八六）には第一期生の逢沢一郎が政経塾出身国会議員第一号となり、今では松下政経塾出身者は政界の一大勢力となっている。

そして平成二十三年（二〇一一）、ついに第一期生の中から総理大臣が誕生する。第九十五代総理大臣野田佳彦《よしひこ》である。彼の経歴は平凡で、政治家の血すじでも何でもない。しかし幸之助は彼の経歴と人柄の中に〝運と愛嬌〟を見たのであろう。


松下政経塾開塾式の二年後にあたる昭和五十七年（一九八二）の十一月、幸之助は満八十八歳の米寿《べいじゅ》を迎えようとしていた。〝青春とは心の若さである〟と精神的な若さは保っていても肉体は老いる。人生の砂時計は無常に流れ、最後の一粒が落ちるのも目前に迫ってきていた。

ロッキード事件に端を発した政治不信はその後も尾を引き、増税なき財政再建を掲げた鈴木善幸《ぜんこう》首相も成果を出せずにいる。

こうした事態を前にして、

「政経塾では間に合わんかもしれん」

と幸之助が言い出したのは昭和五十七年の夏のことだった。

政経塾設立後二年しか経っていないのに気ぜわしいことだが、今度は保守新党結成を画策しはじめるのだ。

最近でこそ新党など珍しくなく、政党の合従連衡《がっしょうれんこう》は世の流れだが、自民党と社会党による五十五年体制が磐石《ばんじゃく》だった当時、それはきわめて意欲的な試みであった。しかも既存の政治家と連携するのではなく、財界主導での保守新党の発足を図ったのだ。

この年の十月十二日、鈴木首相が退陣を表明。中曽根康弘、安倍晋太郎、河本敏夫、中川一郎の四人による総裁予備選挙が行われることとなったが、その少し前、幸之助は志を同じくしてくれると思われる大物財界人を訪ねて回った。

だが反応は芳《かんば》しくない。財界の重鎮の中で、日本商工会議所会頭であった永野重雄新日本製鐵名誉会長のみが松下の言葉に耳を傾けてくれたが、その永野でさえ新党立ちあげの成功確率を五分五分と見ていた。

残念だったのは、山下俊彦社長以下、松下電器の中枢が、ビジネスへの悪影響を恐れて新党構想の火消しにやっきになったことであった。身内にはしごをはずされてはどうしようもない。幸之助はやむなく新党構想を断念した。

実は彼は、米寿の誕生日にあたる昭和五十七年十一月二十七日を松下新党の設立宣言を行うXデーと決め、全国紙五紙に五段抜きのスペースを確保していた。だが結局この日に人々が目にしたのは、「年末をひかえて御礼とご挨拶」という、十一月ということを考えると不自然極まりない広告であった。事実上の敗北宣言である。

新党構想の再燃を防ごうと考えた時の首相中曽根康弘は、幸之助を首相官邸に招き、昭和五十八年（一九八三）六月の参議院選挙に出馬してほしいと要請してきたが、幸之助は申し出を一蹴《いっしゅう》した。まだ新党設立をあきらめたわけではなかったのだ。

あれほど手痛い思いをしたにもかかわらず、三年後の昭和六十年（一九八五）、再び新党設立に向けて動きはじめる。

立党宣言には日本国民大衆党という党名が掲げられ（別の党名が記されている資料もある）、所得税一律五割減税の実施、建設国債の発行、無税国家・収益分配国家の実現、新国土創成事業の展開、政治の生産性の向上、日本的民主主義の確立、多様な人間教育の実施と教員養成機関の設立、政治家及び官吏の優遇、生きがいを高める社会の実現、国際社会への真の寄与貢献、という〝当面の実現十目標〟が記されていた。まさに彼の目指していたのは〝昭和維新〟であった。

ところが、この時期から急に健康が悪化し、政治活動に携われる状態ではなくなってしまう。神は無情にも、彼にタイムアップを告げたのである。松下幸之助が最晩年の情熱を燃やした新党運動はここに終止符を打つこととなる。

「私の今回の行動を、五年後、十年後の心ある人々は理解してくれるだろう」

そう幸之助は無念の思いを周囲に語ったという。

松下新党を率いて打って出るはずだった平成元年（一九八九）七月の参院選で、自民党は大敗を喫《きっ》した。消費税導入への批判とリクルート事件、首相宇野宗佑《そうすけ》の女性スキャンダルと逆風が吹き荒れ、自民党は議席を六十六から三十六へと大幅に減らした。

一方、土井たか子率いる社会党はマドンナブームに乗って改選前の倍以上の四十六議席を獲得。参議院での与野党の勢力はついに逆転する。土井はこの時、〝山が動いた〟という名文句を残した。

（もし松下新党が立ちあがっていたら……）

幸之助と思いをともにしてきた関係者はみな唇を嚙んだ。

そしてこの三年後の平成四年（一九九二）、日本新党が結党される。細川護熙《もりひろ》はこの日本新党立ちあげにあたって、幸之助が用意した日本国民大衆党の綱領や党組織などを参考にしたという。

新党ブームが起き、松下政経塾出身者の多くがこれに参加したが、すでにこの時、幸之助はこの世になかった。今少しの寿命を天が彼に与えていればとも思うが、歴史は〝ｉｆ〟を冷厳に拒絶するのみである。

終章　経営の神様

昭和五十六年（一九八一）二月一日、大阪市港区海岸通のサントリー大阪プラント（現在の大阪工場）において鳥井信治郎の銅像の除幕式が行われた。

八十六歳となっていた幸之助はすでに言葉が不明瞭になっていたが、最初の来賓の挨拶に指名されると、銅像の主との思い出話を語りはじめた。

思えば戦後すぐ、財閥指定を受けて貧窮のどん底にあえいでいた彼を救ってくれたのは鳥井信治郎であった。人生の中で数え切れないほどの人々に世話になってきたが、鳥井の恩を忘れたことは一日たりとてない。

その思いが、彼の言葉の一つひとつに重みを持たせた。

「私が初めて鳥井さんをお見受けしたのは……今からちょうど七十三年ほど前のことであります。その時分、私は大阪船場の五代という自転車店で……丁稚奉公をしておりました」

昭和61年11月27日、松下電器労働組合から贈られた銅像の前で。

二人の長い交友の歴史が深い感動を呼び、会場は水を打ったような静けさとなった。

そして誰よりも大きな感動と感謝の思いに包まれていたのが、鳥井の後継者であるサントリー社長の佐治《さじ》敬三《けいぞう》であった。

世代は代わっても志は受け継がれていく。幸之助の告別式で幸之助の棺《ひつぎ》をかつぐことになる佐治は、その後、大阪の在野精神をいかんなく発揮し、関西財界を力強く牽引していくことになる。

昭和五十九年（一九八四）十一月二十七日、幸之助はついに九十歳を迎えた。夭《よう》折《せつ》した兄や姉が、彼に寿命を分け与えてくれたのかもしれない。

そして昭和六十一年（一九八六）十一月の九十二歳の誕生日には、松下電器労働組合から銅像が贈呈された。

労組結成四十周年と幸之助の長寿を祝って作られたもので、組合員一人二百円の寄付を募ったところ、退職者からもカンパが殺到し、組合は余剰金の使いみちに頭を悩ませるほどだったという。

七十歳のころの写真をもとに作られた高さ三・五メートルの銅像は、今も門真の松下幸之助歴史館前に立ち、訪れる人を出迎えている。

昭和62年5月8日、皇居での勲一等旭日桐花大綬章親授式に出席。

昭和六十二年（一九八七）には勲一等旭日桐花《とうか》大綬章を受章。実に五度目の叙勲《じょくん》であった。

五月八日、皇居に伺候《しこう》した幸之助は、正殿《せいでん》松の間で天皇陛下から勲章を親授《しんじゅ》され、勲一等を受けた二十一人を代表して御礼の言葉を述べた。

実はこの九日前、昭和天皇

は八十六歳の御誕生日のお祝いの席で召し上がったものを吐かれ、出席が危ぶまれていた。陛下を崇敬《すうけい》することすこぶる篤《あつ》かった幸之助は心配していたが、この日お元気なお姿を見ることができ、たいへん喜んだ。

その昭和天皇も二年後の一月七日に崩御《ほうぎょ》され、激動の昭和は六十四年で幕を閉じることになる。崩御の直後、幸之助は「陛下、一言お別れを申し上げます」と題した追悼文を月刊『Ｖｏｉｃｅ』誌に寄せている。

幸之助にとって、大阪府守口市にある松下病院の特別室が終《つい》の棲家《すみか》となった。

この特別室は彼のために作られたものだ。部屋へは専用のエレベーターで上がるようになっており、エレベーター内には彼のための椅子が置いてある。途中に降りるボタンはなく、そのまま最上階まで上がると、心落ち着く日本式庭園のある特別フロアーへと到着する。

筆者も一度拝見したことがあるが、そこはまるで別世界だ。

細部に至るまで、彼の〝思い〟が反映されていた。日本式庭園もそうだが、廊下の窓からは門真の松下電器本社が見え、彼のベッドのある場所からはＴＷＩＮ《ツイン》21が遠望できるよう設計されている。

ＴＷＩＮ21は大阪ツインタワーとも呼ばれ、昭和六十一年に竣工した松下グループの高層ビルである。

大阪城を見下ろすような場所にあり、まるで太閤秀吉に〝今太閤〟の松下幸之助が肩を並べているようだ。完成時はまだ高層ビルが少なかっただけに、大阪中が度《ど》肝《ぎも》を抜かれた。

そんな特別室から見える景色に、わが子を見るような視線を送りつつ、廊下をゆっくり歩いて体力維持につとめた。

当時、幸之助の付き添いをされていた島崎ひろみさんにお会いする機会があったが、さすが担当に選ばれた看護師だけあって優秀な方であった。

そんな彼女でも、しばしば緊張する場面があったという。点滴の際など、別に失敗したわけでもないのに、

「血管にしっかり入れるのがプロや」

などと言われたというから、緊張しないはずがない。

若い女性だからと甘やかさず、どんな世界でもプロはプロ意識を持つべきだと教えたのだ。その〝思い〟は自然と伝わり、尊敬の念を持って誠心誠意看護することができたという。

以前から進行していた声帯の萎《い》縮《しゅく》による発声障害はさらに顕著となり、周囲に意思を伝えるのも一苦労であったが、来客には積極的に応じ、そうした時には必ず

背広に着替えた。

「君は白衣が制服やろ。僕は背広が制服なんや」

着替えを手伝ってもらいながら、そんなことも口にした。微熱が多少あっても、背広姿になったとたん、ぴしっと背筋が伸びるのには驚かされたという。

何人もの来客をこなした後、夕食には赤ワインを少し口にし、それをもって一日の締《し》めとした。老いたりとはいえ、その生活ぶりには凛《りん》としたものが一本鮮《あざ》やかに通っていた。


生き方も見事だったが、彼は死に方もまた見事だった。

誰にも死は訪れる。死はけっして敗北ではない。むしろ人生は死によって完結する。幸之助の場合もまたそうであった。

少し前にひいた風邪《かぜ》がなかなか治らず、平成元年（一九八九）四月六日、三十八度の熱が出たのでレントゲン撮影をしてみると、気管支肺炎であることがわかった。

これはもう、病気というより老衰《ろうすい》である。弱い身体をだましだまし極限まで使って、彼は天寿《てんじゅ》を全《まっと》うしようとしていたのだ。

「苦しくありませんか？」

と尋ねられると、病室に掲げてあった"忍耐"の二文字が書かれた色紙を指差したという。

　そして横尾定美《よこおさだよし》院長が気管にたまった痰《たん》を吸い出す際、

「管《くだ》を入れます。少し痛みますが、ご辛抱《しんぼう》ください」

　と声をかけると、

「いやいや、お願いするのは私ですから……」

　とかすかな声で応じた。

　これが彼の、この世に遺した最後の言葉となった。一生を〝素直〟に〝謙虚〟に生きてきた幸之助らしい言葉である。

　やがて危篤状態になり、むめのや正治たち親族・関係者が集まってきたが、死の直前まで意識ははっきりしていた。

　島崎さんが、

「冷たいお水を差し上げましょうか?」

　と言うと黙ってうなずき、ガーゼにしめらせた氷水《こおりみず》をふた口《くち》なめるようにして口に含むと、その二分後に心臓の鼓動《こどう》が止まった。

　平成元年四月二十七日午前十時六分、〝経営の神様〟松下幸之助は、愛し続けたこの日本という国の行く末に思いを残しながら、その生涯を閉じたのである。享年九十四。眠るがごとき大往生であった。

幸之助は生前、こう語っていた。

「人間が生まれ死んでいくという一つの事象は、人間の生成発展の姿なのです。生も発展なら死も発展です。生まれた者に祝杯を、死者にもまた祝杯を」

その言葉どおり、彼は一度も立ち止まることなく〝発展〟を続けながら、あの世へと旅立っていった。残されたむめの夫人はこの四年後、幸之助と同じ松下記念病院において瞑目《めいもく》する。享年九十七。夫婦そろってたいへんな長寿を全うした。盛大な人生であった。

幸之助の死去の知らせは、すぐに松下グループ全社へ一斉《いっせい》ＦＡＸ送信された。ほとんど時間をおかず、病院上空に新聞社やテレビ局のヘリコプターが何機も現れ、関係者を驚かせた。そして彼の死の知らせは、日本のみならず世界中を駆け巡り、各国の新聞やテレビも大きく取り上げて、その死を悼《いた》んだ。

密葬は四月三十日、御堂筋《みどうすじ》に面した本願寺津村別院（北御堂）で行われ、五月二十五日には松下電器グループによる合同葬が、毎年経営方針発表会が開かれた思い出深い枚方市の松下電器体育館（現在のパナソニックアリーナ）においてしめやかに執り行われた。

平成元年５月25日、松下電器と松下グループ各社による合同葬が枚方の松下電器体育館で執り行われ、社外から約１万5000人、社内から約5000人が参列し、哀悼の意を表した。

祭壇からは白菊と胡蝶蘭《こちょうらん》に囲まれた幸之助の遺影がにこやかに笑いかけている。いつかこの日が来ることを覚悟していたとはいえ、社員たちは心の中に大きな穴があいたような喪失感《そうしつかん》を感じずにはいられなかった。それは世の〝松下幸之助ファン〟もまた同様であった。

二十世紀を代表する経営者に別れを告げるべく財界、政界、官界の名士が参集し、弔問客実に二万人、弔電は一万一千通にのぼった。米国のブッシュ（父）大統領からの弔電には、「国際理解と世界平和のために多大な努力をされた」という心からの称賛の言葉が添えられていた。

幸之助は死の直前、多額の寄付をし

ていた。彼の遺志を受けて死後に行われたものを含めると総額五百五十億円にものぼった。

それでもなお、遺産は史上最高の二千四百四十九億円であり、それまでの最高額だった大正製薬上原正吉の六百六十九億円をはるかに超えるケタはずれのものだった。ただし派手なのはあくまでも金額の上だけのこと。この内の九十七・五%は松下グループの株式であり、長者番付の常連だったにしてはかえって質素な印象を抱かせた。

幸之助は個人としての墓を建てなかった。もともと和佐中《わさなか》にある極楽寺が菩提寺だったが、昭和四十一年(一九六六年)、新たに松下家の墓所を思い出深い生地跡に設け、先祖の遺骨とともども旧墓の墓石、墓誌もそこに納められた。

墓所から道を隔《へだ》てたところに和佐遊園という公園がある。生家と田畑の一部を買い戻した際、幸之助は昔からあった祠《ほこら》を整備するとともに公園を作ったのだ。春になると桜が美しい。

生前、和歌山県出身の財界人たちの手によって生誕碑が建てられ、同郷のノーベル賞受賞者湯川秀樹の筆による「松下幸之助君生誕の地」の文字が刻まれている。

幸之助はこの碑の建立に相当抵抗したそうだが、和歌山の人たちからすれば郷土の誇りであるに違いない。彼はこの地で生まれ、この地に帰ったのだ。

〝企業人として成功を収めることは難しいが、尊敬を受け続けることはさらに難しい。だが〝経営の神様〟と言われた松下幸之助は〝神様〟のまま死に、今なお〝神様〟として慕われ続けている。

彼の著書は今もベストセラー・ランキングに名を連ねているが、その読者には中小企業の経営者が多いという。誰よりも企業経営というものの難しさを知り、松下幸之助の偉大さを理解している人たちだ。

そして彼は〝人生も経営である〟と語った。彼が教えてくれるものは、人間の生き方そのものだ。

大きな困難を前にして立ちすくんでしまった時、大切な人をなくして絶望の淵《ふち》に沈んだ時、自分の能力に疑問を感じて自暴自棄になってしまった時、松下幸之助の人生は、苦しい時の杖《つえ》となって人々の心に希望の灯《あか》りをともしてくれるはずだ。

最後に『道をひらく』という彼の著書の冒頭に置かれた「道」という文章をご紹介して、〝経営の神様〟との同行二人《どうぎようににん》のはなむけとさせていただきたい。

彼の〝思い〟が語り継がれていく限り、〝経営の神様〟はいつまでも我々とともにある。

「道」

自分には自分に与えられた道がある。天与《てんよ》の尊い道がある。どんな道かは知らないが、ほかの人には歩めない。自分だけしか歩めない、二度と歩めぬかけがえのない この道。広い時もある。せまい時もある。のぼりもあればくだりもある。坦々《たんたん》とした時もあれば、かきわけかきわけ汗する時もある。

この道が果たしてよいのか悪いのか、思案《しあん》にあまる時もあろう。なぐさめを求めたくなる時もあろう。しかし、所詮《しょせん》はこの道しかないのではないか。

あきらめろと言うのではない。いま立っているこの道、いま歩んでいるこの道、ともかくもこの道を休まず歩むことである。自分だけしか歩めない大事な道ではないか。自分だけに与えられているかけがえのないこの道ではないか。

他人の道に心をうばわれ、思案にくれて立ちすくんでいても、道はすこしもひらけない。道をひらくためには、まず歩まねばならぬ。心を定め、懸命《けんめい》に歩まねばならぬ。

それがたとえ遠い道のように思えても、休まず歩む姿からは必ず新たな道がひらけてくる。深い喜びも生まれてくる。

「松下幸之助の創業の地」記念碑（大阪市福島区大開町）

あとがき

平成元年、この国は四人の〝神〟を失った。

一人はもちろん、かつて〝現人神《あらひとがみ》〟と崇《あが》められ、元号が変わるきっかけとなった昭和天皇である。そして〝漫画界の神様〟手塚治虫《てづかおさむ》、〝歌謡界の神様〟美空《みそら》ひばりも惜しまれつつ世を去った。そしてもう一人、それが本書の主人公〝経営の神様〟松下幸之助である。

彼らを失ってからこの国は、バブル崩壊、リーマン・ショック、東日本大震災に原発問題と、たたみかけるような国難の連鎖もあって、世の光を失ったように道に迷い続けている。

日経平均株価も、彼らが世を去った平成元年の十二月二十九日につけた史上最高値三八、九五七円(終値三八、九一五円)を、まだ一度も超えられずにいるのだ。すっかり自信を失った企業ではグローバリゼーションの名の下、やたら欧米礼讃《らいさん》が鼻につくようになった。

だが本当にそれが生き残るための最善の方法なのだろうか?

世界に百年以上社歴のある会社は約四万社あると言われているが、そのうちの半分以上が実はわが国にある。そして、日本ほど一つの国家として長く存続しているケースは世界史上ない。我々は、この国にこそ生き残る智恵が隠されていることに早く気づくべきだ。

松下幸之助の人生の中には、まさに日本という国がはぐくんだ深い叡智《えいち》が隠されている。

企業の資産はバランスシートに載っているものだけとは限らない。パナソニックにとって、松下幸之助という偉大な創業者の存在は、かけがえのない簿外資産であり、何より強力なコーポレートガバナンスの源であるはずだ。

日本という国にとっても同様のことが言える。国民の安寧《あんねい》を祈ってくださっている皇室の存在は言うまでもなく、松下幸之助をはじめとするすぐれた先人たち、世界に冠《かん》たるモラルの高さなどは、国家のバランスシートに記載のない国の宝である。

そのありがたみをかみしめることこそが、この国に生まれたことへの誇りと自信につながるのではないだろうか。

本書は、ＰＨＰ研究所のご協力なしには成り立ちえなかった。担当である文庫出版部の根本騎兄さん、伊藤雄一郎さんのほか、松下幸之助研究の第一人者である佐藤悌二郎代表取締役常務、経営理念研究本部の渡邊祐介さん、嶋路久美子さんにはたいへんお世話になった。

『同行二人　松下幸之助と歩む旅』執筆時を含め、協力していただいた多くの方のお名前を列挙できないのは心苦しいが、この場をお借りして衷心より御礼申し上げたい。

平成二十六年四月二日

松下幸之助生誕百二十年、没後二十五年の記念の年に

北　康利

著者近影。「真々庵」にて。

松下幸之助関連年譜

元号	西暦(年)	満年齢	
安政　二　年	一八五五		二月二十八日、父・政楠誕生。
安政　三　年	一八五六		一月九日、母・とく枝誕生。
明治二十七年	一八九四		十一月二十七日、和歌山県海草郡和佐村字千旦ノ木において松下政楠、とく枝の三男として誕生。七月、日清戦争勃発。
明治三十二年	一八九九	四	父・政楠が米相場に失敗、和歌山市内に移住。日本電気（NEC）設立。
明治三十三年	一九〇〇	五	十月四日、次兄・八郎病没。
明治三十四年	一九〇一	六	四月、和歌山市雄尋常小学校入学。四月十七日、次姉・房枝病没。八月二十二日、長兄・伊三郎病没。
明治三十五年	一九〇二	七	七月、父・政楠、単身大阪に移住、私立大阪盲唖院に奉職。十二月二十八日、井植歳男誕生。
明治三十七年	一九〇四	九	十一月二十三日、雄尋常小学校を中途退学、単身大阪に出る。大阪市南区（現中央区）八幡筋宮田火鉢店に奉公。二月、日露戦争勃発。
明治三十八年	一九〇五	十	二月、大阪市東区（現中央区）船場堺筋淡路町、五代自転車商会に奉公。
明治三十九年	一九〇六	十一	四月十七日、姉（四女）・ハナ病没。五月二十八日、姉（三

			女)・チヨ病没。九月二十九日、父・政楠病没。
明治四十三年	一九一〇	十五	五代自転車商会をやめ、桜セメントの臨時運搬工となる。大阪電燈に内線見習工として入社。
明治四十四年	一九一一	十六	内線見習工から最年少で内線係担当者に昇格。
大正　元　年	一九一二	十七	平田（松下）正治誕生。
大正　二　年	一九一三	十八	関西商工学校夜間部予科に入学。八月十四日、母・とく枝病没。
大正　三　年	一九一四	十九	関西商工学校夜間部本科中退（結婚後も通っていたとむめのが書き残しているから中退はもう少し後かも）。
大正　四　年	一九一五	二十	九月四日、井植むめのと結婚。
大正　五　年	一九一六	二十一	改良ソケットの実用新案を出願。
大正　六　年	一九一七	二十二	大阪電燈を退職。大阪府東成郡猪飼野で独立。改良ソケットは売れなかったが、扇風機の碍盤の受注が入る。
大正　七　年	一九一八	二十三	三月七日、大阪市北区西野田大開町（現福島区大開二丁目）へ移転し、「松下電気器具製作所」を個人創業。アタッチメントプラグ、二灯用差込みプラグがヒット。
大正　八　年	一九一九	二十四	姉（五女）・あい病没。
大正　九　年	一九二〇	二十五	二月、M矢の社章・商標制定。三月、歩一会を結成。初めて電話を架設。日立製作所設立。
大正十年	一九二一	二十六	長姉・イワ病没。四月、長女・幸子誕生。

大正十一年	一九二二	二十七	七月、第一次本店工場竣工。
大正十二年	一九二三	二十八	三月、砲弾型電池式自転車ランプを考案・大ヒット。九月、関東大震災。代理店制度開始。
大正十四年	一九二五	三十	三月二十七日、第二工場竣工。井植薫入社。「ナショナル」ブランドを立ち上げる（平成元年四月一日以降は「パナソニック」というブランドを併用）。連合区会議員に当選。
大正十五年	一九二六	三十一	山本商店から電池ランプの全国販売権を買い戻す。六月九日、長男・幸一誕生。
昭和二年	一九二七	三十二	一月、電熱部門設置。二月、住友銀行と取引開始。二月四日、幸一没。四月、スーパー・アイロン発売。同月、ナショナル・ランプ（角型ランプ）発売。金融恐慌。
昭和三年	一九二八	三十三	四月、第三工場竣工。社員三百名に。
昭和四年	一九二九	三十四	三月、「松下電器製作所」と改称。「綱領・信条」を制定。五月、大開町に第二次本店工場竣工。社員を解雇せず不況を乗り切る。世界恐慌。
昭和五年	一九三〇	三十五	ラジオ発売。
昭和六年	一九三一	三十六	一月、初荷を全社的行事として挙行。四月、歩一会第一回運動会を天王寺公園グラウンドで開催。九月、満州事変勃発。十月、東京中央放送局のラジオセットコンクールで一等獲得。
昭和七年	一九三二	三十七	五月五日、第一回創業記念式典を開催。命知元年。「水道哲学」を提唱。

昭和八年	一九三三	三十八	五月、事業部制導入。七月、門真村に本社移転、工場を竣工。遵奉すべき五精神を制定（昭和十二年に七精神）。
昭和九年	一九三四	三十九	四月、店員養成所開校。十一月、産業功労者として日本産業協会総裁から表彰される。
昭和十年	一九三五	四十	基本内規制定。十二月、株式会社組織とし「松下電器産業株式会社」に改組。同時に事業部を分社化。富士通信機製造（後の富士通）、東京電気化学工業（後のＴＤＫ）設立。
昭和十一年	一九三六	四十一	二月、実業功労者として大阪府知事より表彰を受ける。四月、工員養成所開校。
昭和十二年	一九三七	四十二	加藤大観師と同居。七月、盧溝橋事件、日中戦争勃発。十二月、「ナショナル」マークを統一。
昭和十三年	一九三八	四十三	五月、高野山に物故従業員慰霊塔を建立。九月、紺綬褒章受章。
昭和十五年	一九四〇	四十五	一月、第一回経営方針発表会開催。松下正治入社。十二月、松下病院開設。
昭和十六年	一九四一	四十六	歩一会大運動会を甲子園球場にて開催。三月、紺綬褒章飾版受章。十二月、太平洋戦争勃発。
昭和十八年	一九四三	四十八	四月、松下造船設立。八月、勲五等瑞宝章受章。十月、松下飛行機設立。十二月、Ｍ矢の社章を三松葉に改定。
昭和二十年	一九四五	五十	八月、終戦。十月、松下正幸誕生。

昭和二十一年	一九四六	五十一	二月、新綱領制定。三月、GHQより制限会社の指定を受ける。六月、財閥家族の指定を受ける。七月、賠償工場の指定を受ける。十一月三日、PHP研究所設立。十一月、公職追放の指定を受ける。十二月、井植歳男退社。
昭和二十二年	一九四七	五十二	四月、月刊誌『PHP』発刊。五月、公職追放の指定解除。
昭和二十三年	一九四八	五十三	深刻な資金難。
昭和二十四年	一九四九	五十四	物品税の「滞納王」と報道される。十二月、井植薫退社。
昭和二十五年	一九五〇	五十五	三月、事業部制復活。六月、朝鮮戦争勃発。七月、緊急経営方針発表会開催。十月、制限会社の指定解除。PHP研究活動を一時中断。
昭和二十六年	一九五一	五十六	第一回・第二回の欧米視察。
昭和二十七年	一九五二	五十七	八月、新政治経済研究会設立。渡欧しフィリップス社と技術提携。松下電子工業設立。
昭和二十八年	一九五三	五十八	二月、テレビ本放送開始。五月、中央研究所設立。十月、ニューヨーク出張所開設。第四回欧米視察。
昭和二十九年	一九五四	五十九	一月、日本ビクターと提携。三月、製品審査制度開始。六月、『私の行き方　考え方』発刊。十一月、関西経済連合会常任理事就任。
昭和三十年	一九五五	六十	四月、関西経営者協会理事就任。五月、二年遅れで創業三十五周年を祝う。六月、大阪府工業協会顧問就任。

昭和三十一年	一九五六	六十一	一月、五ヵ年計画発表。四月、経済団体連合会常任理事就任。七月、藍綬褒章受章。
昭和三十二年	一九五七	六十二	十一月、ナショナル・ショップ制度発足。
昭和三十三年	一九五八	六十三	六月、オランダ国女王よりコマンダー・イン・ザ・オーダー・オブ・オレンジ・ナッソのオランダ勲章を授与。
昭和三十四年	一九五九	六十四	三月、関西日蘭協会設立、会長就任。九月、アメリカ松下電器を設立。
昭和三十五年	一九六〇	六十五	四月、松下電器工学院開校。幸之助夫妻オランダを訪問。
昭和三十六年	一九六一	六十六	一月、社長を退任し会長に就任。松下正治社長就任。同月、和歌山市名誉市民となる。京都東山に別邸（真々庵）購入。ＰＨＰ研究再開。年間販売額一千億円達成。
昭和三十七年	一九六二	六十七	二月、『タイム』誌に松下幸之助特集掲載。
昭和三十八年	一九六三	六十八	五月、タイム社創立四十周年祝賀パーティーに出席。
昭和三十九年	一九六四	六十九	七月、熱海会談を開催。八月、営業本部長代行。十月、門真市初の名誉市民となる。
昭和四十年	一九六五	七十	二月、関西財界セミナーで「ダム経営論」発表。四月、週休二日制実施。五月、勲二等旭日重光章受章。六月、早稲田大学名誉法学博士の学位授与。
昭和四十一年	一九六六	七十一	十一月、本社や営業所に公取委の一斉査察。
昭和四十三年	一九六八	七十三	四月、ブラジル文化功労勲章受章。五月、創業五十周年記念式

			典開催。松下電器歴史館開館。同月、発明協会会長就任。七月、霊山顕彰会初代会長に就任。
昭和四十四年	一九六九	七十四	七月十六日、井植歳男没。
昭和四十五年	一九七〇	七十五	大阪万博に松下館を出展。五月、勲一等瑞宝章受章。松下製品不買運動広がる。
昭和四十六年	一九七一	七十六	四月、飛鳥保存財団理事長就任。
昭和四十七年	一九七二	七十七	八月、『人間を考える　新しい人間観の提唱』発刊。十月、ベルギー国王より王冠勲章授与。
昭和四十八年	一九七三	七十八	七月、相談役に退く。
昭和四十九年	一九七四	七十九	三月、伊勢神宮崇敬会会長就任。同月、明日香村名誉村民となる。
昭和五十年	一九七五	八十	二月、『人間を考える　第一巻』発刊。同月、ＮＨＫより放送文化賞授与。五月、同志社大学名誉文化博士の学位授与。六月、国土庁顧問就任。
昭和五十一年	一九七六	八十一	八月、夫妻でロサンゼルス再訪。
昭和五十二年	一九七七	八十二	二月、山下俊彦社長就任。
昭和五十三年	一九七八	八十三	九月、松下政経塾構想発表。十月、鄧小平副首相と懇談。
昭和五十四年	一九七九	八十四	一月、和歌山県名誉県民となる。二月、マレーシアよりパングリマ・マンク・ネガラ勲章とタンスリの爵位授与。六月、松下政経塾設立、理事長兼塾長に就任。九月十八日、石田退三没。

			十月、中国訪問。
昭和五十五年	一九八〇	八十五	四月、松下政経塾第一期生入塾。
昭和五十六年	一九八一	八十六	五月、勲一等旭日大綬章を受章。
昭和五十七年	一九八二	八十七	三月、大阪21世紀協会会長就任。十一月、新党設立趣旨書作成。
昭和五十八年	一九八三	八十八	三月、スペインよりメリトシビル大十字章授与。五月、十六年ぶりに長者番付一位に。十月、日本国際賞創設。
昭和六十年	一九八五	九十	三月、松下政経塾第一期生が卒塾。十一月、幸之助の体調悪化。新党構想挫折。
昭和六十一年	一九八六	九十一	二月、谷井昭雄社長就任。三月、米メリーランド大学より法学博士の学位を授与。七月、一期生の逢沢一郎が松下政経塾出身国会議員第一号に。
昭和六十二年	一九八七	九十二	五月、勲一等旭日桐花大綬章受章。六月、米パシフィック大学より名誉人文学博士の学位授与。
昭和六十三年	一九八八	九十三	一月、松下国際財団設立、会長就任。
平成元年	一九八九	九十四	一月七日、昭和天皇崩御。四月二十七日午前十時六分、松下幸之助死去。六月、天安門事件。十一月、ベルリンの壁崩壊。十二月、日経平均株価最高値。
平成五年	一九九三		九月五日、むめの没。享年九十七。

参考文献

『和佐五千年史』秦野南岳著（一九八七）
『私の行き方　考え方』松下幸之助著、ＰＨＰ文庫（一九八六）
『人間を考える』松下幸之助著、ＰＨＰ文庫（一九九五）
『松下幸之助　成功への軌跡』佐藤悌二郎著、ＰＨＰ研究所（一九九七）
『松下幸之助の智恵』谷沢永一著、ＰＨＰ文庫（一九九五）
『決断の経営』松下幸之助著、ＰＨＰ文庫（一九八九）
『滴みちる刻きたれば――松下幸之助と日本資本主義の精神』（全四部）福田和也著、ＰＨＰ研究所（二〇〇一～二〇〇六）
『経営の心　松下幸之助とともに50年』松下正治著、ＰＨＰ研究所（一九九五）
『商魂　石田退三、土光敏夫、松下幸之助に学ぶ』池田政次郎著、東洋経済新報社（一九九〇）
『田舎モンの哲学　昭和の大番頭・石田退三』石田泰一編、文化評論出版（一九八〇）
『トヨタ商魂の原点　石田退三経営録』池田政次郎著、ＰＨＰ研究所（一九八四）
『私のなかの親父・松下幸之助』丹羽正治著、小柳道男編、ビジネス・エデュケーション・センター（一九七七）

『中村邦夫は松下電器をいかにして変えたか』財部誠一著、PHP研究所（二〇〇六）
『道ひとすじ』井植薫著、電波新聞社（一九七六）
『松下幸之助の人づかいの真髄』遊津孟著、日本実業出版社（一九七七）
『ぼくでも社長が務まった』山下俊彦著、東洋経済新報社（一九八七）
『家電産業成長の軌跡』若林直樹著、電波新聞社（一九九二）
『タイム記者が出会った「巨魁」外伝』エス・チャング著、新潮社（一九九六）
『夢一途、悔いなき道を』佐藤正忠著、経済界（二〇〇一）
『中内㓛200時間語り下ろし　わが人生は未完なり』中内㓛述、大塚英樹編著、講談社（一九九六）
『ソニーと松下』（上・下）立石泰則著、講談社＋α文庫（二〇〇三）
『松下とホンダ　勝利のDNA』大西宏著、実業之日本社（二〇〇五）
『叱り叱られの記』後藤清一著、日本実業出版社（一九七二）
『私の履歴書』井植歳男著、井植敏著、日本経済新聞社（一九六三）
『松下政経塾とは何か』出井康博著、新潮新書（二〇〇四）
『松下幸之助　日本はこう変えなはれ』中島悟史著、ダイヤモンド社（一九九四）
『松下幸之助が惚れた男　評伝高橋荒太郎』小宮和行著、ダイヤモンド社（一九九六）
『誰も書かなかった松下幸之助　三つの素顔』水野博之著、日本実業出版社（一九九八）

「明と暗に彩られた松下幸之助家」梶原一明著、『文藝春秋』一九七四年一月号所収
「松下幸之助翁幻の新党づくり」山口比呂志著、『文藝春秋』一九八九年七月号所収
「財界人秘話　裸の松下幸之助」林辰彦著、『月刊公論』二〇〇一年連載
別冊宝島『シリーズ偉大な日本人　松下幸之助――日本人が最も尊敬する経営者』宝島社（二〇〇六）
『松下幸之助　叱られ問答』木野親之著、致知出版社（一九九九）
『苦労と難儀はちがいます』荒川進著、講談社（一九八五）
『そう考えると楽ですね　松下幸之助との日々』岩井虔著、ＰＨＰ研究所（二〇〇六）
『復讐する神話　松下幸之助の昭和史』立石泰則著、文春文庫（一九九二）
『カリスマ　中内とダイエーの「戦後」』（上・下）佐野眞一著、新潮文庫（二〇〇一）
『悲しい目をした男　松下幸之助』硲宗夫著、講談社（一九九五）
『松下幸之助全研究（5）素顔に迫る72人のエッセイ』福田赳夫、堺屋太一ほか著、学習研究社（一九八二）
『流通革命は終わらない　私の履歴書』中内㓛著、日本経済新聞社（二〇〇〇）
『僕のインタビュー　中山善衛対談集』天理教青年会本部編、天理教道友社（一九六二）
「特集松下幸之助の世界」月刊『ＢＯＳＳ』二〇〇七年二月号、経営塾
『松下幸之助の見方・考え方』ＰＨＰ研究所編、ＰＨＰ研究所（二〇〇六）

『青い目が見たソニーvs松下・東芝』ステファン・M・ハーラー著、東洋経済新報社（二〇〇〇）
『松下幸之助　運をひらく言葉』谷口全平著、PHP文庫（二〇〇七）
『名経営の盲点』三鬼陽之助著、祥伝社（一九七一）
『道は明日に』松下幸之助著、毎日新聞社（一九七四）
「松下幸之助　成功する人の『習慣』」『PHPほんとうの時代』特別増刊号（二〇〇一）
『松苑　松下幸之助創業者とともに』松下電器客員会（二〇〇三）
『論叢　松下幸之助』一号〜五号、PHP総合研究所（二〇〇四〜二〇〇六）
『不況もまた良し』津本陽著、幻冬舎（二〇〇〇）
『実践経営哲学』松下幸之助著、PHP文庫（二〇〇一）
『仕事の夢　暮しの夢』松下幸之助著、PHP文庫（一九八六）
『難儀もまた楽し』松下むめの著、PHP研究所（一九九四）
『《求》松下幸之助経営回想録』松下幸之助述、石山四郎・小柳道男編、ダイヤモンド・タイム社（一九七四）
『折々の記』松下幸之助著、PHP研究所（一九八三）
『心はいつもここにある』江口克彦著、PHP文庫（一九九一）
『若さに贈る』松下幸之助著、PHP文庫（一九九九）

『わが安売り哲学（新装版）』中内㓛著、千倉書房（二〇〇七）
『軌跡九十年』石田退三著、石田泰一編、文化評論出版（一九八〇）
『拝啓松下幸之助殿』齋藤周行著、一光社（一九七六）
松下資料館所蔵ビデオ（髙橋荒太郎、丹羽正治、木野親之、西宮重和、中尾哲二郎、後藤清一、田上平吉、上田八郎、竹岡リョウ一、河西辰男、有近重信、山下茂男）

本文写真　パナソニック株式会社

著者紹介
北　康利（きた　やすとし）
昭和35年12月24日、名古屋市生まれ。大阪府立天王寺高校、東京大学法学部卒業後、富士銀行入行。資産証券化の専門家として富士証券投資戦略部長、みずほ証券財務開発部長などを歴任。平成20年6月にみずほ証券を退職し、本格的な作家活動に入る。関西学院大学非常勤講師、〝100年経営の会〟顧問。『白洲次郎　占領を背負った男』（第14回山本七平賞受賞）『福沢諭吉　国を支えて国を頼らず』『吉田茂　ポピュリズムに背を向けて』（以上、講談社）、『陰徳を積む　銀行王・安田善次郎伝』（新潮社）、『匠の国日本』（PHP新書）、『日本を創った男たち』（致知出版社）、『西郷隆盛　命もいらず名もいらず』（WAC）、『叛骨の宰相　岸信介』（中経出版）など著書多数。最新刊は平成26年５月発刊の『小林一三　時代の十歩先が見えた男』（PHP研究所）。

本書は、2008年４月にPHP研究所から刊行された『同行《どうぎょう》二人《ににん》　松下幸之助と歩む旅』を改題し、大幅な加筆・修正をしたものである。

PHP文庫　松下幸之助 経営の神様とよばれた男

2014年5月22日　第1版第1刷
2025年6月26日　第1版第4刷

著　者　北　康利
発行者　永田貴之
発行所　株式会社ＰＨＰ研究所
東京本部　〒135-8137 江東区豊洲5-6-52
ビジネス・教養出版部　☎03-3520-9617(編集)
普及部　☎03-3520-9630(販売)
京都本部　〒601-8411 京都市南区西九条北ノ内町11
PHP INTERFACE　https://www.php.co.jp/
組　版　朝日メディアインターナショナル株式会社
印刷所
製本所　大日本印刷株式会社

 ISBN978-4-569-76176-3

PHP文庫

物の見方 考え方

松下幸之助 著

禍を招くか福を招くか――それはものの見方如何である。「会社経営のカンどころ」「責任の持ち方」など、自らのものの見方・考え方を紹介しつつ、経営と人生の妙味を綴る。

PHP文庫

私の行き方 考え方

わが半生の記録

松下幸之助 著

自らの生い立ちから丁稚奉公、松下電器(現パナソニック)の創業、そして会社が進展していく昭和8年までの数多くのエピソードを交えながら事業成功の秘訣を語る半生の記。

PHP文庫

指導者の条件

人心の妙味に思う

松下幸之助 著

真にすぐれた指導者が、すぐれた組織と人をつくる——経営者としての体験をもとに、古今東西の政治家、武将、経営者などの例をひきながら説く、指導者の心得102カ条。

PHP文庫

若さに贈る

松下幸之助 著

若さを大事にして貴重な日々を精一杯生きてほしい——自らの経験を通して語る人生の知恵の数々。本書は世の中に出ていく若者たちに共感を込めて贈る激励のエールである。

PHP文庫

人生心得帖

松下幸之助 著

人生における成功とは、自らに与えられた天分を生かしきることだと著者は言う。その天分をいかにして見出し、発揮させるか。人生の知恵と指針が詰まった一冊。

PHP文庫

社員心得帖

松下幸之助 著

企業組織に生きる者にはいかなる心がまえが必要なのか。新入社員から中堅、幹部まで、働く喜びや生きがいを味わい、自らの能力を高めるためになすべきことを説いた書。

PHP文庫

商売心得帖

松下幸之助　著

商売は朝に発意、昼に実行、夕べに反省の繰り返し――。事業一筋半世紀、その豊富な体験と深い思索から説く商売のコツとは。ビジネスの基本と本質がつまった一冊。

PHP文庫

実践経営哲学

松下幸之助 著

事業経営におけるいちばんの根本は正しい経営理念である――。幾多の苦境、体験の中からつかんだ独自の経営観、経営哲学がわかりやすく説かれた経営者必読の書。

PHP文庫

経営のコツここなりと気づいた価値は百万両

松下幸之助 著

物事は何事も、コツさえつかめば驚くほど順調に進むが、それは学ぼうとして学べるものではなく〝悟る〟ものだ――著者自身の経験を通して語る、経営者へのメッセージ。

PHP文庫

松下幸之助の哲学

いかに生き、いかに栄えるか

松下幸之助 著

人生とは？ 社会とは？ 人間とは？ 著者が生涯をかけて思索し、混迷する人心、社会を深く見つめた末にたどり着いた繁栄への道筋。問題の根本的解決を助ける一冊。

PHP文庫

素直な心になるために

松下幸之助 著

著者が終生求め続けた〝素直な心〟。それは、物事の実相を見極め、強く正しく聡明な人生を可能にする心をいう。素直な心を養い高め、自他ともの幸せを実現するための処方箋。